低碳经济与旅游经济发展研究

原 静⊙著

中国海洋大学出版社
·青岛·

图书在版编目（CIP）数据

低碳经济与旅游经济发展研究 / 原静著 . —青岛：
中国海洋大学出版社 , 2019.1
　　ISBN 978-7-5670-2079-5

　　Ⅰ . ①低… Ⅱ . ①原… Ⅲ . ①低碳经济－关系－旅游
经济－经济发展－研究－中国 Ⅳ . ① F592.3

　　中国版本图书馆 CIP 数据核字 (2019) 第 020146 号

低碳经济与旅游经济发展研究
DITAN JINGJI YU LVYOU JINGJI FAZHAN YANJIU

出版发行	中国海洋大学出版社	
社　　址	青岛市香港东路 23 号	**邮政编码**　266071
出 版 人	杨立敏	
网　　址	http://pub.ouc.edu.cn	
电子邮箱	oucpublishwx@163.com	
责任编辑	王晓	**电　　话**　0532- 85901092
印　　制	天津雅泽印刷有限公司	
版　　次	2021 年 7 月第 1 版	
印　　次	2021 年 7 月第 1 次印刷	
成品尺寸	170mm×240mm	
印　　张	12.75	
字　　数	236 千	
印　　数	1~1000	
定　　价	60.00 元	
订购电话	0532-82032573	

如发现印装质量问题，请致电 022-29645110，由印刷厂负责调换。

前　言

　　所谓低碳经济，是指在科学化指导下，实现经济健康以及可持续发展的模式。它重点强调的是最大限度地降低和减少碳的排放量。在实际的发展中，需要依靠经济体制的改变以及产品的创新，然后进一步优化产品的发展模式。在这个过程中，需要运用先进的技术以达到减少碳的排放量，从而实现环境保护和经济可持续发展的双赢效果，进而保证社会的稳定与和谐。低碳经济发展一方面需要提高能源利用的效率，另一方面则要减少它对环境污染的面积。它的核心思想是充分运用技术创新、低碳发展方式的创新以及创新经济发展理念，从而达到节能减排、防治结合的低碳发展目标，进一步促进经济"绿色发展"。

　　随着气候与环境问题的日益严峻，低碳经济在生态文明建设浪潮中扮演着愈加重要的角色。自 2003 年低碳经济概念见诸英国《能源白皮书》，到 2009 年哥本哈根全球气候大会将人类发展的命运聚焦在应对全球气候变化的战略性命题，再到 2013 年华沙世界气候大会上为 2015 年签署的全球气候新协议搭建框架，纵观全球所做的努力不难发现，低碳发展作为一个大系统涉及世界各国乃至各产业部门，各方都在尝试以一种全新的低碳生产和生活方式应对低碳经济与低碳社会的到来。这其中就包括旅游产业。低碳旅游正是基于生态文明的理念，在满足旅游者最优旅游服务体验质量的基础上，以最少的旅游碳排放获得最佳的社会经济效益与环境效益，实现旅游经济的可持续发展。旅游经济的发展对环境、社会并不会造成太大的影响，具有显著的可持续性。就现实情况而言，在旅游经济高速发展的过程中，由于人们物质文化生活水平的不断提升，各地区旅游的人数不断增加，但各区域旅游产业的承受能力有着一定界限，超过这一界限就可能产生旅游资源被破坏的严重后果，甚至是不可逆的后果。由此，应该以低碳经济理念为基础，加强人文关怀，推动旅游产业与环境的协调发展，进而切实保障旅游产业的可持续发展。

　　由于编者水平有限，书稿难免存在一定的不足与缺陷，希望广大读者多提宝贵意见，以便我们不断改进和完善。

目　录

第一章 低碳经济的内涵与相关理论

第一节 低碳经济的内涵与基本特征

一、低碳经济的内涵

（一）低碳经济的基本概念

碳有广义和狭义之分，狭义上的碳是指造成当前全球气候问题的二氧化碳气体，特别是化石能源燃烧所产生的二氧化碳。广义上的碳包括在《京都议定书》上提出的 6 种温室气体。所谓"低"则是针对当前高度依赖化石燃料的能源生产消费体系所导致的"高"的碳强度及其相应"低"的碳生产率，最终要使碳强度降低到自然资源和环境容量能够有效配置和利用的目标。"低碳"是指较低或者更低的温室气体的排放。

低碳经济，是指最大限度地减少煤炭和石油等高碳能源消耗的经济，也就是以低能耗、低污染为基础的经济。低碳经济兼顾了"低碳"和"经济"，是人类社会应对气候变化、实现经济社会可持续发展的一种模式。"低碳"意味着经济发展必须最大限度地减少或停止对碳基燃料的依赖，实现能源利用转型和经济转型；"经济"意味着要在能源利用转型的基础上和过程中继续保持经济增长的稳定性和可持续性。这种理念不能排斥发展和产出最大化，也不能排斥长期经济增长。低碳经济中的经济涵盖了整个国民经济和社会发展的各个方面。

在政府文件中，首次出现低碳经济概念的是英国的《能源白皮书》，其要点是提高能效、采用可再生能源以及采用 CCS（碳捕获与封存）技术。该白皮书为低碳发展模式制定了较为详细的目标和路线图，但并没有提出明确的内涵和可供比较的指标体系。目前被广泛引用的是英国环境专家鲁宾斯德的阐述，即低碳经济是一种正在兴起的经济模式，其核心是在市场机制基础上，通过制度框架和政策措施的制定和创新，推动提高能效技术、节约能源技术、可再生能源技术和温室气体减排技术的开发和运用，促进整个社会经济朝高能效、低能耗和低排放的模式转型。

（二）对低碳经济不同角度的理解

作为社会性前沿经济理念，目前，学界对低碳经济存在着多种理解。这里主要从三个角度对其概念进行归类。

一是从全新的理念变革角度理解。该观点认为低碳经济是以低能耗、低污染和低排放为基础的经济模式，是人类社会继农业文明、工业文明之后的又一次重大进步。低碳经济实质上是对现代经济运行的深刻反思，是一场涉及生产模式、生活方式、价值观念和国家权益的全球性能源经济革命。

浙江工业大学鲍健强指出，碳排放量成为衡量人类经济发展方式的新标识，碳减排的国际履约协议孕育了低碳经济。表面上看，低碳经济是为减少温室气体排放所做努力的结果，但实质上，低碳经济是经济发展方式、能源消费方式、人类生活方式的一次新变革，将全方位地改造建立在化石燃料（能源）基础之上的现代工业文明，转向生态经济和生态文明。张世秋认为，发展低碳经济是一种经济发展模式的选择，它意味着能源结构的调整、产业结构的调整以及技术的革新。中国环境与发展国际合作委员会2009年发布的《中国发展低碳经济途径研究》，最终将"低碳经济"界定为"一个新的经济、技术和社会体系，与传统经济体系相比在生产和消费中能够节省能源，减少温室气体排放，同时还能保持经济和社会发展的势头"。

二是从全新的经济发展模式转换角度理解。这种观点认为，在发展经济学的理论框架下，低碳经济是碳排放量的经济发展、生态环境代价和社会经济成本最低的经济，是低碳发展、低碳产业、低碳技术及低碳生活等一系列经济形态的总称，同时是一种能够改善地球生态系统自我调节能力的可持续发展的新经济形态。

鲁宾斯德对于低碳经济的解释被广泛认同，他指出，"低碳经济是指在市场机制的基础上，通过制度框架和政策措施的制定，推动提高能效技术、节能减排技术、可再生能源技术的开发和运用，从而实现低污染、低消耗、低排放和高效能、高效率、高效益的绿色经济模式"。低碳经济是通过较少的自然资源消耗获得较多的经济产出。它是这样一种经济发展模式——可以使生活标准更高和生活质量更好，促进入类经济社会可持续发展。中国科学院付允认为，低碳经济是一种绿色经济发展模式，它是以低能耗、低污染、低排放和高效能、高效率、高效益（"三低三高"）为基础，以低碳发展为发展方向，以节能减排为发展方式，以碳中和技术为发展方法的绿色经济发展模式。中国人民大学经济学院国民经济管理系金乐琴认为，低碳经济是一种新的经济发展模式，它与可持续发展理念和资源节约型、环境友好型社会的要求是一致的，与当前大力推行的节能减排和循环经济也有密切联系。刘思华认为，低碳经济是生态文明时代的一种经济模式，或者是一种经济发展方式，"高碳、高熵、高代价"的工业文明已经走到了尽头，全社会发展要转变为"低碳、低熵、低代价"的生态文明，而发展低碳经济是建设新型工业文明以及生态文明的最佳结合点。发展低碳经济要从推进绿色产业、构建绿色能源结构、培育创新型经济的市场经济体制上着手。

三是从气候变化问题解决的角度理解。低碳经济是指温室气体排放量尽可能低的经济发展方式，尤其是要有效控制二氧化碳这一主要温室气体的排放量。推行低碳经济是避免气候发生灾难性变化、保持人类可持续发展的有效方法之一。

经济学家陈佳贵认为保护气候已经刻不容缓，我们所面临的问题不存在是否应当，而在于谁和如何采取行动。实现低碳经济要求人类行为方式上的转变，以避免奢侈浪费的碳排放。张坤民认为，采用低碳经济的战略应对气候变化如果能在中国付诸实施，许多环境与发展问题都可能迎刃而解。

（三）低碳经济的实质

低碳经济代表了未来经济发展的形态。低碳经济的实质是能源高效利用、清洁能源开发、追求绿色GDP，核心是能源技术和减排技术创新、产业结构和制度创新以及人类生存发展观念的根本性转变，即依靠技术创新和政策措施，实施一场能源革命，建立一种较少排放温室气体的经济发展模式，缓减气候变化，派生新的技术标准。

低碳经济是经济发展方式、能源消费方式以及人类生活方式的一次变革。低碳经济发展的目标是减缓气候变化和促进人类的可持续发展。低碳经济涉及的行业和领域十分广泛，主要包括低碳产品、低碳技术、低碳能源的开发利用。在技术上，低碳经济则涉及电力、交通、建筑、冶金、化工和石化等多个行业，还有在可再生能源及新能源、煤的清洁高效利用、油气资源和煤层气的勘探开发、二氧化碳捕获与埋存等领域开发出有效控制温室气体排放的新技术。

二、低碳经济与循环经济、绿色经济及生态经济的联系

低碳经济与循环经济、绿色经济和生态经济是20世纪后半期产生的新经济思想。世界工业经济的发展、人口的剧增、人类欲望的无限上升和生产生活方式的无节制使得生态环境不断恶化，出现气候变暖等现象。这些概念的提出是对人类和自然关系的重新认识，是人类在社会经济高速发展中陷入资

源危机、环境危机、生存危机后深刻反省与改进自身发展模式的产物，因此四者之间存在着诸多相同点和联系，当然各自有不同的特征区别。

（一）相同点

一是具有相同的全新价值观和消费观。全新价值观主要体现在将自然资源视为可利用的资源，需要维持良性循环的生态系统，考虑科学技术对自然的开发能力及对生态系统的维系和修复能力，人对自然的改造能力，重视人与自然和谐相处的能力，促进人的全面发展。全新消费观指的是摒弃浪费和奢侈消费，提倡绿色消费。其主要特征是一种与自然生态相平衡的、节约型的低消耗物质资料、产品、劳务和注重环保的消费模式，是一种与环境和谐共处的可持续消费方式。

二是具有相同的支撑点。绿色经济、循环经济、生态经济和低碳经济都是把绿色科技和生态经济伦理作为支撑点。绿色科学技术是建立在人与自然和谐共处的基础上，使人与自然协同演进、共同发展，在生态自然观指导下，受生态意识支配和生态伦理、生态价值约束的科学技术。这是有利于促进人与自然和谐与统一的科学技术。随着这种技术的不断发展，人与自然之间相处得更加融洽，经济、社会和生态环境才会得到可持续发展。生态经济伦理是为适应当代人类发展的生态经济新时代需要而产生的一种新经济伦理。生态经济伦理强调环境忧患意识的重要性，追求平衡、和谐的道德境界，根本价值观是可持续发展。

三是具有共同的追求目标。低碳经济、循环经济、绿色经济和生态经济实际上都是因环境危机、能源危机产生后相继催生的经济形态，在一定程度上体现了人类对可持续发展的共同追求，都是为了实现人类的可持续发展和环境友好，要求人类在考虑生产和消费时不能把自身置于这个大系统之外，而是将自己作为这个大系统的一部分来研究符合客观规律的经济原则。要充分考虑自然生态系统的承载能力，尽可能地节约自然资源，进而不断提高自然资源的利用效率。

（二）不同点

一是研究的侧重点有所不同。循环经济侧重于整个社会的物质循环，强调在经济活动中如何利用"3R"原则（减量化原则、再使用原则、再循环原则以实现资源节约和环境保护，提倡在生产、流通、消费全过程的资源节约和充分利用。

绿色经济从研究范畴上来讲是一个比较宽泛的概念，它是以经济与环境的和谐为目标，突出将环保技术、清洁生产工艺等众多有益于环境的技术转化为生产力，并通过有益于环境或与环境无对抗的经济行为，突出以科技进步为手段实现绿色生产、绿色流通、绿色分配,实现经济的可持续增长。

生态经济则吸收了生态学的相关理论,核心是经济与生态的协调,注重经济系统与生态系统的有机结合,以太阳能或氢能为基础,要求产品生产、消费和废气的全过程密闭循环。

低碳经济是针对碳排放量来讲的,主要针对能源领域和应对全球气候变暖问题,重点是从建立低碳经济结构、减少碳能源消费入手,进而建立起全社会减少温室气体排放,使其在较高的经济发展水平上,让碳排放量达到比较低的经济形态。

二是实施控制的环节不同。从经济系统和自然系统相互作用的过程来看,生态经济和循环经济分别从资源的输入端和废弃物的输出端来研究经济活动与自然系统的相互作用。同时,循环经济还关注资源的利用,特别是不可再生资源的枯竭对经济发展的影响。绿色经济更多关注的是经济活动的输出端,即废弃物对环境的影响,重点在于环境保护。低碳经济强调的是经济活动的能源输入端,通过减少碳排放量,从而使地球大气层中的温室气体浓度不再发生深刻的变化,保护人类生存的自然生态系统和气候条件。

三是强调的核心内容不同。生态经济把实现经济和自然系统的可持续发展作为核心。循环经济把物质的循环作为核心,使各种物质循环利用起来,进而提高资源效率和环境效率。绿色经济强调以人为本,以发展经济、全面提高人民生活福利水平为核心,保障人与自然、人与环境的和谐共存,促使社会系统公平运行。低碳经济是把低能耗、低污染作为基础的经济,其核心是能源技术创新、制度创新和人类消费发展观念的根本性转变。

(三)联系

尽管低碳经济与生态经济、绿色经济及循环经济研究的侧重点、核心内容以及实现手段等均有异同,但它们本质上是生态经济,是经济活动的生态化过程。绿色经济是可持续发展的经济,而循环经济则是支撑低碳经济、通向绿色经济、实现经济活动生态化的生产方式、发展方式。从根本上讲,这都是旨在解决人类可持续发展问题而提出的一脉相承的经济发展模式。因此,低碳经济是实现可持续发展的必由之路和主要途径。低碳发展是主线,低碳是"纲",抓住了低碳才能纲举目张。如果用成语"画龙点睛"来形容四者的关系,则绿色经济和生态经济是龙身,循环经济是龙腿,低碳经济是龙眼睛。

三、低碳经济的基本特征

根据众多学者对"低碳经济"这个名词的不同解释,可以概括出低碳最基本的含义。其含义是指较低(更低)的温室气体(主要是二氧化碳)排放。

因此，为维持生物圈的碳平衡，抑制全球气候变暖，需要降低生态系统碳循环中的人为碳通量，通过减排二氧化碳，减少碳源，增加碳汇，改善生态系统的自我调节能力。低碳经济具有"三低"的基本特点。

（一）低能耗

低碳经济是相对于基于无约束的碳密集能源生产方式和能源消费方式的高碳经济而言的。低碳经济是目前最可行的、可量化的、可持续发展模式。温室气体长期减排和经济社会可持续发展，关键在于发展清洁、低碳能源技术，建立低碳经济增长模式和低碳社会消费模式，并将其作为协调经济发展和保护全球气候的根本途径。因此，发展低碳经济的关键在于降低单位能源消费量的碳排放量（即碳强度），通过碳捕捉、碳封存、碳蓄积，降低能源消费的碳强度，控制二氧化碳排放量的增长速度。

（二）低排放

低碳经济是相对于新能源而言的，是相对于基于化石能源的经济发展模式而言的。未来能源发展的方向是清洁、高效、多元和可持续。因此，发展低碳经济的关键在于促进经济增长与由能源消费引发的碳排放"脱钩"，实现经济与碳排放错位增长（低增长、零增长或者负增长），通过能源替代、发展低碳能源和无碳能源控制经济体的碳排放弹性，并最终实现经济增长的碳脱钩。

（三）低污染

低碳经济是相对于人为碳通量而言的，是一种为解决人为碳通量增加引发的地球生物圈碳失衡而实施的人类自救行为。全球应对气候变化正在引发能源领域的技术创新。低碳能源是低碳经济的基本保证，清洁生产是低碳经济的关键环节。因此，发展低碳经济的关键在于改变人们的高碳消费倾向和碳偏好，减少化石能源的消费量，减少碳足迹，实现低碳生存。

第二节 低碳经济形成的理论依据

低碳经济的理论体系由美国著名学者莱斯特•R. 布朗首次提出。1999 年他在《生态经济革命——拯救地球和经济的五大步骤》中提出，面对"地球温室化"的威胁，应当尽快从以化石燃料为核心的经济，转变为以太阳能源、氢能源为核心的经济；2003 年在《B 模式——拯救地球延续文明》中，莱斯特•R. 布朗又明确提出地球气温加快上升，要求将"碳排放减少一半"，加速向可再生能源和氢能经济的转变。这些思想奠定了低碳经济的基本理论。

低碳经济是在兼顾经济稳定增长的同时实现温室气体排放的低增长或者负增长的经济模式。低碳经济考虑的是社会经济系统、自然生态系统和科学技术系统构成的大系统以及系统的良性循环；低碳经济是保持社会经济与自然生态的协调发展，提高人类生存环境质量的经济模式。因此，低碳经济的出现有相关理论作为其重要的理论支撑，是在多学科基础上发展起来的综合性理论，其研究内容涉及多种学科，如经济学、生态学以及经济系统控制论等。

一、经济学理论

（一）市场机制理论

市场机制主要是通过市场价格的波动、市场主体对利益的追求、市场供求的变化，调节经济运行的机制，是市场经济内机体中的供求、竞争、价格等要素之间的有机联系及其功能。

市场机制是一个有机的整体，它的构成要素主要是市场价格机制、供求机制、竞争机制和风险机制等。价格机制是指在市场竞争中，市场上某种商品的市场价格变动与市场上该商品供求关系变动之间的有机联系的运动。它通过市场价格信息来反映供求关系，并通过这种市场价格信息来调节生产和流通，从而达到资源配置的效果。另外，价格机制还可以促进竞争和激励，决定和调节收入分配等。供求机制是指通过商品、劳务和各种社会资源的供给和需求的矛盾运动来影响各种生产要素组合的一种运行机制，它通过供给与需求之间的在不平衡状态时形成的各种商品的市场价格，并通过价格、市场供给量和需求量等市场信号来调节社会生产和需求，最终实现供求之间的基本平衡。供求机制在竞争性市场和垄断性市场中发挥作用的方式是不同的。竞争机制是指在市场经济中，各个经济行为主体之间为自身的利益而相互展开竞争，由此形成的经济内部的必然联系和影响。它通过价格竞争或非价格竞争，按照优胜劣汰的法则来调节市场运行。它能够形成企业的活力和发展的动力，促进生产，使消费者获得更大的实惠。风险机制是市场活动同企业盈利、亏损和破产之间相互联系和作用的机制，在产权清晰的条件下，风险机制对经济发展发挥着至关重要的作用。

（二）外部性理论

外部性是指经济主体对他人造成损害或带来利益，却不必为此支付成本或得不到应有的补偿。当一个经济主体对其他经济主体造成损害却不必为此支付成本时，称之为外部不经济；相反，当一个经济主体为其他经济主体带来利益而得不到应有的补偿时，称之为外部经济。从定义中可以理解，外部性是一种人为活动，外部性应该是在某项活动的主要目的以外派生出来的影响，外部性包括对生态环境等与社会福利有关的一切生物或非生物影响，外部性的存在是造成社会脱离最有效的生产状态，使市场经济体制不能很好地实现其优化资源配置的基本功能。外部性主要包括以下几种，一是生产中的负外部性和生产中的正外性，二是消费中的负外部性和消费中的正外部性。

诺贝尔经济学奖得主罗纳德·哈里·科斯（Ronald Harry Coase）认为外部性的存在主要包括三个方面的原因：一是市场缺乏，资源利用不能完全排他，市场机制配置资源无效率；二是人们只注重短期利益；三是产权不能清晰界定。

运用科斯定理分析，外部不经济使得市场经济失灵的表现形式是高排放、低效益的经济发展模式。科斯定理可以帮助我们有效地解决环境问题。科斯定理证明：以零交易费用及充分界定产权并实施时，外部性因素将不会引起资源浪费或配置不当。

（三）国际经济学理论

国际经济合作是指为了共同的利益，不同主权的国家政府、企业及国际经济组织通过竞争与协调，在双赢甚至是多赢的基础上，着重在生产领域，以生产要素移动和重新组合配置为主要内容而展开的活动。发展低碳经济是通过建立完善的碳排放权交易体系，加强国际间的流动，并通过国际贸易充分发挥比较优势，实现碳排放权在全球范围内的最优化配置，建立在国际相互依赖的基础上的重要经济合作形式，最终推动低碳经济的发展。

（四）绿色经济理论

"绿色经济"的概念是英国经济学家皮尔斯在 1989 年出版的《绿色经济蓝皮书》中首次提出的。绿色经济是以市场为导向，以传统产业经济为基础，以经济、环境和谐为目的而发展起来的一种新的经济形式，是产业经济为适应人类环保与健康需要而产生并表现出来的一种发展状态。

Jacobs 与 Postel 等人在 20 世纪 90 年代提出了绿色经济学，倡议除传统经济学三种生产基本要素，即劳动、土地及人力资本外，必须再加入一项社会组织资本。

绿色经济以可持续发展为目的，并遵循"开发需求、降低成本、加大动力、协调一致、宏观有控"5 项准则。绿色经济既是具体的微观单位经济，又是一个国家的国民经济，甚至是全球范围的经济。绿色经济是以维护人类生存环境、合理生存环境、合理保护资源与环境、有益于人体健康为特征的经济，是一种平衡式经济。

（五）循环经济理论

循环经济的思想萌芽起源于环境保护兴起的 20 世纪 60 年代。1962 年，美国生态学家蕾切尔·卡逊发表《寂静的春天》，阐述了生物界以及人类所面临的危险。"循环经济"一词，首先由美国经济学家波尔丁提出，主要指在人、自然资源和科学技术的范围内，在资源投入、企业生产、产品消费及其废弃的全过程中，把传统的依赖资源消耗的现行经济增长，转变为依靠生态型资源循环来发展的经济。"宇宙飞船经济理论"作为循环经济的早期代表理论，认为地球就像在太空中飞行的宇宙飞船，要靠不断消耗自身有限的资源才能生存，如果不合理开发资源，破坏环境，就会像宇宙飞船那样走向毁灭。因此，宇宙飞船经济需要一种新的发展观：第一，必须改变过去那种"增长型"经济，代之以"储备型"经济；第二，要改变传统的"消耗型"经济，而代之以休养生息的经济；第三，实行福利量的经济，摒弃只注重生产量的经济；第四，建立既不会使资源枯竭，又不会造成环境污染和生态破坏，能循环使用各种物资的"循环式"经济，以代替过去的"单程式"经济。

传统经济是以"资源—产品—废弃物"为单向直线的过程，创造的财富越多，消耗的资源和产生的废弃物就越多，对环境资源的负面影响相对也就越大。循环经济则恰恰相反，是以尽可能小的资源消耗和环境成本，获得尽可能大的经济和社会效益，从而使经济系统与自然生态系统的物质循环过程更加和谐，促进资源永续利用。因此，循环经济是对"大量生产、大量消费、大量废弃"的传统经济模式的根本性变革。

循环经济的基本特征主要表现在以下几个方面：一是在资源开采环节，需要大力提高资源综合开发和回收利用率；二是在资源消耗环节，要大力提高资源利用效率；三是在废弃物产生环节，要大力开展资源综合利用；四是在再生资源产生环节，要大力回收和循环利用各种废旧资源；五是在社会消费环节，要大力提倡绿色消费。

循环经济在本质上是一种生态经济，要求运用生态学规律来指导人类社会的经济活动。循环经济按照自然生态系统物质循环和能量流动规律重构经济系统，使经济系统和谐地纳入自然生态系统的物质循环的过程中，建立起一种新形态的经济。循环经济要求把经济活动组成一个"资源—产品—再生资源"的反馈式流程。循环经济的基本特征是低开采、高利用、低排放，是在可持续发展的思想指导下，按照清洁生产的方式，对能源及其废弃物实行综合利用的生产活动过程。

循环经济作为一种科学的发展观、一种全新的经济发展模式，具有自身的独立特征，具体表现在以下几个方面。

一是新的系统观。循环是指在一定系统内的运动过程，循环经济的系统是由人、自然资源和科学技术等要素构成的大系统。循环经济观要求人在考虑生产和消费时不再置身于这一大系统之外，而是将自己作为这个大系统的一部分来研究符合客观规律的经济原则，将"退田还湖""退耕还林""退牧还草"等生态系统建设作为维持大系统可持续发展的基础性工作来抓。

二是新的经济观。在传统工业经济的各要素中，资本在循环，劳动力在循环，而唯独自然资源没有形成循环。循环经济观要求运用生态学规律，而不是仅仅沿用19世纪以来机械工程学的规律来指导经济活动，不仅要考虑工程承载能力，还要考虑生态承载能力。在生态系统中，经济活动超过资源承载能力的循环是恶性循环，会造成生态系统退化，只有在资源承载能力之内的良性循环，才能使生态系统平衡地发展。

三是新的价值观。循环经济观在考虑自然生态系统时，不像传统工业经济那样将其作为"取料场"和"垃圾场"，也不仅仅视其为可利用的资源，而是将其作为人类赖以生存的基础，视其为需要维持良性循环的生态系统；在考虑科学技术时，不仅要考虑其对自然的开发能力，而且要充分考虑到它对生态系统的修复能力，使之成为有益于环境的技术；在考虑人自身的发展时，不仅要考虑人对自然的征服能力，更应重视人与自然和谐相处的能力，促进人类的全面发展。

四是新的生产观。传统工业经济的生产观念是最大限度地开发利用自然资源，最大限度地创造社会财富，最大限度地获取利润。而循环经济的生产观念是要充分考虑自然生态系统的承载能力，尽可能地节约自然资源，不断提高自然资源的利用效率，循环使用资源，创造良性的社会财富。在生产过程中，循环经济观要求遵循"3R"原则：资源利用的减量化原则，即在生产的投入端尽可能少地输入自然资源；产品的再使用原则，即尽可能延长产品的使用周期，并在多种场合使用；废弃物的再循环原则，即最大限度地减少废弃物排放，力争做到排放的无害化，实现资源再循环。同时，在生产中还要求尽可能地利用可循环再生的资源替代不可再生资源，如利用太阳能、风能和农家肥等，使生产合理地依托在自然生态循环之上；尽可能地利用高科技，以知识投入来替代物质投入，以达到经济、社会与生态的和谐统一，使人类在良好的环境中生产生活，真正全面提高人民生活质量。

五是新的消费观。循环经济观要求走出传统工业经济"拼命生产、拼命消费"的误区，提倡物质的适度消费、层次消费，在消费的同时要考虑到废弃物的资源化，建立循环生产和消费的观念。同时，循环经济观要求通过税收和行政等手段，限制以不可再生资源为原料的一次性产品的生产与消费，如宾馆的一次性用品、餐馆的一次性餐具和豪华包装等。

二、生态学理论

（一）生态学概述

生态学是研究生物与环境相互关系的知识体系，是协调和统筹人和自然的关系、引领人类可持续发展的主要理论基础。生物的生存、活动和繁殖需要一定的空间、物质与能量，各种生物所需要的物质、能量以及它们所适应的理化条件是不同的，这种特性称为物种的生态特性。任何生物的生存都不是孤立的，同种个体之间有互助也有竞争，植物、动物和微生物之间也存在复杂的相生相克关系。人类为满足自身的需要，不断改造环境，环境又反过来影响人类。随着人类活动范围的扩大和多样化，人类与环境的关系问题越来越突出。生态学研究的范围已经扩展为包括人类社会在内的多种类型的生态系统的复合系统。

生态学的研究目的在于认识和正确运用自然规律。生态学的一般规律包括以下几个方面。

1. 种群

在环境无明显变化的条件下，种群数个种群所栖息环境的空间和资源是有限的，只能承载一定数量的生物。承载量接近饱和时，如果种群数量再增加，增长率则会下降乃至出现负值，使种群数量减少；而当种群数量减少到一定限度时，增长率会再度上升，最终使种群数量达到该环境允许的稳定水平。

2. 群落

物种间相互依存和相互制约的规律反映了生物间的协调关系，是构成生物群落的基础。具体表现为食物链、竞争和互利共生。

3. 生态系统

在生态系统中，植物、动物、微生物和非生物成分，借助能量的不停流动，一方面不断从自然界摄取物质并合成新的物质，一方面又随时分解为简单的物质，即所谓"再生"，这些简单的物质重新被植物所吸收，由此形成物质循环。这样，就要求严格防止有毒物质进入生态系统，以免它们经过多次循环后富集到危及人类的程度。

4. 人与环境的关系

人们在改造自然的过程中必须注意到物质代谢的规律。一方面，在生产中只能因势利导，合理开发生物资源，而不只顾一时。另一方面，还应该控制环境污染，由于大量有毒的工业废弃物进入环境，超出了生态系统和生物圈的降解和自净能力，因而造成毒物积累，损害了人类和其他生物的生存环境。

（二）生态经济理论

生态经济是实现经济腾飞与环境保护、物质文明与精神文明、自然生态与人类生态的高度统一和可持续发展的经济，即在生态系统承载能力范围内，运用生态经济学原理和系统工程方法改变生产和消费方式，挖掘一切可以利用的资源潜力，发展一些经济发达、生态高效的产业，建设体制合理、社会和谐的文化以及生态健康、景观适宜的环境。

生态经济是"社会—经济—自然"复合生态系统，即不仅包括物质代谢关系、能量转换关系及信息反馈关系，还包括结构、功能和过程的关系，具有生产、生活、供给、接纳、控制和缓冲功能。

生态经济理论包括以下几个方面的内容：一是生态经济区划、规划与优化模型，就是应用生态与经济协同发展的观点来指导社会经济建设，首先要进行生态经济区划和规划，以便根据不同地区的自然经济特点发挥其生态经济总体功能，获取生态经济的最佳效益；二是生态经济基本理论，具体包括社会经济发展同自然资源和生态环境的关系，人类的生存、发展条件与生态需求，生态价值理论、生态经济效益、生态经济协同发展等；三是生态经济管理，需要改革不利于生态与经济协同发展的管理体制与政策，加强生态经济立法与执法，建立生态经济的教育、科研和行政管理体系，需要制定国家的生态经济标准和评价生态经济效益的指标体系，对重大经济建设项目，需要做出生态环境经济评价；四是生态经济史，生态经济问题一方面有历史普遍性，同时随着社会生产力的发展，又有历史的阶段性。因此，进行生态经济史研究，可以探明其发展的规律性，指导现实生态经济建设。

（三）可持续发展理论

《我们共同的未来》中，将"可持续发展"定义为"既满足当代人的需求，又不对后代人满足其自身需求的能力构成危害的发展"。1989年"联合国环境发展会议（UNEP）"专门为"可持续发展"的定义和战略通过了《关于可持续发展的声明》。可持续发展的战略和定义主要包括以下几个方面的内容：一是要有一种支援性的国际经济环境；二是维护、合理使用并提高自然资源基础；三是走向国家和国际平等；四是在发展计划和政策中纳入对环境的关注和考虑。

可持续发展内涵包括以下内容：一是发展的可持续性，人类的经济和社会的发展不能超越资源和环境的承载能力；二是人与人关系的公平性，当代人在发展与消费时应努力做到使后代人有同样的发展机会，同一代人中一部分人的发展不应当损害另一部分人的利益；三是人与自然的协调共生，人类必须建立新的道德观念和价值标准，学会尊重自然、师法自然、保护自然，与之和谐相处；四是突出发展的主题，发展与经济增长有根本区别，发展具有集社会、科技、文化、环境等多项因素于一体的完整性，是人类共同的和普遍的权利，发达国家和发展中国家都享有平等的不容剥夺的发展权利。科学发展观把社会的全面协调发展和可持续发展结合起来，以经济社会全面协调可持续发展为基本要求，指出要促进人与自然的和谐，实现经济发展和人口、资源、环境相协调，坚持走生产发展、生活富裕、生态良好的文明发展道路，保证一代接一代地永续发展。从忽略环境保护受到自然界惩罚，到最终选择可持续发展，是人类文明进步的一次历史性重大转折。总而言之，可持续发展是建立在社会、经济、人口、资源、环境相互协调和共同发展的基础上的一种发展，其宗旨是既能相对满足当代人的需求，又不能对后代人的发展构成危害。

可持续发展是一种新的生存方式。这种生存方式不但体现在以资源利用和环境保护为主的环境生活领域，更体现在作为发展源头的经济生活和社会生活。它包括经济、生态以及社会可持续发展三个方面的具体内容。可持续发展的重要性就是考虑"代际公平"和"代内公平"。可持续发展要求人类在发展中讲究经济效率、关注生态和谐、追求社会公平，最终达到人的全面发展。

低碳经济是指在可持续发展理念指导下，通过实体经济的发展模式转型、技术创新、组织创新、产业转型、新能源开发等多种手段，尽可能地减少煤炭石油等高碳能源消耗，减少对化石燃料的依赖，减少温室气体排放，达到经济社会发展与生态环境保护双赢的一种经济发展形态。

（四）生态足迹理论

生态足迹也称"生态占用"。生态足迹是能够持续地提供资源或消纳废物的、具有生物生产力的地域空间，其含义就是要维持一个人、地区、国家或者全球的生存所需要的或者能够容纳人类所排放的废物的、具有生物生产力的地域面积。生态足迹要估计承载一定生活质量的人口，需要多大的可供人类使用的可再生资源或者能够消耗废物的生态系统，又称之为"适当的承载力"。

生态足迹需求与自然生态系统的承载力（亦称生态足迹供给）的比较，可以定量地判断某一国家或地区目前可持续发展的状态，以便对未来人类生存和社会经济发展做出科学规划和建议。生态足迹通过测定现今人类为了维持自身生存而利用自然的量来评估人类对生态系统的影响。例如，一个人所排放的二氧化碳总量可以转换成吸收这些二氧化碳所需要的森林、草地或农田的面积，他的粮食消费量可以转换为生产这些粮食所需要的耕地面积。因此，生态足迹可以形象地被理解成一只负载着人类和人类所创造的城市、铁路、工厂、农田等的巨脚踏在地球上时留下的脚印大小。它的值越高，人类对生态的破坏就越严重。探讨生态足迹的意义在于探讨人类持续依赖自然以及要怎么做才能保障地球的承受力，进而支持人类未来的生存。生态足迹将每个人消耗的资源折合成为全球统一的、具有生产力的地域面积；通过计算区域生态足迹总供给与总需求之间的差值——生态赤字或生态盈余，精确地反映出不同区域对于全球生态环境现状的贡献程度。生态足迹既能够反映区域的资源供给能力和资源消耗总量，又能够反映个人或地区的资源消耗强度，也揭示了人类持续生存的生态阈值。它通过相同的单位比较人类的需求和自然界的供给，使可持续发展的衡量真正具有区域可比性，评估的结果清楚地表明在所分析的每一个时空尺度上，人类对生物圈所施加的压力及其量级，因为生态足迹取决于人口规模、物质生活水平、技术条件和生态生产力。生态足迹指标的提出为核算某地区、国家和全球自然资本利用状况提供了简明的方法，通过测量人类对自然生态服务的需求与自然所能提供的生态服务之间的差距，就可以知道人类对生态系统的利用状况，以便在地区、国家和全球的尺度上比较人类对自然的消费量与自然资本的承载量。

生态足迹的计算基于两个简单的事实：首先，可以保留大部分消费的资源以及大部分产生的废弃物；其次，这些资源以及废弃物大部分都可以转换成可提供这些功能的生物生产性土地。生态足迹的计算方式明确地指出某个国家或地区使用了多少自然资源。然而，这些足迹并不是一片连续的土地，人们使用的土地与水域面积分散在全球各个角落，这些需要很多研究来决定其确定的位置。

三、经济系统控制论

经济系统控制论是一门新兴学科，是系统论、控制论和信息论渗入经济科学而产生的一门边缘学科。经济系统控制论以各种经济系统的控制问题作为自己的研究对象，它的应用主要是通过定性和定量相结合的方法来分析各种经济系统的功能，以及利用各种控制方法来实现资源最优化配置的经济问题，是低碳经济的理论指导。

经济系统控制论可以从经济系统论和经济控制论来分析。

（一）经济系统论

经济系统论主要包括经济惯性、经济加速度、经济内动力、经济系统层次、经济竞争协和与经济承载能力原理。

（1）经济惯性原理。封闭的经济系统与外界几乎不发生任何关系，不能获得外力来推动经济的发展。任何经济实体，在它不与外界发生作用的封闭状态下，都会导致相对静止状态，甚至出现经济衰退。

（2）经济加速度原理。封闭的系统是一种没有加速度的惯性系统，而开放系统则是有加速度的发展系统。从经济系统控制论来看，只有通过对外开放，让经济系统与外界环境建立联系，通过外资引进，吸纳先进的生产技术，促使其产生促进系统内部协同发展的外力，才能加快国民经济的发展速度。

（3）经济内动力原理。如果要使一个没有任何加速度的惯性系统变为一个带有加速度的开放系统，那么必须要改变经济系统中内在的结构。那些有势能差的非平衡系统就是动态发展的系统，而无势能差的平衡系统则是不发展的系统，完全服从势能最小化原理。一个具有内在发展机制的经济系统必须是一个有差异、非均匀和非平衡态的经济系统，它要求改革僵化的经济体制，扩大系统内的势能差，加强系统各组成部分之间的互补，从而使系统具有自组织作用和内在动力。

（4）系统层次原理。任何系统都是有层次的，不同的层次有不同的运动规律。低碳经济系统也是有层次的，如宏观层次和微观层次，甚至更详细的划分。因此，仅在一个层次上不加区分地制定低碳经济决策是不符合实际情况的。

（5）经济竞争协和原理。在微观经济系统中，企业的发展是在竞争规律和协和规律同时作用下进行的。在企业外部以竞争力为主，在企业内部则以协和力为主。竞争力使企业导向与外界相适应，而协和力则使企业的整体功能达到最优。在低碳经济系统中，从生态大系统分析，应用了生态学的原理，更加强调企业之间在科技工业园区中的协和，最终构成企业链的循环。

（6）经济承载能力原理。一个经济系统的改革、开放和发展的程度，如果超过了其生态系统的承载能力，则系统的动态平衡将会被打破，从而使系统发生变化，以致崩溃。当然，与此同时，也应当考虑到改革、开放和发展对系统承载能力的提高，但是这种承载能力的提高在一定时间内是有限的，主要是因为人类对于地球生态系统、自然资源的认识是有限的。

（二）经济控制论

经济控制论把经济效果假设为信源，把价格看作传输信息的信道，而把收入作为信息的一种受体。这个就类似于通信系统中发报机、传输和收报机三者的关系。从统计规律角度来看，它要求价格以及收入的信息必须足够多，变化必须极其灵敏及迅速，这样人们才能从中得到有关经济效果的真实信息。经济控制论通过对信息传输的速率和效率的定量分析来研究不同经济体制的控制能力。

在低碳经济系统下，控制论除了要求经济效果的信息以外，还要求社会效果、环境效果、资源效果和对生态系统影响的效果，从大系统来分析经济体制的控制能力。经济控制论包括耦合、反馈和最优化三个理论。

（1）经济耦合理论。经济控制论把自给自足的经济系统看作孤立系统，而将分工协作的经济系统看作包含串联耦合和并联耦合的系统。串联耦合是指甲企业的产出就是乙企业的投入；而乙企业的产出就成为丙企业的投入；最后，丙企业的产出又成为甲企业的投入。这样就形成一个串联回路。在低碳经济系统下，控制论要求不仅在企业产品的生产过程中要形成这种串联回路，而且在废弃物处理方面也要形成这样一个串联回路，两者相互耦合。并联耦合是指一个企业要输入多个企业的产品，又要把本企业的产品输往多个其他企业，这样就形成了一个并联回路。在低碳经济系统下，控制论要求废弃物在这些企业间交叉输配，形成多重耦合。一般来讲，产品输出串联企业越多，生产效率越低；而废弃物输出串联企业越多，资源利用效率越高。

（2）经济反馈理论。根据经济反馈理论，发展低碳经济要考虑生态成本，改变企业单一追求经济效益的观念，使企业的外部效益内部化。生态成本高，价格就高，而且还有绿色产品市场准入制度，市场就容易萎缩，反而带来更高的成本，市场更难进入，最终使得那些高能耗、高污染的企业退出市场。

（3）最优化理论。根据最优化理论，低碳经济增长模式是指在自然资源投入一定的情况下，使总产出最大化，二氧化碳以及废弃物的排放量最小化。在这一前提下，选择最优顺序实施决策，解决最优工作时间、最优设备更新期、最优人员调配、最优产业布局和最优能源结构等一系列问题。

第三节　与发展低碳经济紧密相关的几对关系

一、经济结构战略性调整与发展低碳经济的关系

改革开放以来，中国经济得到迅速发展，中国已成为世界最大的经济体之一。但同时，能源消费量也增加，中国也是世界最大的能源生产和消费国之一。作为一个"负责任"的大国，中国必须立足实际，基于自身发展阶段和特点，推进低碳经济和低碳的发展。中国要走低碳发展道路，要在不损害发展的前提下实现低碳化，近期看是提高能源效率，远期看是推进产业结构和能源结构调整，发展新能源和可再生能源。加快发展低碳经济，就要加快转变经济发展方式，推动产业结构升级。必须大力推进经济结构战略性调整，要更加注重提高自主创新能力，提高节能环保水平，提高经济发展水平和国际竞争力。

当前，我国在粗放型经济增长模式下，投资、工业的快速增长很容易带动消耗高、排放多的投资品生产的扩张及这些产业的投资扩张。加之自主创新能力不强，工业和出口的快速增长又主要依靠附加值低而占地多、消耗多、排放多的贴牌生产方式来实现，使得经济发展面临能源资源的制约。因此，要发展低碳经济，加快转变经济发展方式，推动产业结构优化升级，必须抓好需求结构、产业结构等方面的调整，抓好自主创新能力的提高。

经济结构战略性调整能够推动现代产业体系，促进经济增长由主要依靠第二产业带动向依靠第一、第二、第三产业协同带动转变。同时，加快转变经济发展方式，推动产业结构优化升级，把结构调整作为推动经济发展方式转变的主线，坚持走科技含量高、经济效益好、资源消耗低、环境污染少、人力资源优势得到充分发挥的新型工业化道路。此外，还要按十九大精神大力推进信息化与工业化融合，促进工业由大变强，振兴装备制造业，推动大型制造设备和基础设施建设，改造提升传统产业，淘汰落后生产能力。着力提升高新技术产业，发展信息、生物、新材料、航空航天、海洋等产业。实施加快培育和发展战略性新兴产业的规划及政策措施，积极营造良好的市场环境，加大扶持力度，积极推进节能环保、新一代信息技术、生物、高端装备制造、新能源、新材料等产业的培育和发展，实现整个产业结构的低碳化。

产业结构的战略性调整注重提高自主创新能力，促进经济增长由主要依靠增加物质资源消耗向主要依靠科技进步、劳动者素质提高、管理创新转变。提高自主创新能力，建设创新型国家，是提高综合国力的关键。从我国发展的战略全局看，我们发展低碳经济迫切地需要坚实的科技基础和有力的技术支撑。为此，必须把增强自主创新能力贯彻到现代化建设各个方面，坚持走中国特色自主创新道路，加大对自主创新的投入，着力突破制约经济社会发展的关键技术。要加快建设国家创新体系，支持基础研究、前沿技术研究、社会公益性技术研究。要加快建立以企业为主体、市场为导向、产学研相结合的技术创新体系，引导和支持创新要素向企业集聚，促进科技成果向现实生产力转化。通过提高自主创新能力和科技的进步，在低碳经济领域内寻求技术突破，最大限度提高资源生产率和能源效率，减少资源消耗和污染排放量。

经济结构战略性调整将建设资源节约型、环境友好型社会放在工业化、现代化发展战略的突出位置，加快发展低碳经济，建设科学合理的能源资源利用体系，提高节能环保水平。要按照减量化、再利用、资源化的原则，以提高能源资源使用效率为中心，以节能、节水、节地、节材、资源综合利用为重点，通过加快产业结构调整，推进技术进步，加快法制建设，完善政策措施，强化节约意识，建立长效机制，形成节约型的增长方式和消费方式，促进经济社会可持续发展。同时，抓住当前部分行业产能过剩的时机，加快淘汰浪费能源资源、污染环境的落后工艺、技术和设备，加强宏观调控，遏制盲目投资、低水平重复建设，限制高耗能、高耗水、高污染产业的发展，使我国尽快从根本上转变成为一个低碳国家。

此外，我国要走低碳经济的发展道路，必须加快经济结构的战略性调整，这也为我国实现经济方式的根本转变提供了难得的机遇。走低碳发展道路，既是应对全球气候变化的根本途径，也是国内可持续发展的内在需求。而且发展低碳经济不仅有利于突破我国经济发展过程中资源和环境瓶颈性约束，走新型工业化道路，还有利于顺应世界经济社会变革的潮流，形成较为完善的促进可持续发展的政策机制和制度保障体系。同时，发展低碳经济也有利于推动我国产业升级和企业技术创新，打造我国未来的国际核心竞争力，并推进世界应对气候变化的进程，树立我国对全球环境事务负责任的发展中大国的良好形象。

二、发展低碳经济与发展循环经济的关系

低碳经济是在生产、流通和消费过程中降低化石能源消耗、减少温室气体排放活动的总称，是指在可持续发展理念指导下，通过技术创新、产业转型、新能源开发等手段，改变能源结构，尽可能降低煤炭、石油等高碳能源消耗，减少二氧化碳等温室气体排放，达到经济社会发展与生态环境保护双赢的一种经济发展形态，是以低能耗、低污染、低排放、高效益为特征的新的经济发展模式。低碳经济以减少温室气体排放为主要关注点，以建立低碳能源系统、低碳技术体系和低碳产业结构为基础，以制定低碳政策、开发利用低碳技术和产品、采取减缓和适应气候变化的相关措施为核心内容。循环经济是指在人、自然资源、社会经济和科学技术的大系统内，在资源投入、企业生产、产品消费及废弃物处理的全过程中，把传统的依赖资源消耗的线性增长经济，转变为依靠自然资源的生态循环来发展，形成"资源—产品—废弃物—再生资源"的反馈式循环过程的发展模式，是一种通过资源循环利用使社会生产投入自然资源最少、向环境中排放的废弃物最少、对环境的危害或破坏最小的经济发展模式。循环经济是对新型经济发展方式的归结与概括，是从经济活动实践中产生和形成的。

循环经济与低碳经济的发展模式具有一些共同之处。首先，它们都是促进经济发展方式转变的发展方式。循环经济主要从资源减量化、再循环、再利用角度减少资源消耗，降低环境末端治理的成本，以应对资源紧张和环境

污染问题。低碳经济则主要是降低煤炭、石油等化石能源的消耗，减少二氧化碳的排放，促进形成低碳的经济结构，应对全球化石能源过速消耗和全球气候变化。其次，循环经济和低碳经济都追求人类可持续发展和环境友好的实现，要求人类在考虑生产和消费时要充分考虑自然生态系统的承载能力，尽可能地节约自然资源，不断提高自然资源的利用效率。最后，它们都强调技术创新和制度创新。低碳经济和循环经济都是以技术创新为支撑，以制度创新为保证，以生态经济伦理为支撑点的。低碳经济要求低碳技术的配套，循环经济要求循环技术的发展。技术的进步和重大突破都将成为两种发展模式的强大动力。

虽然低碳经济与循环经济的根本宗旨一致，都是通过制度和政策措施的制定和创新以及科学技术进步，推动高投入、高消耗、高排放、低效益的社会经济发展模式向低投入、低消耗、低排放、高效益的社会经济模式转型，实现经济社会步入可持续发展的良性循环轨道，但两者也存在一些不同之处。

首先，低碳经济是循环经济的重要组成部分和深化，它要解决高耗能、高污染、高排放的问题，循环经济则是要解决资源有限和需求无限的矛盾以及经济发展和环境保护的矛盾。其次，低碳经济与循环经济的核心不同，低碳经济是以低能耗、低污染、低排放为基础的经济，实质是高能源利用效率和清洁能源结构问题，核心是能源技术创新、制度创新和人类生存发展观念的根本性转变。循环经济是物质的循环，使各种物质循环利用起来，以提高资源效率和环境效率。最后，低碳经济与循环经济所针对的重点不同。低碳经济主要针对的是能源领域，重点是从建立低碳经济结构、减少碳能源消费入手，进而建立起全社会减少温室气体排放，应对全球气候变暖的应对机制和发展模式。循环经济既是一种发展模式，也是一种生产方式，是在满足成本效益原则的前提下，利用生态学原理，对经济活动中的有限资源不断地行循环利用，高效率或无浪费地使用资源的一种生产方式。在产业导向方面，低碳经济侧重强调建立少消耗化石能源特别是煤炭、石油的产业体系，而循环经济强调无论什么样的产业结构均对废弃物循环使用。在技术运用方面，低碳经济通过新能源技术、替代化石能源等措施可以实现。循环经济不仅需要循环技术，在现阶段由于成本效益的原因，要对采用这种技术后的成本效益进行比较。在地区布局上，循环经济强调工业共生和代谢生态链关系，要求上下游企业实现地域上的相对集中，形成循环利用链。把废弃物的排放单位和利用单位在空间上有效集中，可以产生较大的聚集效益。低碳经济并不一定强调这种地域上的集聚，它强调的是产业结构的问题，要求产业发展的能源消耗是低碳能源，较多考虑能源供给与利用的优化，寻找替代能源，使用清洁能源成为发展低碳经济的重要措施。

低碳经济和循环经济这两种发展模式，我们应当同样重视，借鉴和利用两种模式的技术创新优势，取长补短，共同发展。同时，借鉴发达国家的成功经验，根据我国的实际加以推广运用，发挥这两种模式的作用，促进我国的资源节约和环境保护，真正形成资源节约型、环境友好型社会的产业基础、制度基础和社会基础。

三、技术创新进步与低碳经济的关系

人类减少排放走向低碳经济主要依靠提高能源使用效率和发展清洁能源，而背后的支柱则是人们致力发展的节能和新能源技术。技术创新是低碳经济发展的动力源泉，只有运用系统的思维谋取技术及其相关制度的创新，才能最终实现我国低碳经济的发展目标。

目前，国内外学者认为要发展低碳经济，开发和使用低碳技术是减少排放的关键途径。我国政府也非常重视技术进步和技术创新在应对气候变化、发展低碳经济方面的作用。技术创新是实现低碳经济的关键，如果低碳技术不能实现商业化和产业化，那么低碳技术在影响经济发展模式和气候变化方面的作用就微乎其微。因此，需要通过各种政策手段激励技术创新，才能实现经济发展模式向"低碳"转变。

传统的创新理论，根据创新的强度分为渐进性创新与突破性创新。渐进性创新指对现有技术的非质变性的改革与改进，是基于现存市场上主流顾客的需要而进行的线性、连续的过程。突破性创新相对于渐进性创新来说，含有显著的技术进步，旧的技术不论是在规模的增长、效率或设计上都无法与突破性创新带来的新技术竞争。而在低碳技术创新方面，国外学者普遍认为，以可再生能源技术为主体的低碳技术相对于传统化石能源技术而言，是一种突破性创新。还有一些观点是将低碳技术看作一种技术范式的转变，是要对传统能源技术以及建立在传统能源技术之上的社会、经济系统进行一种根本性的改变。传统的碳基技术使得社会经济技术系统形成了路径依赖，这种依赖一方面来自建立在传统能源技术之上的技术锁定，而依赖的另一方面是制度锁定。制度可以理解为规范人类行为的所有约束变量。这包括正式的约束，如法律、经济规则与合同，以及非正式的约束，如社会习俗与行为规范。低碳技术创新是一个通过技术范式的转变来实现对原有技术经济系统进行解锁的过程。

科学技术是生产力，当前应当以创新技术推进低碳经济，主要包括降低清洁能源的开发成本和攻关核心技术两大内容。以往，在核心技术研发方面，企业分散行为较多，并未形成攻关合力，需要国家有关机构扮演组织者的角色对其进行整合。近年来，国家以提升自主创新能力为基础，高度重视新能源产业发展，创新发展可再生能源技术、节能减排技术、清洁煤技术和核能技术，大力推进节能环保和资源循环利用技术的应用。在选择战略性新兴产业方面，特别注重战略性长远规划，如在能源领域，选择新能源、可再生能源和非化石能源作为未来发展重点；在交通领域，选择电动汽车作为发展重点；在信息领域，确定智能电网和相关技术作为发展重点；在制造业领域，突出节能减排各方面的设计。目的就是使科学技术融入经济社会的发展，使我们的经济社会发展获得可持续的能力和长远发展的动力。全球应对气候变化正在催生以低碳技术为支撑的新兴产业，以此加快发展低碳经济。这便要求企业从发展战略、研发投入、人才激励上坚持以创新为本，积极发挥企业在自主创新中的主体作用，通过技术进步迎接低碳时代的机遇和挑战。有序推进低碳经济新兴产业的发展，争取打造一批在低碳技术领域掌握核心技术知识产权的先进企业，建成一批以低碳生产方式和消费方式为特征的示范城市，为构建我国低碳产业体系和全面发展战略性新兴产业打下基础。

技术创新进步可以提高能源效率，改善能源消费结构，减少二氧化碳排放。社会经济活动的环境效应在很大程度上受到技术变化的速度和方向的影响。技术创新已经成为应对气候变化和推行低碳经济的关键，无论是新能源的开发还是提高能源利用效率，都离不开科技进步和创新。但是技术创新应有一定的时间顺序，如太阳能、生物质能和风能，都是比较好的可再生资源，由于风能和太阳能能力巨大，非常环保，我国可以优先发展。此外，我国正处在工业化进程中，发展低碳经济是我们未来的出路。我国应当重视技术创新进步，采取多元化的清洁能源发展战略，大力发展技术比较成熟且经济效益较好的核能、天然气、水电，并辅以风能、太阳能和生物质能等具有长期发展潜力的新能源。

发展低碳经济是一个长远的目标和艰巨的任务，包含的内容很多且并不简单。目前我国的低碳产业技术尚不成熟，低端设备产能过剩，还在摸索中。很多人却只看到了巨大的投资机会和投资需求，而往往忽略了其替代传统能源的原始任务，忽略了技术创新的重要性。要发展低碳经济，不能只靠扩大低碳经济产业来实现，技术进步才是长期努力的方向，是解决能源和环境问题的根本出路，也是低碳经济发展的本质。

第四节 低碳经济的相关指标

一、碳源

《联合国气候变化框架公约》将碳源定义为向大气中释放二氧化碳的过程、活动或机制，碳源量即碳的排放量与吸收量之差。

二、碳汇

碳汇一般是指从空气中清除二氧化碳的过程、活动和机制。它主要是指森林吸收并储存二氧化碳的多少，或者说是森林吸收并储存二氧化碳的能力。

（一）森林碳汇

森林是陆地最大的生态系统，在稳定全球生态平衡方面具有水源涵养、气候调节、空气净化、风沙防治以及生物多样性保护等多种功能，吸收二氧化碳、抑制气候变暖是其中一项重要功能。据研究，陆地生态系统中57%的碳都储存在森林中，全球每年大气和地表碳流动量的90%来源于森林。森林每生长1立方米，平均吸收1.83吨二氧化碳，释放1.62吨氧气。通过造林营林、增加森林面积可以达到间接减排的效果，这是应对气候变化的有效手段。

（二）草原碳汇

草原在缓解气候变暖、防风固沙、涵养水源、保持水土、净化空气以及维护生物多样性等方面具有重要作用。草原碳汇是不亚于森林碳汇的珍贵资源，具有重要的生态价值和经济价值。据专家测算，0.067平方千米天然草原固碳能力为0.1吨，相当于减少二氧化碳排放量0.46吨。而内蒙古有0.87亿平方千米草原，占全国可利用草场面积1/5以上。呼伦贝尔、锡林郭勒、科尔沁、乌兰察布、鄂尔多斯和乌拉特是全国著名的草原。由此推算，内蒙古自治区的草原固碳能力为1.3亿吨，相当于减少二氧化碳排放量6亿吨。我国的青藏高原面积超过200万平方千米，是影响亚洲大陆乃至全球气候的重要之地，青藏高原拥有20%的草地面积，这些广阔的草原都形成了巨大的碳汇。

（三）沙漠碳汇

内蒙古有5.6亿平方千米可利用的沙漠或荒漠化土地，其中1.2亿平方千米可种灌木、半灌木，2.8亿平方千米可种草，可实现碳汇12亿吨。这些草木都是本土品种，适宜干旱缺水、寒冷多风的自然环境，成活率很高。开发沙漠碳汇资源，可以绿化沙漠，恢复生态。同时，还可以开发生物质能，获得清洁能量。内蒙古自治区生物质发电的实践证明，利用沙漠灌木等植物可产生清洁能源。因此，沙漠碳源的开发前景很广阔。

三、碳税

应对气候变化的政策工具可分为命令—控制型（Command-and-Control，CAC）和激励型（incentive-based）两类。命令—控制型政策是运用法律和制度，直接或间接地要求企业使用减排技术，通过检查、监控和罚款等标准化程序确保企业达到减排要求。激励型政策是政府制定总体目标和原则，然后给企业留下足够的追求利润的余地来激励企业采取成本有效的减排技术。经济学家大多认为，应对气候变化，基于市场的激励型工具要比传统意义上的命令—控制型手段更为有效。

激励型政策工具又分为排放税（emission taxes）和可转让排放许可证（transferable emission permits）（即排放权交易（emission trading））两种。碳税就属于一种排放税。

征税对象的确定直接涉及征税范围，征税范围的圈定又影响经济主体的收益与行为，而经济主体的行为反过来会影响到税收的实施。碳税也是如此，征税对象的选择直接涉及二氧化碳排放前后产业链上的一系列环节和主体的利益。

从二氧化碳产生的流程来看，针对源头征税优于在过程中征税。碳税应该对化石能源为消费和生产活动的经济主体提供能量时产生的每一单位二氧化碳排放征税，如汽车驾驶、工厂操作等。但是对已产生的碳排放征税在操作上并不可行，更可行的手段是对化石能源征税。化石能源的不同使用途径并不影响化石能源碳含量与二氧化碳排放之间的比率，因此从源头征税，即依据特定化石能源的碳含量对其征收碳税是合理且有效率的。值得注意的是，化石能源在被开采前并不释放二氧化碳，因此对这种状态下的化石能源征税没有意义。

针对源头征收的碳税可依据两种方法分类。一种是把碳税分为原始碳税和最终碳税。原始碳税是当化石能源被开采或进口到某国时征税，最终碳税是当化石能源被卖给企业或家庭用于提供能量时征税。另一种是源头碳税与目的地碳税。源头碳税针对国内化石能源生产者，在石油和天然气开采的源头以及煤的挖掘处收取，目的地碳税则针对在国内消费的碳，碳的目的地（消费地点）是这种税的基础。

第五节 低碳经济的评价方法

目前，我国对于低碳经济评价的研究较少，主要有以下几种方法对低碳经济进行评价。

一、层次分析法（AHP）

湖南农业大学农业经济管理专业的朱有志等提出低碳经济评价方法，并提出了基于 AHP 的低碳经济评价指标体系。他认为，上述评价指标体系是基于"低碳经济是一种发展新理念、新模式、新规则，是一个涉及能源、环境、经济系统的综合性问题"的概念内涵基础之上，并遵循层次分析法的原理提出来的，虽然复杂，但便于系统、综合评价。其评价是，只要根据需要进行加权求和，即可得出低碳经济发展的整体状况。

二、模糊层次分析法

（一）应用模糊层次分析法对省区的低碳经济发展进行评价

四川省社会科学院农村发展研究所、资源与环境研究中心助理研究员李晓燕提出，应用模糊层次分析法对街区的低碳经济发展进行评价，建立的低碳经济评价指标体系为以下 6 个系统。

经济发展系统：包括人均 GDP、居民的收入、第三产业比重、对外开放度、外贸进出口总额、K&D 经费占 GDP 比重 6 个指标。

低碳技术系统：包括清洁能源的比例、工业废水重复利用率、城市生活垃圾无害处理率、低能耗建筑比例、温室气体捕获与封存比例、城镇生活污水处理率、工业同体废弃物综合利用率、单位种植面积的化肥量 8 个指标。

低碳能耗排放系统：包括单位 GDP 能耗、单位 GDP 的二氧化碳、单位 GDP 的二氧化硫、单位 GDP 的化学需氧量（COD）4 个指标。

低碳社会系统：包括每万人拥有公交车数量位、恩格尔系数、城市化率、基尼系数、人口自然增长率 5 个指标。

低碳环境系统：包括森林覆盖率、人均绿地面积、建成区绿地覆盖率、自然保护区省辖区面积 4 个指标。

低碳理念系统：包括公众对环境保护的满意率、环境教育普及率、居民的低碳理念 3 个指标。

李晓燕利用模糊层次分析法对四川等省市进行了低碳经济的实证分析，得到六省市低碳经济综合评价指数，以四川为例提出政策建议。

（二）运用模糊层次分析法和主成分分析法对于城市低碳经济进行综合评价

四川大学经济学院的李晓燕和邓玲运用模糊层次分析法和主成分分析法对城市低碳经济进行综合评价，并建立了城市低碳经济综合评价指标体系，分为以下 4 个系统。

经济系统：包括人均 GDP、城镇居民可支配收入、第三产业比重、第三产业从业人员比重、农村居民纯收入 5 个指标。

科技系统：包括单位 GDP 能耗、单位 GDP 的二氧化碳、单位 GDP 的二氧化硫、新能源的比例、温室气体捕获与封存比例、能源消费弹性系数、低能耗建筑比例、工业废弃物综合利用率、工业废水达标率、生活垃圾无害处理率 10 个指标。

社会系统：包括每万人拥有公交车数、恩格尔系数、城市化率、R&D 投入占财政支出比重、人均住房面积、公众对环境保护的满意率、环境教育普及率、居民的低碳理念及普及率 8 个指标。

环境系统：包括森林覆盖率、人均绿地面积、建成区绿地覆盖率、自然保护区面积占比 4 个指标。

李晓燕和邓玲以直辖市为例，进行了城市低碳经济的综合评价，依据有关的指标数据，采用主成分分析筛选出各个子系统评价指标的主成分量，进行直辖市低碳经济发展综合评价指数分析。

三、DEA（Data Envelopment Analysis）法

（一）研究方法与模型的建立

DEA 方法是美国著名运筹学家 Gharnes 和 Cooper 等在 1978 年首先提出的，是评价具有多个输入和多个输出的决策单元相对有效性的方法。DEA 模型利用观察到的样本数据，将每个评价单位视为一个决策单元（DMU（Decision Making Unit）），对投入产出体系的效率进行评价。DEA 的模型主要是 CCR（Charnes，Cooper and Rhodes）和 BCC（Banker，Charnes and Cooper）两种，本书采用 CCR 模型。

（二）指标的选取与数据说明

因为要评价各地区的低碳经济效率，所以选择输入、输出指标如下。

1. 输入指标

劳动投入：劳动投入一般是指生产过程中实际投入的劳动量，发达国家

一般用标准劳动强度的劳动时间来衡量。由于我国省际资料缺乏统计，已有研究都用从业人数来代替。因此，本书采用各地区从业人员数作为劳动投入量指标。

资本投入：本书用新增资本投入来反映经济中的资本投入，主要考虑增量资本，不考虑存量资本。因此，本书主要采用各地区固定资产投资、R&D投资和污染治理投入这几个指标来反映。

资源投入：主要指各地区原油、原煤、石油、天然气等的消耗量。本书采用能源消费总量这个指标。

2. 输出指标

地区 GDP：主要反映地区经济发展变化，本书采用当年 GDP 来反映。

地区碳排放量：主要反映地区碳排放的情况，本书采用地区 CO_2 排放量，中于 CO_2 排放是"坏"的产出指标，因此在衡量时用其倒数。由于中国还没有地区的 CO_2 排放量的数值，因此根据采用《2006 年 IPCCN 家温室气体清单指南》提供的方法学，并结合我国的能源统计数据和《中国统计年鉴》对我国 30 个省区市（西藏除外）的 CO_2 排放状况进行核算。核算对象包括化石燃料燃烧的排放和水泥生产过程的排放两部分。

第二章 低碳经济：全球气候变化背景下的发展之路

第一节 全球气候变化：一个不争的事实

一、全球气候变化的三个时期

地球不断经历着循环往复的变暖和变冷过程。全球气候变化大致可以分为地质时期、历史时期和近代时期。

一是地质时期。该时期的时间跨度为约 6 亿年前到 200 万年前，在这一时期有三次全球性大冰期，在此期间气温呈现下降趋势，大冰期之间为间冰期，在此期间气温呈上升趋势。最近的第四纪大冰期中，气温冷暖交替，寒冷的亚冰期较现代平均温度低 8 ~ 12℃，相对温暖的亚间冰期则要比现代高 8 ~ 12℃，这可能使极地的整个冰盖消失。

二是历史时期。这个时期全球进入冰后期，时间为约 1 万年前，这个时期的主要特征是冷暖旋回，即有时是温暖期，有时是寒冷期。

三是近代时期。时间跨度为 19 世纪末至今，这个时期的主要特征是气温波动上升，全球气候变暖。从全球角度看，现代全球温度上升大约从 19 世纪末开始，进入 20 世纪暖期（1890 ~ 1950 年），全球气温上升约为 0.6℃，在北极最为突出。这种增暖的现象在 20 世纪 40 年代达到顶点。此后，全球气候变冷，60 年代以后高纬度地区变冷趋势比较显著，1968 年冬出现了北极熊从格陵兰岛踏冰跑到冰岛的罕见现象。80 年代后全球气温明显变暖，并有逐渐加剧的趋势。

通过对全球气候变化的三个时期分析发现，近代时期的气候变化要比地质时期和历史时期的气候变化呈现出较为明显的气温上升趋势。近 100 多年来，全球平均气温经历了"冷—暖—冷—暖"的波动，总体上呈现出气温上升趋势。进入 20 世纪 80 年代，全球平均气温已经上升了 0.6 ~ 0.9℃。

二、全球气候变化事实

(一)全球温度的升高

众多已经观测到的资料表明,近百年来,地球气候正在经历着全球变暖的显著变化。特别是近年来,以全球变暖为主要特征的气候变化越来越明显。联合国政府间气候变化专门委员会第四次评估报告指出,根据全球地表温度的器测资料显示,1985～2006年期间的20年有11年位列最暖的12个年份之中。1906～2005年的最近100年里,全球平均地表温度上升了0.74℃(0.56℃～0.92℃)。1956～2005年的升温倾向为每10年上升0.13℃,这大约是1906～2005年的升温倾向的2倍,这一趋势大于《第三次评估报告》指出的0.6℃(0.4℃～0.8℃)的趋势(1901～2000年)。过去50年的升温速度几乎是过去100年升温速度的2倍。20世纪后50年,北半球平均温度可能是近1300年中平均温度最高的。全球温度普遍升高,在北半球高纬度地区温度升幅较大,陆地区域的变暖速率比海洋快。

(二)海平面的上升

海平面的逐渐上升与气候变暖相一致。全球的海洋平均温度的增加已经延伸到至少3000米深度,海洋吸收热量后导致海水膨胀,海平面上升。自1961年以来,全球海平面上升的平均速率为每年1.8毫米(1.3～2.3毫米)。从1975年以来,在全球范围内的极端高海平面事件可能性已增加,而从1993年以来海平面上升平均速率为每年3.1毫米(2.4～3.8毫米),1961～2003年,全球海平面上升的平均速率为每年1.8毫米。热膨胀以及冰川、冰帽和极地冰盖的融化导致20世纪全球海平面约上升了0.17米。

(三)极端气候频发

全球变暖使得地球上的天气变化更加剧烈,全球变暖引起水分蒸发增加,因而导致极端天气频发。因为水分蒸发使大气中的水蒸气增多,给大气增加了额外的能量,导致大气环流出现异常。水汽蒸发量会随着温度升高呈非线性增加,20℃时每立方米空气中最多可容纳23克水蒸气,温度每上升11℃,可容纳的水蒸气质量会增加6.4%;每上升3℃,水蒸气质量会增加20.1%。大气中增加的这些水蒸气总量,等于增加了同等规模的能量。这会给天气系统乃至气候变化带来很大的扰动。这些累积起来的能量,肯定会不断释放出来,以其巨大的规模在其辐射范围内演变成一股毁灭性的力量。很多事实可以证明这一点,如20世纪60年代,撒哈拉牧区持续6年干旱;2008年年初,中国南方十省市爆发冰冻雨雪天气;2005年,中国发生13次严重的沙尘暴。

在过去50年中,某些气候极端事件的频率和强度已经发生了变化,即大部分陆地地区的冷昼、冷夜和霜冻的发生频率可能性减小，而热昼、热夜和热浪的发生频率已经增加。大部分陆地地区的热浪发生频率可能性增加，大部分地区的强降水事件发生频率可能性有所上升。

进入 21 世纪以来，地球"上火"引起的极端天气事件，其烈度、频度和广度每天都在刷新历史纪录，让过去那些相对稳定的气候变迁显得平淡失色。印度和南欧创纪录的热浪，斯里兰卡和中国的严重水灾，希腊、澳大利亚与美国加利弗尼亚州恐怖的森林和草原大火，美国频频发生的龙卷风，中国和非洲持续多年的大面积干旱，各地越来越多的暖冬天气等，很多事件的新闻标题上都被媒体加上了"史无前例"这样的定语。

（四）温室气体增加

自工业化时代以来，人类活动已引发全球温室气体排放增加，其中在 1970 ~ 2004 年期间增加了 70%。二氧化碳是最主要的人为温室气体，自 1750 年以来，由于人类的活动，全球大气中二氧化碳、甲烷和一氧化二氮浓度已经明显增加，目前已经远远超出了根据冰芯记录测定的工业化前几千年中的浓度值。在 1970 ~ 2004 年间，二氧化碳的排放量增加了大约 80%。2000 年之后，能源供应单位的二氧化碳排放量的长期下降趋势出现了逆转。

（五）积雪和海水面积的变化

1978 年以来的卫星资料证实，大面积的积雪和海水面积减少同样与气候变暖是一致的。南北半球的山地冰川和积雪平均面积已经呈现出不断退缩的趋势，如北极海冰面以平均每 10 年 2.7%（2.1% ~ 3.3%）的速度退缩，夏季中的海冰退缩率比较大，为每 10 年 7.4%（5.0% ~ 9.8%）。

2008 年 3 月 26 日，一块面积约为 7 个曼哈顿大的南极巨型冰架突然坍塌破裂，迫使面积更大的流动冰块均处于危险的地步。据英国南极调查局科学家大卫·沃恩说，冰块破裂是由于全球气候变暖造成的。2008 年 4 月 18 日，由特伦特大学极地专家德里克·穆勒博士和加拿大巡逻员组成的科学研究小组发现，北半球的最大的冰架现在已经断裂成三部分。2002 年该冰架上最大的中心裂缝被发现，许多科学家强烈预感到，在未来几年内残留的冰架将会逐渐被分解。德里克·穆勒博士认为，数十年来气候变暖造成了最近观测到的冰架崩溃事件。另外，陆地上的冰川也出现不断减少的现象，而且全球各地频繁发生的旱涝灾害、暖冬等现象均说明了全球变暖正在逐步加重。2008 年 3 月，威尔金斯冰架上一块面积为 400 平方千米的冰川断裂入海，2009 年美国冰雪数据中心发现，连接威尔金斯冰架和南极洲夏科岛的最后一段冰桥已经出现了坍塌。科学家预计，威尔金斯冰架还将失去 3370 平方千米的冰层，面积相当于两个卢森堡。

与南极遭遇同样的命运，随着全球变暖化加剧，北极冰川正以惊人的速度融化，千年厚的冰花在以每 10 年 8% ～ 10% 的速度消失，一些极地区域每年的海冰季节已缩减至 3 个星期。美国家航空和宇宙航行局对比 2004 ～ 2008 年的观测数据后发现，极地的冰盖不只是越来越少，更是越来越薄。虽然一些冻结超过两年的冰盖比较难融化，但数量已经少之又少。科学家估计，最快到 2030 年北极就会迎来一个"无冰之夏"。绿色和平组织"极地曙光号"科学考察船队在格陵兰岛的现场勘察发现，距离北冰洋 27 千米的冰川上，100 平方千米的区域已布满裂缝，有些裂缝宽近 500 米，融化的冰水已经形成一条大河，河流流量约每秒 50 立方米，用这种速度来填满一个奥运会标准游泳池只需不到 1 分钟。

三、令人担忧的未来

因全球气候变暖已经成为一种不争的事实，全球不同研究机构和国家纷纷对全球气候变化做出一些预测。我们从不同机构对未来因全球温室气体排放导致的全球温度不断上升的预测，可以看出人类将面临更加严峻的全球环境。

一是美国大气研究中心科学家做了两项最新研究预测，其研究结论均发表在美国《科学》杂志上。两篇文章分别从不同角度预测了全球气候变化的趋势。其一，是美国国家大气研究中心的魏格雷提出的一个理解全球气候变化的较简单的数学模型。他认为，出于海洋存在"热惯性"，对温室气体等外界影响的反应会有所滞后，因而，21 世纪全球变暖的趋势只不过是以前排放温室气体的后果。据魏格雷预测，到 2400 年，已存在于大气中的总的温室气体成分将至少使全球平均气温升高 1℃；不断新排放的温室气体，又将导致全球平均气温额外升高 2℃ ～ 6℃，这两个因素还会分别引起海平面每世纪上升 10 厘米和 25 厘米。据杰拉尔德·梅尔等人发表的第二篇论文中所述，由于"热惯性"的存在，即使 21 世纪中人类不向大气排放任何温室气体，到 2100 年全球平均气温也将至少升高 0.5℃，海平面将上升 11 厘米以上，其中海平面上升的高度要比科学家早先预测值高了一倍多。挪威北极协会地图测绘部负责人英格夫·梅尔维解释，可能因为以前的预测并没有考虑到冰川融化等的影响。

二是政府间气候变化问题小组根据气候模型做出预测，到 2100 年，全球气温估计将上升 1.4℃ ～ 5.8℃。根据这一预测，全球气温将出现过去 1 万年中从未有过的巨大变化，从而给全球环境带来潜在的重大危机。

三是政府间气候变化问题小组对未来的排放趋势进行了预测。IPCC 的第四次评估报告中运用 SKKS 情景估计得到，在 2000 ～ 2030 年期间全球基准温室气体排放将会增加，二氧化碳排放量增幅范围为 97 亿～ 367 亿吨（25% ～ 90%）。在这些情景下，到 2030 年甚至在更长时间内，化石燃料仍在全球混合能源结构中占主导地位。因此，预计在 2000 ～ 2030 年，能源利用过程中的二氧化碳排放量将增加 40% ～ 110%。

我们据全球气候变化的三个时期和最近全球气候变化的表象以及全球权威机构对未来全球温度预测可以分析，全球变暖已经成为一种无可争议的事实。

第二节 全球气候变化对人类生存的威胁

气候变化是人类有史以来面临的最为严峻的环境挑战，它对人类社会和自然界产生了很大的影响，而且这种影响是全方位、多层次的。这一定性描述可以从联合国政府间气候变化专门委员会发布的几次报告中寻找到答案。IPCC 第三次评估报告第二部分对气候变化的影响进行了深入的分析，指出气候变化对水文、资源、生态系统、人类健康、人类居住、粮食、能源等各个方面都有影响；2007 年公布的第四次评估报告表明，近百年来，地球气候正经历着以全球变暖为主要特征的显著变化，已经并将持续对全球的自然生态系统和经济社会发展产生重要影响；最新发布的《全球气候评估报告》勾勒出了气候变暖将给人类造成的灾难性变化，诸如气候极端事件将频繁袭击人类，全球受水资源短缺影响的人口将上升到数十亿，上亿人面临饥饿威胁，受海水上涨侵害的人口每年将新增数百万，环境移民人数将从以千万计算增到以亿计算。总而言之，气候变化威胁着人类生存和可持续发展。

一、气候变化影响生态安全

从有关文献中了解到，预计陆地生态系统的碳吸收量到 21 世纪中叶将达到饱和，其后将逐渐减少。如果温室气体继续以当前的速度排放，陆地生物圈可能成为净碳源，从而扩大气候变化。全球气候变化对人类的生态环境将产生巨大的负面影响，如冰河与永久冻土的逐渐减少、大洋生态系统发生的变化、湖泊及河流的水温上升、陆地的生态系统发生变化以及海水酸性化等。

（一）加快物种灭绝进程

全球气候变化导致海平面上升，降水重新分布，改变了当前的世界气候带格局，这种事实已经被证实。这样的事实导致的一个严重后果是：全球气候变化影响和破坏了生物链和食物链，从而带来更为严重的自然恶果。

气候变化不仅能改变某个地区各种物种的适应性，而且可以改变生态系统内部各种各样的种群的竞争力。以前的气候变化曾迫使许多物种消失，未来的气候将同样会使一些地区的物种灭绝。因此，自然界的动植物，特别是植物群落，可能会因不能适应全球气候变暖的速度而做出适应性转移的动作，结果惨遭厄运。但与此相反，有一些物种则会从气候变暖过程中受益，它们的栖息地也可能会增加，而它们的竞争对手及天敌也可能减少，这可能出现泛滥的情况。

从 19 世纪初，花栗鼠、老鼠等动物开始向高处迁徙。研究发现，这些动物之所以向更高的地方迁徙，可能是全球变暖使它们的栖息地环境发生变化所致，栖息地环境的改变还威胁着北极熊和海象等极地动物的生存，因为它们栖息的冰层正在慢慢融化。按目前的状况发展下去，北极熊等许多极地动物将会消失。在科学家证实气候变暖正在改变动物的觅食场所和时间之后，直到 2003 年，两份报告证实，超过 100 个物种的活动范围正以每 10 年 4 英里的速度向北迁徙，还有几千个物种迁徙或繁殖的时间比一个世纪前提前了几天到几周。

（二）冰川融化

全球变暖最明显的后果之一就是冰川融化，自 20 世纪 60 年代以来，全球雪盖面积减少 10% 左右。众所周知，全球 4/5 的淡水资源储存于冰川之中，南、北极地冰川占全球淡水资源的 75%，其资源现在难以被人类利用，而内陆高山冰川是河流重要的水源。随着气候变暖，极地冰川面积在萎缩，厚度在下降，裂缝在扩大，内陆冰川的融化速度会更快。这样的结果会导致人类所需要的淡水量下降。预计面临缺水风险的人口在 21 世纪 20 年代为 4 亿～17亿，21 世纪 50 年代为 10 亿～20 亿，21 世纪 80 年代为 11 亿～32 亿。

在南极和北极地区，冰川融化的启动是一个不断自我强化和相互增强的非线性进程。南极洲 50% 的海岸都是冰架，一旦冰架倒塌，南极大陆融化的冰就会失去冰架的阻挡，一步步滑进海洋，引起海水上涨。地球上 80% 的光和热都是通过冰雪把太阳光反射回太空得到的，冰架冰川减少也会使星体反照率降低，让地球越来越热，目前南极洲的普遍温度已经达到了 1800 年以来的最高点。北极冰川的融化动因则是同中有异，在北极地区 60 米深的冰川水分中盐分含量较高，表示来自大西洋温暖的海洋环流正在加速冰川底层的融化，这将使冰川的倒塌比预期来得更快。在格陵兰，冰川倒塌裂开的地方等于打开了一个缺口，让内陆地区的冰块被北大西洋温暖洋流融化。冰川融化不但将使北极熊面临灭顶之灾，也将使全球渔业走向崩溃，进一步危及人类的生存。

冰川融化另一个潜在的威胁可能是那些千百万年来一直沉睡在冰层底下

的不速之客。美国拉特格斯大学海洋与海岸学助理教授凯·贝德勒的研究小组在对 5 个 10 万～ 800 万年的冰样本进行检测后发现，这些被称为"基因冰棒"的冰芯中包含的远古细菌仍具有活性，一些已存在很长时间的细菌此前并未在地球上发现过。经过研究人员的努力，南极"冰棺"中沉睡了 10 多万年的细菌最终在实验室苏醒过来，并已开始再次生长。冰川融化从地下的黑暗世界里苏醒过来的这些未知生物，究竟会给地球上的人类带来什么影响，是否意味着一种新的致命病毒？现在谁都无法判定。

（三）永久冻土地带的融化

全球多年冻土分布面积约占地球陆地面积的 25%，包括俄罗斯和加拿大近一半的领土、中国 22% 的领土、美国阿拉斯加 85% 的土地、南极和格陵兰的无冰盖地段和被冰盖边缘覆盖的地下以及南美和中亚的高山地区。

但是，当前俄罗斯大部分永久冻土带正在消退，并向西伯利亚西北部和欧洲北部扩散。到 21 世纪末，格陵兰岛南部海岸、美国阿拉斯加州布鲁克斯以南地区和加拿大北极圈大部分地区的永久冻土带将融化，中国的永久冻土带面积也有可能减少一半。

冻土的融化会使封存在里面的甲烷等温室气体释放到空气中，增加大气中的含碳量，增强地球的温室效应。美国麻省理工学院科研人员在《地球物理研究杂志》网络版上报告说，一旦地下甲烷大量释放到大气层中，其导致的全球变暖速度可能会比目前主要由二氧化碳等温室气体造成的全球变暖还要快 20 倍。在永久冻土地带里封存着大量远古时期的甲烷等温室气体。联合国环境规划署估计其中包含了 7500 亿～ 9500 亿吨的有机碳，而目前大气中的有机碳大概有 7500 亿吨。永久冻土地带的大范围融化会将这些气体释放到大气中，使大气中的碳浓度急剧上升。无论是西伯利亚还是青藏高原，这种恐怖的进程已经在不知不觉之间悄然启动了。在青藏高原至关重要的三江源地区，永久冻土层的融化还会带来另外一个可怕的后果。坚硬致密的永久冻土层对于地表水就像岩石圈一样起着保护作用，从而维持了地表的水量平衡，永久冻土层融化会使地表水失去依托渗漏到地下，不但直接影响发源于此的江河径流，也使当地的地表一步步沙漠化。文成公主入藏时还是碧波万顷、水草丰美的黄河源头鄂陵湖和扎陵湖，今天已经基本干涸见底；长江源头的青海当曲和玛曲以及当地的草原也已经大片沙化。这反过来又会加速当地冻土层的消融，使得在冻土下面的甲烷向大气层排放碳，从而形成一个很难打破的恶性循环。

（四）海平面逐渐上升

过去的百余年间，由于全球气候变暖，一方面海洋变暖，海水出现热膨胀；另一方面温度升高造成水体膨胀，进一步抬高了海平面，全球海平面上升了 14.4 厘米。海平面的直线上升将会给全球带来毁灭性的灾难。

首先，直接带来的危害是低地被淹没。这将威胁到沿海国家以及 30 多个海岛国家的生存和发展。联合国的专家小组经电脑模拟试验后得出结论，当全球海平面升高 30～50 厘米时，世界各地海岸线的 70%（美国海岸线的 90%）将被海水吞没。美国环保专家的预测更令人担忧，再过 50～70 年，巴基斯坦国土的 1/5、尼罗河三角洲的 1/3 以及印度洋上的整个马尔代夫共和国，都将因海平面升高而被淹没。东京、大阪、曼谷、上海、威尼斯、圣彼得堡和阿姆斯特丹等沿海城市将完全或局部被淹没。据英国官方公布的统计数据，在过去的 20 年中，由于泰晤士河的水位随全球变暖而升高，当地政府不得不先后 88 次加高防洪堤坝，以保障伦敦人的生命财产安全。马尔代夫、塞舌尔等 30 个低洼岛国面临在 21 世纪被海水淹没的威胁。印度洋岛国马尔代夫平均海拔只有 1.5 米，海平面的升降关乎它的生死。科学家的研究报告显示，如果全球变暖的趋势以目前的速度持续下去，那么这个由 1192 个小岛组成的国家将在 21 世纪消失。2009 年 10 月 17 日，马尔代夫首次在水下召开内阁会议，呼吁国际社会关注全球气候变暖造成海平面上升的危害。

其次，海平面上升还会使沿海岸的水土资源恶化。海水上升，海浪动力增强，破坏力增大，造成海岸线的后退和被冲蚀，破坏沿海养殖和旅游经济发展。由于海平面的上升和海水的侵蚀，沿海地下水水位上升，盐分增加，土壤盐碱化程度会加重，水土资源都会被破坏。生活在海洋世界中的岛国居民，他们脚下的立足之地会在海平面不断上升的过程中一点点失去。

二、气候变化对人居环境及社会经济产生严重威胁

2004 年 1 月，英国政府首席科学顾问戴维·金爵士在《科学》杂志的特约社论中警告："气候变化是今天摆在我们面前的最为严重的问题，甚至比恐怖主义的威胁还要严重。"当前，人类周围生活环境的现实正是由越来越多的极端天气事件累积起来的大范围的气候失调和疫病蔓延。这样的现象表明，气候变化必将给世界各国的可持续发展带来挑战。人居环境和社会经济对气候变化的脆弱性，主要表现在极端天气事件的脆弱性健康以及国民财富的巨大损失上。

（一）气候变化危害人体健康

全球气候变化通过极端天气和气候事件扩大疫情的流行，对人体健康产生极大的危害。美国哈佛大学医学院全球环境和健康中心的保罗·爱泼斯坦注意到，植物也会随雪线时不断地移动，全世界山峰上的植物也都在上移。

随着山峦顶峰的不断变暖，那些处于海拔较高处的环境进而也越来越有利于蚊子以及它们所携带的疟原虫等类似的微生物生存。此外，自 1987 年以来，疟疾、西尼罗病毒和黄热病等热带传染病在美国的密西西比、亚利桑那、佛罗里达、加利福尼亚、得克萨斯和科罗拉多等地相继爆发。这些疾病的爆发一再证实了专家们关于气候变暖使一些热带疾病将向较冷的地区传播的科学推断。气候变化对人类健康产生的负面影响主要包括以下几个方面。

一是对热浪的影响。全球气候变化使热浪发生更加频繁。在高温情况下，病菌、病毒和寄生虫更加活跃，使人体免疫力和抵抗力降低，导致心脏和呼吸道疾病的发病率和死亡率增加，这种影响对老人、儿童、发展中国家的贫困人口尤为显著。由于热岛效应，城市地区的温度将升高，而且持续时间更长。因此，城市人口在热浪中面临更大的挑战。

二是对极端气候事件的影响。全球气候变化使暴风雨、飓风、干旱、洪涝等极端天气事件发生的频度和严重程度均有增加，除导致死亡率、伤残率上升外，还为疟疾、登革热、霍乱和脑炎等传染病提供传染环境而间接增加对人体健康的损害，进而影响生态系统稳定，破坏公共设施。频发的极端天气还可能为许多疾病的传播创造更加有利的环境。近年来，一些热带疾病开始向高纬度地区扩散，疟疾、霍乱以及登革热的传播范围扩大，危及全球一半以上人口。

三是对气候带的影响。（北京市气象局研究人员）陆晨和谢璞指出，全球气候变暖的结果之一是改变了气候带，热带边界将不断扩大到亚热带，温带的一些地区将会变成亚热带地区。据有关资料的研究统计显示，如果全球平均气温每升高 1℃，那么气候带约会向极地方向推进 100 千米。但是，这种推进过程不可能是一种均匀的现象，一些气候带和气候型往往会因海洋、高山和荒漠的阻隔时间断甚至消失。在全球范围内，热带非洲是寄生虫病和传染病的高发地区，是病毒性疾病的最大发源地。随着温带地区的不断变暖，携带这些致病原体的昆虫和啮齿类动物的分布区域将不断扩大，从而使那些疾病的扩散成为一种可能。

四是气候变化对心理产生的影响。由于生存环境的变化、异常气候事件的发生以及社会生活、家庭财产在气候变化中遭受损失等因素的影响，人类心理也将遭受冲击，因为气候变化而产生的忧郁症和自杀事件可能增加。

五是气候变化影响因子会导致营养不良加剧。气候变化是导致全球疾病和早夭的原因之一。

六是高温的影响。全球气候变暖将会直接导致一些地区在夏季出现超高温的现象，结果造成每年许多人因为心脏病及引发的各种呼吸系统疾病丧失生命，其中又以新生儿和老人为主。

七是臭氧浓度的影响。全球气候变暖将会导致臭氧浓度增加，低空气中的臭氧会破坏人的肺部组织，从而导致心脏和呼吸器官疾病的发病率增加。1988年，马达加斯加高地传染性疟疾，死亡10万多人。

（二）全球气候变化会给人类生命和财产带来重大损失

随着全球气候的逐年变暖，洪涝、干旱、飓风和冰雪灾害等极端天气事件发生的频率和强度将大大增加，严重威胁着人类的生命与财产的安全。根据世界卫生组织的统计资料显示，全球每年都要有30万人因气候变化而死亡，这是一个十分可怕的数据。据联合国网站报道，气候变化将会导致疾病和自然灾害的频繁发生，致使许多当地居民迁移出自己的家乡甚至国家。气候变化会影响人类活动的诸多方面，包括健康、环境、能源、安全、迁徙、施政以及经济发展等。

在南部非洲，由于受到全球气候变化的严重影响，南非、莫桑比克、马拉维和津巴布韦等国家近年来的降水量不断创历史新高，均不同程度地暴发了洪涝灾害。莫桑比克和马达加斯加甚至还遭受过罕见热带旋风的严重冲击，结果造成许多房屋被摧毁，死亡数百人，数十万人无家可归。在太平洋沿岸的美国也同样没有躲过气候变化的冲击，近些年也同样频频遭受飓风的袭击。2004年9月18日，俗称"伊万"的飓风袭击了美国，结果造成45人死亡，"伊万"成为1999年以来造成死亡人数最多的一次飓风。2015年8月25日，飓风"卡特娜"在美国佛罗里达州登陆，飓风导致洪灾泛滥，造成至少80人死亡，许多房屋被毁，数万居民被紧急撤离；2016年3月13日，威力巨大的龙卷风席卷了美国中西部的5个州，造成至少10人死亡，几十人受伤，数百座房屋被毁。1998年，米奇飓风席卷洪都拉斯，贫困人口增加了8%，低收入家庭失去了15%～20%的生产资本，重建前景暗淡。1998年7月，沙嗨玛噔峡谷的冰川湖突发洪水，超过100人死亡，当地生活生产受到严重影响。2005年8月，新奥尔良卡特里娜飓风，1500人死亡，78万人流离失所，破坏房屋20万所，该市基本瘫痪。1998年，孟加拉国洪灾使2/3国土淹没，1000人罹难，3000万人无家可归。2015年，中国发生13次严重的沙尘暴，水土逐渐减少，沙漠化加剧。

英国2016年公布的《斯特恩气候报告》中指出，气候变化的代价相当于每年至少失去全球GDP的5%，如果考虑更广泛的因素，到22世纪初，全球GDP将减少20%。

（三）全球气候变化迫使贫困地区与贫困人群生存更加艰难

气候变化对人类最快的、可预见的严峻威胁，就是加剧了饥荒严重和水资源的供应紧张，而受冲击最大的则是最贫困的人群。气候变化不仅仅是贫困人口的额外负担，更会削弱他们对抗贫穷的能力，致使穷者更穷。国际扶贫组织乐施会对大约100个国家进行调研后发现，气候变化正在威胁全球贫困人群，如不及时行动，气候变化的影响将抵消所有贫穷国家过去50年扶贫工作取得的发展成果。

自20世纪70年代至今，气候变化每年令15万人丧生，其中半数在亚洲。到2020年，全球玉米产量将下跌15%，非洲将为此每年损失20亿美元。到2050年，每年会有2亿人因为饥饿、环境破坏和土地减少而迁移。加德满都和拉巴斯等城市历史上一直依赖喜马拉雅山脉和安第斯山脉冰川供给水源，由于气候变化它们也将面临水荒，这样的城市预计到2030年会增加三成。牛津饥荒救济委员会新西兰负责人巴里·科茨告诫："如果不立即采取行动，穷国50年的发展成就会永久性地丧失。"

（四）气候变化对全球农业生产造成的影响

随着全球气候变暖的加剧，农业是受其影响最大的部门，而且在未来会越来越脆弱。尤其是发展中国家会受到威胁，因为他们高度依赖农业，但缺少资源和抵御气候变化带来损失的办法。就短期而言，随着全球平均温度升高1℃～3℃，工业化国家或许能够提高粮食生产能力。然而，在低纬度地区，特别是以旱地农业为主的贫困地区和半干旱及半湿润地区，即使全球温度略微升高，都非常有可能导致作物潜力的下降。全球气候变化专业委员会主席罗伯特·沃森在联合国粮农组织国际农业研究小组的一次会议上曾经指出，在若干年内，全球气候变暖将给生态环境带来严重的破坏，致使自然灾害频繁发生，而受影响最为严重的当属非洲大陆。沃森还指出，全球气候变暖将会使非洲大陆的干旱地区，特别是非洲中部和南部的干旱、半干旱地区更加缺水，耕地退化和荒漠化现象越来越严重；而部分地区却会导致降雨量增大和海平面上升，将会使非洲一些地区频繁发生水灾。由于气候变暖造成的这些自然灾害将严重打击非洲的粮食生产，致使农业产量下降，加之非洲人口的持续增长，非洲一些国家的缺粮状况将会趋向恶化。

俄罗斯的一位学者认为，由于全球气候的不断变暖，预计北半球平均气温将上升2℃～3℃，农作物生长的自然带被迫向北推移600～1000千米，莫斯科南部的耕地将会逐渐退化成黑土草原。据一些资料估计，在全球变暖的状况下，美国农产品的波动幅度年均可达50%。全球的气候变化不但会影响农业的产量，还会使农业生产的不稳定性程度不断增加，农业生产的布局和结构同样会遭到冲击。据一些资料估计，到2030年，我国种植业的产量在整体上会因全球气候变暖减少5%～10%，其中，水稻、小麦和玉米这三种主要的农作物均会以减产为主要特征。而到 2050 年，气候变暖将使我国农作物多熟种植的分布极大地改变，农田大面积减少。

气候变化与全球的粮食安全之间的联系是复杂、不确定和多变的，气候变化对有关粮食生产的很多方面都会产生影响。首先，全球气温变化直接影响全球的水循环，使某些地区出现干旱和洪涝灾害，导致农作物减产。其次，多变的天气将导致收获难度增加，且温度过高也不利于种子生长，这些均会引发粮食供应和价格的动荡。美国斯坦福大学的一份最新报告显示，随着全球变暖，一些国家的农民将不得不选择新作物品种播种。例如，被誉为美国"果篮子"的加利福尼亚州部分地区已经不可能再适合多种果树的生长，而是以更加耐热的玉米代替，加州农业将因此遭受重创；在欧洲，一些国家的葡萄酒酿造业也受到气候变暖的影响。2009 年 8 月 11 日，法国环保组织和相关行业在《世界报》上发文指出，如果再不采取措施遏制气候变化，法国将可能不再适合种植葡萄。2004 ~ 2005 年，尼日尔干旱与粮食匮乏，250 万人需要紧急粮食援助，56 个区面临粮食安全问题。20 世纪 60 年代，撒哈拉牧区持续 6 年干旱，粮食、牧草极度缺乏，牲畜大量被宰杀，饥饿致死的人数超过 150 万。

三、气候变化威胁海岸和低洼地区

预计到 2100 年，地表平均气温将比 1990 年上升 1.4℃ ~ 5.8℃，全球平均海平面将比 1990 年上升 0.09 ~ 0.88 米。如果海平面升高 1 米，中国沿海将有 12 万平方千米被淹没，7000 万人口需要内迁；孟加拉国将失去 12% 的国土，印度尼西亚失去国土面积高达 40%；美国将有 48 个州的共计 6.5 万平方千米土地被淹没；圣彼得堡、悉尼歌剧院、华尔街以及硅谷等都将不复存在。

图瓦卢气象局首席预报员提供的一组检测数据显示，从 1993 年之后的 16 年间，图瓦卢的海平面总共上升了 9.12 厘米，国土面积已经缩小了 2%。按照这个数字推算，50 年后海平面将上升 37.6 厘米，图瓦卢至少将有 60% 的国土彻底沉入海中。专家认为，这对图瓦卢意味着死亡，因为涨潮时图瓦卢将不会有任何一块土地能露在海面上。

毋庸置疑，全球气候变化已经成为人类面临的最大威胁。全球变暖已经导致了许多灾难性的后果，如冰川退缩、永久冻土层融化、海平面上升、飓风、洪水、暴风雪、土地干旱及森林火灾等；气候变化将使农业生产下降，无法满足全球人口仍然不断增长的粮食需求；饥荒和疾病会接踵而来，霍乱、伤寒和脑炎将会在温带蔓延。

第三节 全球气候变化的根源

全球变暖的趋势已经势不可挡，全球气候系统是一个由大气圈、水圈、岩土圈和生物圈组成的复杂系统，引起气候变化的原因概括起来可分成自然的气候波动与人类活动的影响。总的看来，近百年的现代气候变化是由自然的气候波动和人类活动共同造成的，而近50年的全球变暖主要是由人类活动造成的，这个结论总体上在科学界达成了共识。随着政府间气候变化专门委员会关于气候变化成因的认识逐步深化，"最近50年的气候变化由人类活动导致"这一结论的可信度也在提高。IPCC的第三次评估报告（2001年）指出，新的、更强的证据表明，过去50年观测到的大部分增暖"可能"归因于人类活动（66%以上可能性）；第四次评估报告（2007年）同样显示，人类活动"很可能"是导致气候变暖的主要原因（90%以上可能性）。人类活动主要是指化石燃料燃烧行为和毁林等土地利用变化，由此排放的温室气体（二氧化碳、中烷和一氧化二氮等）导致大气中温室气体浓度大幅增加，造成温室效应增强，从而引起全球气候变暖。

一、碳排放导致的全球气候变化问题

IPCC第四次评估报告指出，地球变暖的主要原因是人类活动所导致的温室气体的增加，二氧化碳是最主要的人为温室气体。

地球大气的主要成分是氮气和氧气，它们既不吸收也不散发热辐射。那些给地球保温的所谓温室气体大约有几种，最常见也最重要的是水汽，它所产生的温室效应占整体温室效应的60%～70%，这也是地球上风、云、雨、雪等各种气象活动的主要载体，但它纯粹是一种自然现象。除此之外，二氧化碳、中烷、一氧化二氮、氢氟碳化物、全氟碳化物和六氟化硫是6种主要的温室气体。其中，二氧化碳约占整体温室效应的26%，是最重要的一种温室气体。二氧化碳在大气中存留的时间高达200年，即使我们今天完全停止向大气中排放二氧化碳，此前排放的二氧化碳产生的温室效应还将持续200年左右。

二氧化碳是地球上各类生物生命活动的主要参与者，如植物通过光合作用从空气中吸入二氧化碳，转化为葡萄糖和淀粉等碳水化合物，再将碳水化

合物转化为蛋白质和脂肪；动物则把植物作为食物，将植物组织的有机物消化掉，然后转化为动物组织等。通过这些复杂的活动，二氧化碳不停地在地球的大气圈、生物圈、地圈和水圈中循环流动。二氧化碳不仅是上述自然活动的载体和产物，也是人类生产活动的产物，人类耕作土地、砍伐森林和燃烧木材，都会向大气中释放二氧化碳。

在工业化以前的时期，这些活动的规模都不大，因此产生的二氧化碳排放对地球大气的影响非常微小。工业革命的到来，以前所未有的规模，显著改变了自然界的碳循环。工业革命以前很长一段时间里，大气中二氧化碳的浓度大致稳定在 $(270 \sim 290) \times 10^{-6}$，但在 1800 年以后，现代工业和交通发展迅猛，城市化水平不断提高，煤炭和石油消耗快速增加，导致大气中的二氧化碳浓度不断增加，且增加速度越来越快。碳在自然界的循环平衡被彻底打破，地球开始"发烧"了。

IPCC 第四次评估报告认为，自 1750 年以来，由于人类活动，全球大气中二氧化碳、甲烷和一氧化二氮的浓度已明显增加，1970 ~ 2004 年期间增加了 70%，目前已经远远超出根据冰芯记录测定的工业化前几千年中的浓度值。在这 34 年间，二氧化碳的排放增加了约 80%。到 2005 年，大气中二氧化碳的浓度为 379×10^{-6}，远远超过了过去 65 万年自然变化的范围。

美国国家海洋和大气管理局（NOAA）发布的最新监测数据显示，全球大气二氧化碳浓度已由 1750 年工业革命前的约 280×10^{-6} 上升到 2008 年的近 386×10^{-6}。甲烷和一氧化二氮浓度也超过了近 65 万年以来的最大值。据估算，自 1750 年以来，全球累积排放了 1 万多亿吨二氧化碳，其中发达国家的排放约占 80%。

全球二氧化碳浓度的增加，主要是由于化石燃料的使用。2007 年 11 月，联合国政府间气候变化专门委员会在西班牙瓦伦西亚发表了《IPCC 第四次评估报告书》，对气候变化和地球变暖的因果关系做了科学而详细的分析。IPCC 第四次评估报告指出，地球变暖的主要原因是温室气体的增加，而二氧化碳是最主要的人为温室气体。而且，工业化时期以来，大气中二氧化碳浓度的增加主要源于化石燃料的使用。化石燃料燃烧所导致的二氧化碳年排放量从 20 世纪 90 年代的平均每年 64 亿吨碳增加到 2000 ~ 2005 年间的每年 72 亿吨碳。

煤、石油和天然气是目前全球最主要的能源，2006 年在全球能源结构中占 87.9%，它们是千百万年前埋在地下的动植物经过漫长的地质年代变化形成的，其主要成分是碳氢化合物或其衍生物，因此也被称为化石能源或碳基能源。200 多年来，人类依赖碳基能源创造了很多人间奇迹，但它们燃烧过程中排放的大量二氧化碳和二氧化硫等温室气体，是造成大气褐云、灰霾、酸雨和温室效应的罪魁祸首。同时，大部分碳基能源将在 21 世纪内被开采殆尽。

随着全球人口急剧膨胀，人类的能源消费大幅度增长，整个工业就是靠碳基能源支持的。煤炭、石油均是古生物在地下历经数亿年沉积变迁而形成的，储量极为有限且不可再生。按现在的消耗速度，世界上的石油、天然气和煤等能源将在几十年至两百年内逐渐耗尽。20 世纪 60 年代以来，包括水电、生物质能、太阳能、风能、地热能、海洋能、核能和氢能等新兴和可再生能源陆续被开发出来，开始部分代替碳基能源。随着技术的进步，这类新能源的比重将不断提高，最终将有望为人类社会提供清洁和持久的动力。

IPCC 第四次评估报告警告说，如果到 2030 年，全球能源结构仍以化石燃料为主导，按照二氧化碳当量计算，全球温室气体排放量在 2000～2030 年间将会增加 25%～90%。世界气象组织估计，如果按目前排放量继续等值排放，大气中二氧化碳等温室气体的体积浓度将近乎直线增长，2050 年为 450×10^{-6}，2100 年将增加到 520×10^{-6}，增长趋势令人担忧。在这一趋势下，21 世纪的地球将会进一步变暖。报告估计，未来 20 年，全球气温将升高约 0.41℃，即使所有温室气体和气溶胶的浓度稳定在 2000 年的水平不变，仍会升温约 0.21℃。科学家相信，地球的平均气温将在未来 100 年内骤升 1.4℃～5.8℃。

二、人口剧增

近年来，人口的剧增是导致全球变暖的主要因素之一，严重地威胁着自然生态环境的平衡。从 20 世纪初至今，全球人口增加了 2 倍。超多的人口，每年仅自身排放的二氧化碳就是一个惊人的数字，其结果将直接导致大气中二氧化碳含量不断增加。

三、工业化发展

随着工业革命的发生，人类活动对气候变化的影响越来越大。工厂大量燃烧煤、石油、天然气等矿物燃料，汽车不断排放尾气，使大气层中二氧化碳的含量不断增加，这些都在日积月累地为地球加温。联合国政府间气候变化专门委员会于 2007 年发布的第四份气候变化评估报告指出，人类活动特别是工业生产和生活中燃烧及消耗的化石燃料导致地球大气中二氧化碳等温室气体浓度创纪录地升高。工业革命最先是从西方国家开始，西方国家在大量使用化石燃料进行大量的生产、消费及废弃的同时，不断向大气中排放出了大量的二氧化碳，最终结果是二氧化碳使得地球吸热远高于放热，形成了主要的"温室气体"。据联合国开发署（UNDP）2007/2008 年人类发展的报告指出，"自工业化时代以来，地球上所排放的每 10 吨二氧化碳中，大约有 7 吨是由发达国家排放出来的。美国和英国的人均历史排放量约达到 1100 吨二氧化碳，而中国和印度的人均二氧化碳排放水平分别为 66 吨和 23 吨"。全球的二氧化碳浓度不断增高，给全球造成了极其严重的影响，在过去的 100 年间，世界平均气温上升了 0.74℃；在 20 世纪后半叶，北半球是过去 1300 年当中最为暖和的 50 年；冰川大幅度的消融，气候异常和气象灾害事件发生频率比较高，海平面不断上升。

四、土地利用导致的破坏

近年来，人类为获取木材而过度砍伐森林，开垦土地用于农业生产，以及过度放牧，对植被进行着严重破坏。人类这种不适当的活动造成越来越多的土壤因被侵蚀而沙漠化。目前全球平均每分钟有 10 平方千米土地沙化，4.7 万吨土壤遭侵蚀。土壤侵蚀使土壤肥力和保水性下降，从而降低了土壤的生物生产力及其保持生产的能力，并可能造成大范围洪涝灾害和沙尘暴，导致生态环境恶化，也给社会造成重大经济损失。此外，地表植被的大量破坏使地面直接裸露，使大量水蒸气蒸发到空气中，太阳能量不能转化为其他能量，从而直接以热形式存在于地球表面。

五、森林资源锐减

在世界范围内，由于受自然和人为因素的影响，森林面积大幅度锐减，在 8000 年以前人类还没有从事农业生产的时候，地球上大约有 61 亿平方千米森林，也就是说有近 1/2 的陆地被森林所覆盖（地球上的陆地面积大约是 130 亿平方千米）。但据联合国粮食及农业组织的统计数据显示，现在地球上仅存大约 28 亿平方千米森林和 12 亿平方千米稀疏林，与 1960 年的统计数字相比较，那时的森林面积占地球陆地面积的 1/4，而如今只占 1/5。联合国环境规划署和联合国粮食及农业组织的共同调查结果表明，在非洲每年有 130 万平方千米，在亚洲每年有 180 万平方千米，在中南美洲每年有 420 万平方千米的森林正在消失。此外，还有半干旱地带稀疏林的砍伐，仅在非洲每年就有 230 万平方千米，这些都没有包括在上述统计之中。

美国根据各国政府提供的资料和对人造卫星照片的判读推测森林破坏的速度为每年 1800 万～2000 万平方千米，联合国粮食及农业组织的推测是

1130 万平方千米。均衡两者的说法，世界上每年共有一千几百万平方千米的森林正在遭到无法挽救的破坏。森林锐减后，不仅消化二氧化碳的能力大大降低，而且参天大树被伐倒后，不可利用的部分烂掉或被烧掉，都将释放出大量二氧化碳。

六、环境污染

环境污染的日趋严重已经构成全球性重大问题，也是导致全球变暖的主要因素之一，具体包括水污染、大气污染、噪声污染、放射性污染、有毒废料污染等。各种各样的环境污染再加上地表水域逐渐缩小，降水量大大降低，减少了吸收溶解二氧化碳的条件，破坏了二氧化碳生成与转化的动态平衡，这就使大气中的二氧化碳含量逐年增加。

第三章 低碳经济的发展重点与路线图

低碳经济转型就是由粗放的高能耗、重污染的发展模式转向更加有效利用资源、更加环境友好和更加公平的经济发展模式,实现人与自然的和谐发展。本章首先提出低碳经济转型的实质是经济发展的"脱钩",大幅度提高碳生产率。其次,依据相关情景分析讨论低碳经济的发展重点。所谓情景,只是在一系列假设条件下的可能性,而不一定是届时的真实情况。最后讨论了低碳经济的技术路线与政策扶持。

第一节 低碳经济发展的实质与目标

金融危机以后,联合国环境署(UNEP)将绿色经济作为经济振兴的重要内容。2011年2月21日,UNEP在肯尼亚内罗毕发布《绿色经济报告》。报告指出,从现在起至2050年,每年将全球国内生产总值的2%,约1.3万亿美元投资于农业、建筑、能源、渔业、林业、制造业、旅游业、交通等10个主要经济部门,将为经济发展注入新动力,还将催生大量的就业机会,对消除贫困至关重要,同时可减少气候变化、水资源短缺等方面的风险,并推动全球向绿色低碳经济转型。

一、低碳经济发展的实质在于"脱钩"

"脱钩"这一术语已出现在许多领域,其基本含义是:不同要素随着时间的变化,增长率出现分离。"脱钩"的概念运用到经济发展中,特别是可持续发展的语境下,大致包括两个方面:一是资源脱钩。随着以GDP表征的经济发展,自然资源投入强度逐步降低,资源利用效率不断提高;表现在增长曲线上,即资源利用总量增长曲线斜率开始小于经济增长曲线的斜率。二是环境影响脱钩。也就是说,随着经济发展,污染物排放总量增长减缓,单位国民生产总值排放的污染物强度下降,经济发展的不利环境影响减少,直至环境质量得到明显改善并产生较好的生态环境效益,居民生活在良好的环境中,从而使人民群众的福利水平高于经济发展或使人均收入水平提高。也就是说，人民的幸福指数得到不断提高。

生产和消费如何才能"脱钩"呢？自 1972 年罗马俱乐部提出《增长的极限》以来，资源与环境日益成为关乎人类生存的大事。随着技术的进步、可替代资源的出现，资源供给和使用效率的提高已经成为可能。当然，资源仍然在被过度消耗，浪费依然随处可见。有研究表明，在人们购买和消耗的物资中，约 93% 的产品根本没有做到物尽其用，80% 的产品经一次使用后就被弃置。在美国，商品或包含在商品中的原材料的 99% 在销售的 6 周内变成了废品。是否有一种方式可以使人们能够更节约、更合理地生产与消费呢？国内外科学家进行了大量研究，提出了 2 倍、4 倍、5 倍、10 倍因子理论，有人甚至提出了 20 倍因子的假说。

德国环境、能源、气候研究所的厄恩斯特·冯·魏茨察克等人在《四倍半的资源消耗创造双倍的财富》中，提出了提高资源效率、以较少资源创造更多财富的途径。该书强调的核心是资源效率，即更加有效地利用资源，以更少的资源消耗获得更好的生活质量。作者在书中列举了 50 个令人鼓舞的 4 倍跃进的效率革命的例子，从日常家庭生活消费方式到办公方式，从农业到制造业和运输业。提高资源效率需要全面变革，创新性地设计生产——低碳经济理论与发展路径方式、分工方式、消费方式，正确理解人类进步的程度和生存的质量。值得深思的是，生活得更好并不意味着就要增长得更快，而要想生活得既好，增长又快，就必须遵循与环境共适、与发展共进的生产与生活的途径。英国提出的"没有增长的繁荣"，可以看作人类用更少的资源获得更多增长的探索。

为回顾里约环境与发展会议以来 20 年的进展，UNEP 组织专家开展了一系列研究，经济发展与资源环境脱钩就是其中之一。通过对东亚、非洲等区域性经济体发展的分析，提出了"脱钩"的途径，并将绿色经济作为未来经济发展的模式加以推进。

二、低碳经济发展的目标是提高碳生产率

碳生产率，用经济学的语言表述就是，同样的产出比过去排放更少的碳，或者同样单位的碳排放比原来有更多的产出，这也是排放权交易追求的目标。现实中，发达国家碳生产力较高的一些企业，一个单位的碳排放可以产出较多的国民生产总值。反过来，凡是碳生产率高的一些国家、地区或者企业，减排的成本也高。因此，碳排放权交易市场发展的结果应该是，碳生产率较高的地区或企业可以排放较多的碳，而不是每个人排放同等的碳。

第二节 中长期发展情景与我国的战略选择

国内外的不少机构进行了我国中长期发展情景研究。麦肯锡的研究以各类减排措施或减排技术的大规模采用为假设前提。事实上，一项措施或者减排技术是否能切实地得到实施，受到诸多因素的影响。

一、中长期预测的前提与分析思路

许多科学家和决策者都认为，把全球平均温度上升幅度控制在与工业化前相比不超过 2℃的水平是一个重要目标。为实现这一目标，2005 ～ 2030 年期间，要将排放量减少35% ～ 50%。同一时期的世界经济增长将超过一倍，即全球碳生产率要提高差不多 3 倍，相当于全球碳生产率的年增长率从"一切如常"情景的 1.2% 提高到 5% ～ 7%。

（一）情景分析框架

开展我国中长期研究，一般采用情景分析方法。大致思路是：诠释 2020 年完成全面建设小康社会目标、2050 年达到中等发达国家水平时的中国能源供需情况；在充分考虑未来中国经济社会发展的内、外部条件变化及其对能源需求影响的前提下，设置不同的能源消费和碳排放情景；借助相应的模型工具，采用定量计算与定性分析相结合的方法，研究在实现既定目标的前提下，不同的政策选择对能源需求的影响，进而推测可能的碳排放情景。

具体研究路径：第一，从解释既定的经济社会发展目标入手，对人口、城市化、工业化、经济增长模式和路径、资源可获得性、技术进步等因素进行诠释，设计不同的能源需求及碳排放情景；第二，借助能源系统分析工具，从部门角度探讨不同情景下的终端能源需求；第三，针对优质能源的可获得性、可再生能源商业化利用进程等因素，分析满足终端能源需求的一次能源可能的供应路线及相应的二氧化碳排放量；第四，探讨低碳发展路线图以及相关的战略和政策选择。各部门经济发展与产品产量的关联、各部门相互关联，通过可计算的一般均衡模型（CGE）进行耦合，通过 AIM 模型进行终端能源需求分析。

国际机构普遍认为，中国能源需求将快速增长，油气等优质能源需求的增速更快，碳排放将进入"快车道"。国际能源署（IEA）和美国能源信息署（EIA）研究认为，2030 年前如果中国 GDP 持续保持 6% 的增速，2020 年能源需求量超过 40 亿吨标煤，2030 年超过 60 亿吨标煤。其中，石油需求量 2030 年将可能超过 9 亿吨，相当于美国 2008 年的水平。

在基准情景的基础上，依据 IPAC 模型组的中长期情景研究，参考 IPCC 第四次评价报告中不同情景分析结果与稳定的浓度目标，并根据与未来能源需求和碳排放密切相关的几个主要因素，有关研究设计了三个情景探讨中国的低碳发展道路。

第一个情景为节能情景。即已考虑当前节能减排（主要是指二氧化硫、化学需氧量等污染物减排），不特别采取针对性气候变化对策措施。这是未来很有可能发生的能源需求与碳排放情景。在该情景中，经济发展方式转变受到高度重视，当前的节能减排政策会延续下去，经济社会与能源、环境之间处于"平衡偏紧"状态。随着综合国力的提高，虽然技术投入加大，技术进步进展较快，但生活方式和消费模式并没有发生根本性转变。

第二个情景为低碳情景。即综合考虑经济社会的可持续发展、能源安全、国内环境和低碳之路的要求，在强化技术进步，改变经济发展方式，改变消费模式，实现低能耗、低温室气体排放等方面做出重大努力的能源需求与碳排放的情景。情景设想在经济发展方式、能源结构优化、节能减排技术，乃至生活模式引导方面均有重大改观，经济社会发展与能源、环境之间达到较和谐的状态。

第三个情景为强化低碳情景。主要考虑在全球一致减缓气候变化的共同愿景下，中国可以做出进一步贡献。情景设想，在世界各国共同努力下，技术进步将进一步强化，重大技术成本下降更快，发达国家给发展中国家技术和资金的全力支持。有鉴于 2030 年之后中国综合国力的提升，可以进一步加大对低碳经济的投入，更好地利用低碳经济发展机会促进经济社会发展。中国在一些领域的技术开发方面成为世界领先，如清洁煤技术和二氧化碳捕获与封存（CCS）技术，可使 CCS 技术在中国得到大规模应用。

（二）减排情景的情景分析及其主要结论

IPCC 第四次评价报告中给出未来不同稳定浓度情景下的排放目标，第一类的二氧化碳当量浓度在 $445 \sim 490 \times 10^{-6}$ 之间，可能升温 $2.0℃ \sim 2.4℃$，2050 年排放量比 2000 年减少 $50\% \sim 85\%$。第二类的二氧化碳当量浓度在 $490 \sim 535 \times 10^{-6}$ 之间，可能升温 $2.4℃ \sim 2.8℃$，2050 年排放量比 2000 年减少 $30\% \sim 60\%$；第三类的二氧化碳当量浓度在 $535 \sim 590 \times 10^{-6}$ 之间，可能升温 $2.8℃$，2050 年排放量比 2000 年减少 30% 到增加 5%。

这是国际模型研究组以及国际合作研究中采用较多的三类情景。本书综合了国内外的相关成果，侧重于发展战略和思路，而对能源消耗和温室气体排放预测数据并未给予过多的重视，因为预测数据有不确定性。根据情景分析和模型计算结果，中国环境与发展国际合作委员会课题组、国家发改委能源所课题组、中国科学院课题组等进行的研究得出许多有益结论，在此选取其中的一些加以介绍。

1. 实现既定的经济社会发展目标，能源需求总量将成倍增长

城市化水平的攀升、城市基础设施的完善、人民生活条件的改善、居民住房面积和汽车保有量的不断提高，都离不开高耗能产品的累积和能源消费的支撑。无论采取什么样的发展路径，在未来三五十年内完成工业化和城市化，实现既定的经济社会发展目标时，中国能源需求总量成倍增长将是不争的事实。

在节能情景中，2050 年中国能源需求总量将达到 67 亿吨标准煤，是 2008 年能源消费总量的 2.3 倍，人均能源消费从 2008 年的 2.1 吨标准煤提高到 2050 年的 4.6 吨标准煤。在低碳情景下，2050 年中国人均能源消费量为 3.4 吨标准煤，这一数值比目前世界能源效率水平最高的国家——日本的人均能耗还低 40% 左右。即使如此，2050 年时中国能源消费总量也要高达 50.2 亿吨标准煤，是 2008 年的 1.8 倍。

中国实现工业化过程中的二氧化碳排放累积量要低于多数发达国家。当 2035 年左右中国全面完成工业化时，人均累积二氧化碳排放量可控制在 220 吨以内甚至更低。当然，作为一个国土面积广、人口基数大、发展基础差、为全世界提供大量产品的国家而言，以这么低的人均累积排放水平基本完成工业化和城市化，必须付出艰苦卓绝的努力才可以实现。

2. 现有经济增长方式难以持续，必须寻求突破

21 世纪以来，我国经济发展以主要依靠投资和外需拉动、高耗能为主的工业部门迅速扩张为特征。在经济发展取得举世瞩目成就的同时，也付出了巨大的资源环境代价，这种经济增长方式难以持续，一旦外需萎缩，经济发展就会停滞。1998 年亚洲金融危机及 2008 年美国次贷危机引发的金融海啸，都使中国的经济发展陷入困境就是例证。

中国钢铁产量、水泥产量已多年居世界第一，占世界总产量的 40% 以上，再成倍增长几乎已无可能。到 2050 年达到中等发达国家水平，不可能主要依靠高耗能产业。如果延续 1978～2008 年的能源消费增长趋势，2050 年中国一次能源消费量将高达 270 亿吨标准煤，远远超过 2008 年全球 161 亿吨标煤的能源消费量，地球资源供应承受不了。

即使按基准情景，如果 2050 年达到中等发达国家水平时人均能源消费量比当今世界能源效率最高的日本低 10%（2006 年人均能源消费 4.1 吨油当量，折 5.9 吨标准煤），中国能源消费量高达 78 亿吨标准煤，对国家能源安全乃至

经济安全将是一个很大的隐患。不仅国内资源难以支撑，也会对全球温室气体减排带来巨大压力，并且如果届时的能源消费达 78 亿吨标准煤且结构不变，温室气体排放将达 170 亿吨，占全球排放总量的 60% 左右。即使中国 2050 年做得比目前能源效率最高的国家还要好，仍然难以呈现可持续发展的态势。

因此，我国必须改变依赖高耗能产业发展的现状，寻求新的经济增长点，切实走出一条可持续的发展道路。传统工业的产业升级、高新技术产业的加快发展以及现代服务业比重的提高，特别是加快以低碳为主要内容的低碳产业发展，这是中国国情下的必然选择。

3. 重点是选择合理的消费模式、优化结构、提高能效、发展低碳能源

中国的绿色低碳发展道路既不能只顾能源忽视经济社会转型，也不能只顾生产忽视消费的合理引导，而是必须抓住尚处于发展过程中的契机，提前规避不合理的经济社会发展模式导致碳排放的"路径依赖"和"锁定效应"，在工业化、城市化加速发展阶段提前考虑低碳排放的要求。中国若想走绿色低碳发展道路，必须在以下几个方面努力。

（1）控制能源需求的快速扩张，形成合理的消费模式

不合理的消费不仅会浪费大量资源，还会增加生产的盲目性，增加二氧化碳排放。因此，需要引导合理消费，包括鼓励小户型住宅、改变依赖小汽车出行的习惯等。与节能情景相比，2050 年低碳情景下通过合理引导消费，可以减少二氧化碳排放 29% 左右。

（2）形成高效节能的生产和消费结构

满足同样的需求，既可以分散供应，也可以集约供应；生产同样的产品，既可以采取从原料到产品的一次性生产方式，也可以采用循环型生产方式。与前者相比，后者的能源利用效率更高，二氧化碳排放更少。优化结构包括：加快发展地铁等公共交通，推广集中采暖，尽快推广以废钢铁为原料的短流程生产工艺等。与节能情景相比，2050 年低碳情景下通过优化供应结构可减少二氧化碳排放 20% 左右。

（3）建设低碳高效的能源工业

用低碳能源替代高碳能源，是中国能源低碳发展的必然选择。能源工业低碳化的途径包括：加快发展新能源和可再生能源，迅速提高可再生能源的比重，加快发展二氧化碳捕获与封存技术等。与节能情景相比，低碳情景下这一途径可使中国 2050 年减少二氧化碳排放 30% 左右。

（4）加快技术研发和创新，提高终端用能效率

我国必须加快能源利用效率的提高速度，加快赶超世界最先进水平。可以通过立法规定汽油车油耗水平下降目标，制定更严格的空调器、电机系统能

效标准等。与节能情景相比，2050年低碳情景下通过终端部门技术的进步可以减少二氧化碳排放21%左右。

如果上述几个方面均取得实效，中国将少排大量温室气体。与节能情景相比，2050年低碳情景下的碳排放可下降近1/3。其中，生活方式改变的影响最大。2020年时，生活方式改变的贡献接近40%；2035年时虽有所下降，但仍高达36%。这充分表明，作为发展中国家，我国生活方式的改变将对温室气体减排产生巨大影响。2050年时，四大途径的贡献基本各占1/4，呈现"四个1/4"的格局。其中，生活方式转变和能源加工转换部门的贡献略大，结构调整和终端部门技术进步的贡献略小。

4. 碳减排的重点要从以工业部门为主转向工业、建筑和交通行业并举

2010年前，工业部门能源消耗和二氧化碳排放占70%左右，是我国能源消耗和排放的第一大户。随着工业化的逐步完成和循环经济的加快推进，冶金、建材等高耗能行业可以做到"产值增加、二氧化碳排放不增加"。伴随着工业部门内部结构的调整以及工业部门内部充分挖掘节能潜力，工业能源消费量和二氧化碳排放增长速度将减缓。另外，随着居民消费结构逐渐转向"住"和"行"阶段，商用和民用、交通部门的能源消耗和碳排放将快速增长。到2050年，强化低碳情景下我国终端能源消费部门的二氧化碳排放结构，将接近目前发达国家的工业、建筑和交通各占1/3左右的水平。因此，节能减排的工作推进重点应相应地从工业逐步向工业、建筑和交通行业并举延伸。

5. 温室气体减排离不开世界各国的通力合作

中国的低碳情景是一条史无前例的低碳发展道路。尽管我国可能会在应对气候变化方面做出重要贡献，且21世纪中叶时的人均累计排放可能还低于发达国家，但如果届时发达国家人均排放大大低于全球平均水平，而中国人均排放略高于世界平均水平，中国依然可能面临着很大的减排压力。

要想将全球温升控制在2℃以内、全球温室气体当量浓度稳定在$530 \sim 590 \times 10^{-6}$二氧化碳范围内，发达国家2020年时必须比1990年水平减排40%以上，2050年应该比1990年减排90%以上；同时对发展中国家提供资金、技术和能源建设的支持，帮助包括中国在内的发展中国家尽早转向低碳发展道路。

6. 选择绿色低碳发展道路的风险及其不确定性

中国未来要真正走出一条绿色低碳发展道路，还存在着诸多风险和不确定性。

第一，认识转变的不确定性。认识决定未来，态度决定成败。只有认识到位，人类行为才有可能发生实质性的改变。1992年联合国《21世纪议程》提出改变高消费惯性、形成可持续消费模式，但并没有取得可以推广的成功经验。况且，协调靠需求拉动的市场经济与强调节约型的生活方式，在经济

学上尚未形成理论基础，因此在实践上存在更大的不确定性。

第二，科技创新和技术转移的不确定性。低碳发展离不开先进技术的支撑。能否在低碳科技方面加大投入力度，并将低碳研发成果转化为成熟产品，取决于我国实现低碳发展的技术可行性。此外，发达国家能否将先进的低碳技术尽快转移给发展中国家，帮助发展中国家尽早实现温室气体减排，也存在较大的不确定性。

第三，资金支持的不确定性。资金是实现低碳发展的保证。在节能和高能效技术、可再生能源技术、CCS技术的开发投入和商业化，投入力度将决定发展前景。我国实现低碳发展每年要增加1万亿元人民币甚至更多的额外投资。如何筹措资金、保证资金来源的稳定性以及协调国内外资金的投向和高效利用等，尚存在很大的不确定性。

第四，外部环境的不确定性。目前中国在利用国际优质能源、引进国外先进技术、开发水电、核电时经常遭遇误解，在金融危机的影响仍然存在的情况下各国贸易保护回潮，我国遭受"双反"（反倾销和反补贴）调查增多。如果这方面的问题不能得以解决，将影响我国的低碳能源发展道路。

二、温室气体的减排潜力与成本

麦肯锡的研究认为，到2030年，人类有潜力将温室气体的排放水平在1990年的排放水平基础上降低35%，或者相对于2030年的"一切如常"（BAU，如果全世界不共同努力去遏制目前及将来的温室气体排放）的排放水平，有潜力将排放量减少70%。

（一）不同的减排措施及其潜力

到2030年，减排措施主要有提高能效、低碳能源供给、陆地碳汇（林业和农业）和改变消费行为等途径。其中，前三个途径属于技术性减排措施，到2030年相当于每年700亿吨二氧化碳当量的"一切如常"的减排量，总计可达每年380亿吨二氧化碳当量。第四个途径是改变消费方式。在乐观情形下（存在很多不确定性），到2030年通过改变消费方式，可另外获得每年35亿～50亿吨二氧化碳当量的减排量。

对电力部门的设想是，低碳发电技术（如可再生能源发电、核能发电和CCS技术）在全球电力生产中所占的份额从2005年的30%上升到大约70%。

对交通运输业的假设前提是，在2030年前能销售4200万辆混合动力汽车（包括充电式混合动力汽车）——这一数字将占所有售出新车的40%。

对林业部门的设想是，到2030年前少砍伐1.7亿hm²（相当于委内瑞拉土地面积的2倍）的森林，在3.3亿hm²目前贫瘠的土地（相当于印度的大部分土地）上植树造林。

改变消费方式的措施和途径包括：减少公务和私人旅行，从坐汽车转向坐火车，接受室内温度的更大变化（减少冷暖气的使用），减少家电使用及减少肉类消费，等等。

只有所有地区和部门均最大限度地挖掘减排潜力，才能实现 4 个途径的预期效果。由于各个部门和地区的减排潜力参差不齐，这就要采取全球跨部门减排行动，无论由谁为这些行动埋单都得这么做。如果任何一个重要部门或地区的减排行动不力，即使其他部门或地区付出很高的减排代价，也只能部分地弥补这一效果。

（二）不同减排措施的成本

如果把全球变暖二氧化碳减排控制在 2 吨以内，行动的时间就极其重要。麦肯锡的研究显示，如果全球减排行动从 2020 年（而不是 2010 年）开始，即使实施成本更高的技术性减排措施且消费行为也发生改变，实现温室气体浓度为 550×10^{-6} 的稳定排放的轨迹也将极具挑战性。延迟行动时间意味着温室气体排放将按照"一切如常"的发展模式（而不是减排模式）继续增长。在一些经济部门（如建筑、电力、工业和交通运输等）建设高碳的基础设施，未来几十年里会被"锁定"在较高的能源使用水平上。各个经济部门碳密集型基础设施的有效生命周期平均为 14 年。延迟行动一年将丧失 18 亿吨二氧化碳当量的减排机会，加上锁定效应，二氧化碳峰值浓度将比预期升高 5×10^{-6}。

麦肯锡研究显示，减排带来的能源节约效益大致可以收回投资。如果全世界按照从低成本到高成本的严格顺序，即采用比在现实生活中更合理的经济方式，成功地执行成本曲线中的每一项减排措施，到 2030 年，理论上平均减排成本应是每吨二氧化碳当量 4 欧元，实现整个成本曲线的总成本将大约是 1500 亿欧元。通常估计，减排每吨二氧化碳当量的交易和规划成本平均为 1～5 欧元；对 380 亿吨二氧化碳当量减排机会而言，交易和规划总成本为 400 亿～2000 亿欧元。到 2030 年全球每年的总成本 2000 亿～3500 亿欧元，这一结果也存在不确定性：其一，成本曲线是一个非常乐观的假设，即可减排机会能从左到右被有效地利用；其二，大规模的减排计划在经济活动中有明显的动态变化，既可能增加成本，也可能降低成本，这取决于如何执行计划。而这些因素在成本分析中并没有考虑进来。

三、低碳产业的框架与低碳经济转型

发展低碳经济必须落实到低碳产业上，否则就会成为一句口号或空话。从严格意义上说，低碳产业并没有现成的或统一的界定标准，正如低碳经济没有共识一样。因此，研究低碳产业的划定标准本身就是一个需要认真研究的话题。本书中的低碳产业，主要是指同样经济活动排放更少二氧化碳的产业，覆盖化石能源低碳转化和高效利用、可再生能源开发利用以及低碳服务业三大类。

在三类低碳产业中，化石能源的高效转化与低碳利用（又可以细分为以煤炭为代表的传统能源的洁净利用和低碳利用、节能等）和可再生能源的开发利用，将在后面详细讨论。如果说传统产业的低碳经济转型是重要内容的话，产业结构升级也可以起到降低单位 GDP 排放的二氧化碳强度的目标，而且是更重要的途径。

中国环境与发展国际合作委员会（简称国合会）2009 年的报告给出了中国低碳经济发展路线图框架，其中包含 5 个支柱：绿色低碳工业化、低碳城市与交通、低碳能源与结构、优化土地利用和增加碳汇以及可持续消费模式。技术创新、市场机制和制度安排则是发展低碳经济的重要基础。

由于本书没有专门讨论土地利用和碳汇问题，下面引用国合会 2009 年的研究报告加以简单介绍。近年来，中国陆地生态系统碳储量平均每年增加 1.9 亿～ 2.6 亿吨碳。增加碳汇提高对温室气体的吸收也是减排的重要途径。增加碳汇有森林、耕地以及草地三个领域，每个领域有三种途径，即增加碳库贮量、保护现有的碳存和碳替代。

（一）增加森林碳汇

森林碳汇是最有效的固碳方式，我国每年增加的碳汇在 1.5 亿吨碳左右。为进一步增加碳汇，应通过造林和再造林、退化生态系统恢复、建立农林复合生态系统、加强森林管理，以提高林地生产力、延长轮伐时间，增强森林碳汇；通过减少毁林、改进采伐作业措施、提高木材利用效率以及更有效的森林灾害（如火灾、病虫害）控制来保护森林碳贮存；通过沼气替代薪柴、耐用木质林产品替代能源密集型材料、采伐剩余物回收利用、木材产品深加工、循环使用等，多途径、全方位地实现碳替代。

（二）增加耕地碳汇

耕地土壤碳库是陆地生态碳库的重要组成部分，也是最活跃的部分之一。我国农田土壤有机碳含量普遍较低，南方为 0.8%～ 1.2%，华北 0.5%～ 0.8%，东北为 1.0%～ 1.5%，西北绝大多数在 0.5% 以下；而欧洲的农业土壤大都在 1.5% 以上，美国则达到 2.5%～ 4%。因此，增加或保持耕地土壤碳库的碳贮量有很大潜力。

（三）保持和增加草地碳汇

关键在于防止草原的退化和开垦。具体措施包括：降低放牧密度、围封草场、人工种草和退化草地恢复等。另外，通过围栏养殖、轮牧、引入优良的牧草等畜牧业管理，也可以改善草地碳汇。

（四）湿地固碳也很重要

湿地是地球之"肾"，是一个比较活跃的生态系统，与大气圈、陆地和水圈的绝大多数地球化学通量联系。由于水分饱和及厌氧的生态特性，湿地积累了大量无机碳和有机碳。湿地是全球最大的碳库，储存在泥炭中的碳占全球陆地碳储量的15%。湿地也是温室气体的重要释放源，要尽可能地避免使碳汇变成"碳源"。因此，建立湿地公园，湿地恢复，利用湿地处理污水，均可以起到增加湿地碳汇的作用。

综上所述，中国作为世界上最大的发展中国家，将发达国家100多年的工业化过程压缩到一个较短时间内，走出了一条"快速工业化道路"。面对全球减排温室气体的新环境，中国不可能再走发达国家"先污染后治理"的老路，而要依据基本国情，借助知识和技术的创新和支撑，走出一条具有新时代特征的跨越式发展之路。

第三节 减排技术与政策扶持

技术路线图是应对气候变化研究的重点领域之一，因为低碳技术是一个国家或地区未来核心竞争力的重要标志。发展低碳经济，技术进步是决定因素之一，不仅因为碳生产率取决于技术水平，技术创新还可以为节能减排和低碳目标的实现提供强有力的支撑，同时技术创新、发展、扩散和大规模应用又需要制度安排和政策创新的保证。

一、技术路线图与关键技术

实现中长期控制温室气体排放的目标，现有的和前瞻性技术研发部署与应用至关重要。因此，明确重要技术领域、识别关键技术的发展路径、探索技术创新的政策保障、合理规划技术路线图，是探索中国特色低碳之路的重要保证。

（一）技术路线图的研究方法

技术路线图研究主要采用两种方法，一是以模型情景分析为基础，二是以技术预见为基础。前者是在对低碳技术特性和潜力分析基础上，通过模拟不同情景下政策措施和技术发展风险对未来能源消费和温室气体排放产生的不同影响，甄别技术发展中的关键问题，并提出建议。重点是探索实现不同升温目标下的排放水平、低碳技术的部署/应用水平以及实现此种情景的政策措施和资金投入。后者则是在综合考虑自然资源条件、保障能源安全需求和社会经济可持续发展的前提下，以科技发展现状和技术预见结果为主要依据，得出关键技术发展目标和实现路径。

1. 以模型情景分析为基础的路线图

此类技术路线图强调技术对温室气体减排的潜力和重要性。模型一般分为两类，"自上向下"模型和"自下向上"模型。"自上向下"模型（如可计算一般均衡模型，CGE）并不对技术进行描述，而是从宏观上讨论技术进步的作用。"自下向上"模型对某项技术变化的描述更为具体，并进行技术的生命周期分析。国际能源署（IEA）开发的能源技术前景模型（ETP 模型）中包括 1000 余项技术（IEA，2008），能源研究所开发的 IPAC-AIM/ 技术模型覆盖 42 个部门的 500 多项技术。

IEA（2008）发布的能源科技路线图，反映了全球低碳技术的发展方向。其中识别出全球减排的 17 项关键技术，并评估了发挥技术减排潜力作用所需的努力。对保守的"ACT 系列情景"的研究表明，如广泛利用现有或正在研发的先进技术，在 2050 年全球二氧化碳排放量下降到现在水平，能源领域额外投资需求为 17 万亿美元。较激进的"BLUE 系列情景"研究结果表明，如果实现 2050 年二氧化碳减排 50% 目标，要应用那些处于研发阶段、仍有不确定性的技术，2050 年全球所需的额外投资在 45 万亿美元以上。IEA（2009a）依据"BLUE 系列情景"研究，给出了碳捕获与封存（CCS）、水泥、电动汽车（EV）、太阳能光伏（PV）和风能等关键领域的技术发展路线图。

国家发改委能源研究所研究员姜克隽等采用能源环境综合政策评价模型（IPAC）对我国中长期能源与温室气体排放情景进行了分析，研究设定了基准情景、低碳情景和强化低碳情景这几个情景。研究结果显示，基准情景下我国能源需求量将持续增长，低碳情景下 2050 年能源需求减少 24%，强化低碳情景下则将继续下降 4.5%。实现低碳情景和强化低碳情景要在广泛的领域长期实施技术创新、观念创新、消费行为创新和政策机制创新。研究进一步描绘了发电、工业节能、节能型消费品、交通运输和建筑节能等领域技术创新对实现低碳情景的作用，还给出了重要低碳技术发展的路线图和普及率目标。

2. 以技术预见为基础的路线图

国家科技路线图多以技术预见为基础，按照"国家目标—战略任务—关键技术—发展重点"框架编制，主要包括：以情景分析法研究经济社会发展目标；用德尔菲法等方法开展技术预测，收集一线专家对未来技术发展的意见；采用数据追踪等方法对文献、专利数据库进行挖掘。中国科学院能源领域战略研究组的钱祖（2008）以我国技术预测数据为基础，列出了节能减排关键技术清单，每个技术群由若干发展重点组成；再按照技术在市场上首次应用时间，综合考虑技术研发基础、与国外先进水平的差距和技术发展路径，绘制了我国节能减排技术路线图，但尚未覆盖尚处于基础研究阶段、在未来有重大减排潜力的技术。

2008 年，中国科学院 40 多位专家组成的能源战略研究组，按照"能源发展需求—重要科技问题—重要技术方向—重要技术方向路线图—创新能源技术总体部署—保障体系建设"的逻辑构架编制了"中国至 2050 年能源科技发展路线图"，识别出 10 个重要技术方向和发展路线图，包括高效非化石燃料地面交通技术、煤炭的洁净和高附加值利用技术、电网安全稳定技术、生物质液体燃料和原材料技术、可再生能源规模化发电技术、深层地热工程化技术、氢能利用技术、天然气水合物开发与利用技术、新型核电与核废料处理技术以及具有潜在发展前景的能源技术。

（二）关键技术

关键技术领域包括清洁能源（主要指电力）、交通运输、建筑和电器以及工业。由于技术的不确定性，先进技术的研发和应用存在延迟或失败风险，包括 CCS、新一代生物燃料、可再生能源规模化应用、纯电池电动汽车以及以低碳方式生产水泥和钢铁等均是如此。因此，低碳技术的战略选择应面向一系列关键技术组合，以保证能源安全和减排目标的可选择性，并使国家低碳技术发展战略调整成为可能。

二、技术创新的推动措施

按照发展阶段，技术可分为战略性/前瞻性技术、创新技术、成熟技术和商业化技术。根据各类技术创新的特征和面临的障碍，对不同阶段的技术创新需要相应的政策扶持。

（一）战略性/前瞻性技术

战略性/前瞻性技术处于基础研究期，有巨大的应用潜力或代表世界科学发展趋势。此类研究不能以市场为导向，如核聚变、海洋能、天然气水合物和 CCS 等，需要采取以下促进政策。

1.将技术研发纳入国家科技计划

韩国在天然气水合物研究上的经验值得借鉴。2005 年，韩国成立国家天然气研究机构（GHDO），由知识经济部、地球科学和矿产资源研究院、天然气公司及国家石油公司等部门组成，负责推动天然气水合物研究计划。现今韩国天然气水合物的科研水平已跻身世界第一梯队。

2.提供资金支持

欧盟 2003 年制定《欧盟氢能路线图》，5 年内投入 20 亿欧元，用于氢能、燃料电池及燃料电池汽车的研发示范；日本经济产业省每年投入约 2.7 亿美元用于燃料电池的研究。只有加大投入力度，才能保证在未来的低碳技术发展中处于有利地位。

3. 建立与国际研究的对接机制

以核能为例，阿根廷、巴西、加拿大、欧洲原子能共同体、法国、日本、韩国、南非、瑞士、英国和美国等，组织了第四代反应堆国际论坛，推动技术研发。2006 年美国发起"全球核能伙伴计划"（GNEP），2007 财政年度为能源部拨款 2.5 亿美元。我国核技术研发也参与了多项国际合作项目，包括"创新型反应堆和燃料循环国际计划（INPRO）""国际热核聚变试验堆计划（ITER）"等，应以此为基础加快核技术发展的战略实施。其他前瞻性技术也应把参与高端国际合作计划作为重点之一。

（二）创新性技术

创新性技术指处于应用研发期，并进行少量示范的技术。此类技术创新属于"颠覆性创新"，即从一条性能曲线上升到另一条更高层次的性能曲线。创新型技术具有研发周期长、投资规模大等特征，以工艺、产品并最终商业化为目标。电动汽车、氢燃料电池汽车、新型薄膜太阳能电池和海上风电等技术均属于这一范畴。

企业是技术创新和扩散的主体，政府给予必要的政策激励非常关键。相关政策包括以下内容。

1. 编制产业化技术路线图

例如，为统筹以前欧洲各种零散的太阳能热发电研究方法，欧盟委员会于 2005 年绘制了"欧洲集中式太阳能供热路线图"，使技术在一定时间内达到具有竞争性的成本水平。

2. 搭建技术创新平台

可采用税收补贴和资助等手段强化对产学研合作的激励，2004 年成立的国家半导体照明工程研发及产业联盟是政府推动创新的成功案例。2008 年，科技部、财政部等发布了《关于推动产业技术创新战略联盟构建的指导意见》，可以发挥配置资源的引导作用。

3. 发挥企业创新主体的作用

可采用的政策包括：协调产业化的标准，防止技术标准垄断并形成壁垒；设立创业孵化器、提供信息技术服务、管理咨询和培训等；设立中小企业担保计划、种子基金等。1999 年成立的"科技型中小企业创新基金"由中央财政预算每年列出专项资金，分别以贷款贴息（中试阶段）、无偿资助（研发阶段、重点项目）和资本金（股本金）等方式支持科技型中小企业技术创新，已取得明显成效。

4. 提供资金支持和政策激励

可以采用支持企业承担国家科研项目和税收优惠等多种手段相结合。国家税务总局 2006 年出台的有关企业技术创新所得税优惠政策，通过研发费用税前加计扣除、加速设备资产折旧和税收减免等政策为企业技术创新提供激励，并加大政策的可操作性和落实力度。

5. 为技术的市场准入创造条件

创新性技术进入市场的能力取决于市场结构和相关法规，限制性法规或被垄断性企业支配的市场将导致技术应用的失败，并阻碍潜在创新者的投资。公平竞争政策对于推动上述行业的低碳创新发展至关重要。

6. 推动国际合作

政府应鼓励、支持企业和科研机构开展与国际最佳实践的对比和嫁接工作，推动商业促进组织在企业的跨国合作中起到更大的作用。2009 年 7 月成立的中美清洁能源联合研究中心，两国将共同投入 1.5 亿美元作为启动资金，在清洁能源、建筑能效和电动汽车等领域开展合作，就是一个成功的案例。

（三）成熟技术

成熟技术主要是指基本成熟并开始大规模示范推广的技术。此类技术需要渐进性的创新，即沿着性能曲线移动，性能逐步得到改善，成本也逐步降低。提高车辆燃油效率、改进现有风能和太阳能技术以提高其经济性、增加改进工艺和设计以及提高 LED 照明的亮度和寿命等就是如此。

1. 转变观念

我国企业普遍存在重引进、轻消化吸收和再创新的问题，引进经费远高于消化吸收，平均比例为 6.5∶1，而第二次世界大战后日本的数据是 1∶7。因此，必须通过政策引导企业的再创新行为。培育市场拉动对本土化技术的需求，包括政府优先采购、建立使用国产首台（套）装备的风险补偿机制、鼓励保险公司开展国产首台重大技术装备保险业务等。

鼓励采用"技术引进—消化—吸收—再创新"策略，以降低技术创新成本。"以市场换技术"虽广受争议，但三峡总公司本着"技贸结合、转让技术、联合设计、合作制造"的战略方针与外商展开合作，成功培育出两家掌握核心技术和具备大型设备制造能力的我国水电装备企业，并跻身世界大型机电设备制造先进国家的行列。

2. 形成以企业为主体的技术推广利用体系

应对掌握核心技术或自主研发技术给予补贴和税收优惠。丹麦的风机制造工业就是在世界上最早、最成功和较稳定的购电法政策体系的基础上建立和壮大的。除对生产者补贴外，还应对经济效益差的技术进行终端用户补贴，包括加大对消费者采购低碳产品的财政支持力度以及研究绿色消费信贷等。

3. 加大扶持力度

例如，出台针对高碳技术发展的一些约束性政策以限制其发展，包括对新建和扩建工业产能的能效要求，对五大发电集团可再生能源发电比例的要求等。约束性政策可以与鼓励性政策（如财政补贴、税收减免、低息贷款）相结合使用。

4. 引导社会资金进入低碳技术的推广领域

通过政策性资金的引导，鼓励风险投资投向低碳技术。政府应创造良好的制度环境，并通过适度的税收补贴政策促进绿色风险投资业的快速发展。合理规划，保证基础设施能够为大规模应用低碳技术提供服务。例如，对于可再生能源并网发电来说，必须增强电网基础设施的安全性和调度能力。

（四）商业化技术

商业化技术是指具备经济性且已经商业化，但大规模应用仍可能面临其他障碍的技术。市场的障碍导致这些"成本有效"技术得不到大规模应用。对此，政府需要坚持以市场机制为导向，辅以相关政策，方能快速推动技术的大规模商业化应用。可以考虑的政策包括以下几条。

1. 完善法规和标准，增强监管力度

不断提高能效标准，有效地将高能耗产品从市场中驱逐。以《能源效率标识管理办法》为例，采用"企业备案，市场监督"模式，能效标识上的数字由生产厂家根据自己检测的结果标注，监管机构进行抽查。由于对违规的处罚措施力度不够，在很大程度上削弱了法规的效用。

2. 鼓励适宜的商业模式

银行和投资者对尚未得到大规模应用的节能低碳新技术存在疑虑，融资困难成为主要障碍。能源服务公司（ESCO）模式是被广泛证明了的成功商业模式之一，能源合同管理也是行之有效的途径，应进一步加大推广应用的力度。

3. 完善第三方标识系统和认证制度

建立简单、明确的第三方能效标识系统，为消费者选购高能效产品创造条件。例如，已经在电冰箱和空调等电器上得到应用的家电能效标识系统将电器能效等级分为 5 级，对节能电器的推广起到了一定作用。应加大舆论宣传和信息传播的力度，引导企业和公民行使其社会责任，积极提供和采用低碳产品以抵消其碳足迹。

第四章 区域经济低碳发展与产业结构调整

第一节 产业结构调整的背景

产业结构的调整是一国宏观经济的重要内容之一。改革以来，中国的产业结构经历了各种调整和升级的阶段，正在不断合理化和高级化。从产业分布来看，随着经济的高速发展，我国产业发展日益加速，产业结构调整取得的进步有目共睹。

一、区域经济产业结构现状

改革开放以来，我国以市场经济为取向实施一系列改革措施，通过对经济结构进行调整，遵循产业结构演进规律，减缓重工业的增长速度，加快农业和轻工业的发展。我国的产业结构逐渐从失衡中协调过来，不断优化升级。

（一）产业结构的划分

我国的产业结构一般分为第一产业、第二产业和第三产业。第一产业是指广义的农、林、牧、渔业；第二产业是指采矿业，制造业，电力、燃气及水的生产和供应业以及建筑业；第三产业是指除第一、二产业以外的其他行业，又称服务产业和服务业，具体包括：交通运输、仓储和邮政业，信息传输、计算机服务业和软件业，批发和零售业，金融业，房地产业，租赁和商品服务业，科学研究、技术服务和地质勘查业，水利、环境和公共设施管理业，居民服务和其他服务业，教育，卫生、社会保障和社会福利业，文化、体育和娱乐业，公共管理和社会组织，国际组织等。

（二）改革开放以来我国产业结构的演进历程

在一国的经济发展中，无论是促进经济的增长和效益的提高，还是实现经济发展的目标，优化产业结构都是一个极重要的问题。产业结构优化的一个重要标志便是产业结构的协调化，即指各产业部门之间是协调发展的或按比例发展的，这体现着各产业部门之间包含质和量相统一的内在联系。一个协调化的产业结构对于实现经济发展战略目标，求得人民需要、速度和经济效益三者的统一具有重要意义。中共十七大将产业结构优化作为重点问题予以讨论研究。要讨论产业结构的升级，在我国环境下，也就必须实事求是地研究我国区域经济的发展和变化。我国土地幅员辽阔，经济形式多样，从发达地区到不发达地区的阶梯过渡，显性地证明了我国产业结构的复杂性。全面平稳发展我国经济，就必须调整产业结构，使之符合时代发展的需要。我国产业结构的变化大体经历了三个阶段。

第一阶段：1978～1984 年，是农业迅速发展时期。第一产业占 GDP 的比重迅速上升，第二产业比重快速下降。国民经济由于改革开放一系列政策的实施得到恢复，资源流向第一产业，成为经济增长的主要因素。第一产业在国民生产总值中的比重从 28.2% 上升到 32.1%，增加了 2.9 个百分点。工农不平衡的状况得到改善。第二产业的比重有所下降，从 47.9% 下降到 43.1%。

第二阶段：1985～1992 年。这一阶段第一产业占 GDP 的比重迅速下降，第二、第三产业所占的比重迅速上升。一、二、三产业在 GDP 中的比重从 1985 年的 28.4%、42.9%、28.7% 变为 1992 年的 21.8%、43.4%、34.8%。GDP 比 1980 年翻了一番。农业和一些轻工业的发展使人们基本的温饱问题得到解决，市场经济体制的确立，使资源和劳动力大量流向第二产业。第二产业得以发展。

第三阶段：1993～2009 年。这一阶段是第二产业高速发展时期，以重化工业为主导，电信、能源等基础设施迅速发展，制造业得以迅速发展。第一产业比重逐渐下降，第二产业比重基本稳定略有增长，第三产业比重持续增长。1978 年，我国 GDP 为 3645.2 亿元，其中第一产业 1027.5 亿元，第二产业 1745.2 亿元，第三产业 872.5 亿元。到 2009 年，我国 GDP335353 亿元，比 2008 年增长 8.7%。分产业看，第一产业增加值 35477 亿元，增长 4.2%；第二产业增加值 156958 亿元，增长 9.5%；第三产业增加值 142918 亿元，增长 8.9%。另外，2008 年，全年 GDP300670 亿元，比上年增长 9.0%。分产业看，第一产业增加值 34000 亿元，增长 5.5%；第二产业增加值 146183 亿元，增长 9.3%；第三产业增加值 120487 亿元，增长 9.5%。

30 多年来我国经济突飞猛进的增长显而易见，但是，我国的第一、第二产业比重都过大，第三产业发展相对滞后，所占比例仍然小于第二产业。

（三）各产业内部结构分析

从各产业内部结构来看，首先，第一产业中的农、林、牧、渔业比例正在逐步调整。农业所占比重过大的状况不断改变，牧、渔业的比重有所上升。

随着农业内部结构的调整，粮食和经济作物比例得到调整，并且逐渐向优质高效高产、专业化和区域化方向发展。第二产业正在向现代工业化转化。虽然工业尤其是制造业仍然占较大比重，但是电力、燃气及水的生产和供应业、石油天然气开采业等行业的工业增加值迅速上升。中国传统的钢铁业、纺织业比重逐步缩小，而高新技术产业如汽车业、电子等行业迅速发展，已经成为对我国经济影响较大的力量。第三产业近年来异军突起，在国民生产总值中比重明显增加，其中交通运输、仓储和邮政业比重虽有所下降但仍在第三产业中占有重要地位；批发和零售业日益壮大，一批新型物流企业应运而生；房地产业和旅游业等比重有所上升，推动了我国经济快速发展；金融、保险、证券业稳步发展，其体制正在不断完善以适应市场需求。大力发展第三产业是节能减排的重要途径，也是我国为减缓全球变暖做出贡献的最好方法。

（四）区域产业结构现状

从 20 世纪 90 年代以来，我国区域产业结构出现加速升级的趋势。东、中、西部三大区域 1985 年和 2001 年三次产业产值的比例分别为：东部地区为 25.1：50.5：24.4 和 11.4：48.2：40.4；中部地区为 34.4：42.8：22.8 和 18.7：46.0：35.4；西部地区是 35.7：40.6：23.7 和 20.1：41.6：38.3。它们变化的共同趋势是：第一产业产值比重显著下降；第二产业中轻工业与重工业比重交替上升；第三产业比重明显增加。这种结构变动推动了我国区域经济增长，从而也带动了国民经济的加速发展。在 1978～1990 年和 1991～1999 年两个阶段，国民生产总值年平均增长率分别为 8.8% 和 10.1%。产业结构和总量增长两者若表现出正相关关系，则产业结构变动率越大，经济增长速度越快。这种结果也证实了钱纳里关于"经济增长是生产结构转变的一个方面"的规律性结论。

我国区域产业结构主要有以下几个特征。

1.区域产业结构水平"东高西低"

20 世纪 90 年代中期以后，各区域为了加快工业化，都做了大幅度产业结构调整。2008 年，三大区域三次产业结构比例分别为：东部地区 7.5：51.6：40.9，中部地区是 14.2：51.2：34.6，西部地区是 15.5：47.8：36.7。可见，东部地区的产业结构水平基本接近中等收入国家的水平，第二产业比重较高，第三产业略低；中西部地区则处于低收入国家的一般或一般偏上水平，第一产业比重还较高，尤其是西部地区的工业化水平明显低于东部地区。在区域三大产业结构中，第二产业比重不断提高，在制造业的内部结构中，重工业比重上升。由于地区产业结构演进的条件不同，特别是工业化进程和水平的差距，造成了东、中、西部地区在产业结构和增长绩效方面的差距。

2. 区域产业结构效益总体不高

随着各产业部门的分化与整合，产业结构变动会产生出结构效益。一般用比较劳动生产率指数反映产业结构效益，该指数是某产业产值百分比与该产业从业人员百分比的比值，比值越大，说明该产业的比较劳动生产率越高。西蒙·库兹涅茨在对佩蒂·克拉克定理研究的基础上得出：随着人均收入的提高，第一产业的比较劳动生产率会趋于稳定；进入高收入水平后，第一产业比较劳动生产率会明显上升，第二、第三产业劳动生产率则会明显下降；只有当第一产业比较劳动生产率接近第二、第三产业，且比值都较大时，才能认定产业结构总体效益提高。

我国产业结构效益下降，表现为三次产业之间的劳动生产率差距拉大。较高的第二、第三产业比较劳动生产率并不表明第二、第三产业的实际效益最好，而只是反映三次产业产值构成与其从业人员构成的背离程度和劳动力等生产要素流动不顺畅。这是因为在正常情况下，各产业产值比重与其从业人员比重应该是趋于一致的，否则生产要素就会从效益低的产业流向效益高的产业，直到产业间的效益差消失为止。

3. 区域之间产业结构趋同的比较

从区域产业结构的性质和特征得知，区域产业结构一般不能自成体系，而是各有重点。区域产业结构中一般都存在若干个在全国具有专业化分工优势的产业部门，各个区域产业结构系统之间存在明显差异。不同区域的产业结构应该具有不同的组合和内容，如工业产品的结构、主导产业的结构和规模经济状况等。若不同区域产业结构的内容基本相似，则会出现产业布局分散和结构雷同现象，引发过度竞争和资源浪费。

区域产业结构一般各不相同，且各有其特点，由此决定了区域产业结构拥有以下特点：一是区域产业结构普遍存在于数个在国内拥有专业化分工优势的产业部门，且它们之间存在显著差别；二是区域产业结构系统之间相互开放、彼此补充；三是产业结构中不可能拥有国民经济的所有部门；四是产业结构体系在各地区的运转，在区域内应自发组织，而不应受到政府的行政制约；五是区域产业结构的发展，既受到国家相关政策调整的影响，又对国家产业结构的发展形成影响。

二、区域经济现有产业结构中存在的问题

我国产业结构经过 30 多年的不断调整得到了一定的改善，第一、第二、第三产业增加值占 GDP 的比重分别为：10.6%、46.8% 和 42.6%。区域产业

结构 2008 年东部为 7.5%、51.6% 和 40.9%，中部为 14.2%、51.2% 和 34.6%，西部为 15.5%、47.8% 和 36.7%。通过与世界相关国家比较发现，从我国国内三次产业的构成来看，第三产业比重过低，工业"偏热"与服务业"偏冷"并存。至 2000 年以来，第二产业占 GDP 的比重明显提高，一直在 46% 以上高位运行，第三产业却一直在 40% 左右徘徊不前，这与发达国家甚至发展中国家的 70%～90% 的比重差距太大，我国的产业结构水平大约相当于发达国家 20 世纪 70 年代的平均水平，相对不合理的产业结构对我国的经济、社会和环境产生了极大的负面影响。

（一）能源消耗过快，能源安全形势严峻

从产业特点看，中国近几年又表现出高投入、高产出、高能耗来支撑国民经济发展的不良态势。在全球价值链分工中，我国的工业处于低端位置。在国际制造业向我国转移及跨国公司按照价值链进行全球水平分工的大背景下，在许多分工领域，我国的竞争优势主要体现在组装环节，附加值难以大幅度提高，相应的实现积极增长的物耗、能耗也比发达国家高得多。

从工业装备的技术水平看，我国相关产业的装备技术能力虽然得到了一定程度的提升，但与发展的要求和国际先进水平相比，还有很大差距。

（二）环境污染问题突出

造成环境污染主要是由于产业结构不合理，产业组织结构不规范、产业布局不合理以及政策性资源供给不足，加之粗放式发展方式以及人为的破坏性生产所造成。其主要体现在以下几个方面。

1.产业结构比例不合理对环境的影响

产业结构中，第二产业的污染强度显著高于第一产业和第三产业。农业导致的环境污染主要是农药的化肥残留物，农业生产过程中对环境依赖性较小，对能源和资源需求相对较低，因而环境污染较低。服务业中较多的产品是非实物形态的无形产品，如教育、金融、咨询等，对能源、资源需求也较低，因而环境压力也较低。第二产业则不同，工业生产需要消耗大量的各类能源和资源，消耗强度远高于农业和服务业，在能源和资源利用及转化过程中必然产生一定比例的废弃物，高消耗强度和高消耗量必然导致大的环境压力。因此，一个国家或地区的经济结构中，第二产业在三次产业结构中所占比重越高，环境压力越大。据中国国家环保局估计，工业污染最高曾占全国污染总量的 70%，其中包括 70% 的有机水污染，72% 的二氧化碳污染和 75% 的烟尘污染。就工业内部而言，污染程度也不相同，同样由于能源、资源密集型的特点，总体上，重工业的污染程度明显高于以劳动密集型为特点的轻工业。一个地区重工业比重持续上升或该地区工业化进程进入以重化工业为中心的资本密集型阶段后，环境压力显著大于其他阶段。当工业化进入以高技术产业为核心的技术密集型阶段，污染程度就会下降，从经济结构的角度，环境压力开始改善。

2. 产业组织结构对污染治理的影响

按照产业经济学的定义，产业内企业的组织就是企业组织结构，产业组织结构直接影响污染水平。目前，我国产业内大量的企业都是小规模、低效益的，造成的污染水平就是要高于大规模、高效益企业构成的产业的污染水平。不同的产业达到规模效应的规模水平是不同的，产业效益也是不同的。大量规模较小的企业因为达不到规模效益，在竞争中缺乏优势，获利水平低，无力进行污染治理，造成了大规模的环境污染。另外，产业的组织水平与产业内企业的一般技术水平有关，所以产业组织不是直接决定环境污染，而是市场及技术水平决定了环境污染所产生的程度。目前，我国产业自主创新能力不强，科技水平落后，污染治理水平普遍较低。污染物处置方法主要包括回收、填埋、焚烧和储存等，还包括采用量化、再循环和无害化技术来减少和消除填污染物。一些发达国家重点发展了安全填埋技术和焚烧技术，还发展了安全填海技术、深井注入和安全固化等技术。我国在不少技术上还处于空白状态，例如，目前几乎没有可再生能源工业，这也阻碍了我国产业结构调整的转变和环境治理。

3. 产业结构布局不合理对环境的影响

我国产业结构还存在地区之间的分布问题，即产业布局问题。不同区域根据不同的资源优势形成产业结构，再与其他地区的产业形成产业布局。如果产业布局是合理的，生产的流程是连贯的，地域间的产业是合作的关系，再造成环境污染，这种污染与产业布局无关，只取决于某个产业的环境污染水平。如果产业布局不合理，例如，出现区域间产业布局不合理，则不但分工协作的效益不能获得，而且地区间存在产业的恶性竞争，环境污染就会由此产生。产业布局的另一层含义，是指具体坐落位置的产业，在环境保护中，对坐落位置的研究涉及地理、天文等因素。坐落位置的不当，对环境污染造成的损失更大。由于不恰当的布局，即使对该项目采取了环境防治措施，但经济效益的降低导致了环境的自净空间越来越小。相关数据显示，我国中西部地区产业构成中的电力工业、化学工业、有色金属开采和冶炼加工业、炼焦和核燃料加工业、石油和天然气开采及加工工业等产业，在中西部地区的工业总产值中占据很大比重，这些产业在该地区的分布密度大、产值比重高，表明中西部地区以重工业发展为主，造成环境污染情况严重。相对来说，东部地区除了电力、热力工业和化学工业这些产业居主要地位外，设备制造业、电气设备机械制造业和计算机、电子设备制造业等在各省的分布密度也大，产值也较高，在东部地区工业中起着重要作用，这些产业都是国家应该大力发展的低污染、高产值行业。同时，纺织业等轻工业也主要分布在东部地区，因此东部地区的产业结构比较完善，总体产值高，环境污染并没有陷入极端状况。

4.资源型城市资源的过度开采对环境的影响

据国家发改委调查，我国资源型城市共118座，经济结构单一，矿产资源日渐枯竭，生态破坏和环境污染日益严重，人民生活和就业日渐困难。在我国经济快速发展过程中，一些地方政府默许甚至鼓励多开矿，矿产资源被一些企业滥采乱挖、疯狂出口，并由此产生了两种无法挽回的结果：一是我国资源储量消耗过快，如广西南丹有色金属矿原来规划开采20年，实际在不到10年的时间内就开采和破坏完了；二是大量出口，使国内资源几近枯竭。

资源型城市的资源储量逐渐减少，而成本却在不断上升，资源型产业的整体萎缩已经相当明显。就黑龙江而言，其自然资源消耗型发展模式也进入了调整和转型期。以大庆为例，大庆市第二产业在三次产业中的比例一直保持在80%～90%，第一和第三产业十分弱小。大庆石油探明石油储量约占全国的47.4%，居全国第一位，然而到2020年年产量只能维持在2000万吨左右，开采成本也将在目前已经很高的基础上大大提高。由于长期过分依赖资源型产业，导致产业结构调整速度缓慢，一旦资源枯竭就会对资源型城市的经济发展造成全方位的不利影响。

资源开发是一把"双刃剑"。资源的开发利用，为我国工业化进程提供了能源原材料，促进了城市经济社会发展。另一方面，也造成了一系列的环境问题，给生产和人民生活带来很大危害。矿产资源型城市（地区）长期以来对资源进行的是粗放式开采，重开发利用，轻保护治理。生态环境破坏主要表现为大气、水体、工业"三废"排放、地下水资源的破坏，还包括占用和破坏土地、地面塌陷等问题。据统计，目前全国发生岩溶灾害的矿产资源型城市（地区）近70个；发生塌陷的地区共有180多个，塌陷坑1600多个。如山西省孝义市现有土地塌陷面积150平方千米，占全市土地面积的16%，因采煤导致11.4万人饮水困难；陕西省铜川市现有塌陷面积156平方千米，占煤田面积的45%，煤矸石堆积51.6万吨；吉林辽源矿区塌陷区静态面积29.5平方千米。

资源型城市由于产业结构不合理，资源综合利用水平低，积累能力和再生产能力低，新兴产业难以培育发展起来，技术集约化、辐射性强、带动力大的主导产业还没有形成，从而导致产业结构优化升级缓慢。

综上，我国目前重化工业比重过高且装备技术水平过低所造成的能源消耗过高和资源的开发利用率过低的实际情况，严重背离了我国自然资源相对匮乏的基本国情，导致我国面临严重的能源危机。从 2003 年开始出现长三角的"电荒"，东北、华东、华南、西南等地区的"煤荒"，给我国经济社会的发展带来了方方面面的影响，能源对经济发展的制约作用日益明显。另外，我国产业结构比例、产业组织结构、产业布局不合理以及对资源的恶性开采和过度依赖，也使我国大环境污染问题日益严重，不仅影响到我国经济社会发展的健康和稳定，也影响到人们不断增长的物质文化需求乃至国家的安全。因此，调整我国目前的产业结构，适当降低对能源的消耗和浪费已成为当前我国产业结构调整亟待解决的重要问题。切实转变经济增长方式，理顺经济增长与能源消费之间的关系，解决增长与能源消费之间的矛盾，是当前乃至今后相当长的一段时期内我国经济工作的重点，也是保持我国经济又好又快发展的一项紧迫性任务。

第二节 区域经济产业结构调整向低碳发展

产业结构调整，也称产业结构优化升级，是指产业结构向合理化、高度化方向演进，提高经济增长质量就必须提高产业结构水平。威廉·佩蒂描述了产业结构的演变趋势，他认为工业比农业的收入多，而商业的收入又比工业多。经济学家克拉克得出一个普遍的规律性结论：随着经济的发展和人均收入水平的提高，出现劳动力从第一产业（即农业）向第二、第三产业等非农业部门转移的现象，而且，随着人均收入水平的进一步提高，又会出现劳动力由第二产业向第三产业转移的现象。这一就业结构变动规律成为"配第—克拉克定律"。日本学者赤松要于 1932 年提出了后进国家的产业赶超先进国家时，产业结构高度化的途径，即"雁行形态的发展模式"论：在产业发展方面，后进国家的产业发展是按"进口—国内生产—出口"的模式相继交替发展。这个模式还有两个变型：一是产业发展的次序，一般是从消费资料产业到生产资料产业，从农业到轻工业进而到重工业的不断高级化过程；二是消费资料产业的产品，不断从粗制品向精制品的生产资料转化，最终就使产业结构趋向多样化高度化。

20 世纪 90 年代，美国经济学家 Grossman 和 Krueger 在研究环境与经济增长之间可能的关系时发现：随着经济的发展，环境先是趋于恶化，经济发展到一定水平，环境质量恶化到顶点，在转折后环境质量趋于改善，也呈现出一种倒 U 形关系。在库兹涅茨曲线基础上，他们提出了环境库兹涅茨曲线。

环境库兹涅茨曲线理论说的核心内容包括以下几个方面。

一、在经济起飞阶段，伴随着经济增长，环境质量的退化在一定程度上是难以避免的，在污染转折点到来之前，环境质量随着经济增长不断恶化。

二、伴随着经济快速增长，大量自然资源的消耗和环境质量的恶化促使政府对环境保护的投资加大，因此环境恶化的速度在减小。当经济发展到一定阶段时，在经济水平超过转折点后，经济增长将为环境质量的改善创造条件，环境污染逐步减少。

三、环境污染水平与经济增长的关系呈倒 U 形曲线特征。由于一个国家从经济发展水平较低阶段演化为经济较发达阶段需要很长时间，因此，该曲线所揭示的经济增长与环境污染关系是一个长期现象。

四、政府的环境经济政策等制度安排，在改变环境库兹涅茨曲线的走势和现状上有重要意义。产权的界定、环境标准的制定、污染成本内部化等制度安排，将有效地降低环境库兹涅茨曲线的峰值，使曲线变得更加平坦，从而使转折点提前到来，减少经济增长过程中的环境破坏。

五、环境库兹涅茨理论假说，揭示了经济增长与环境之间的一种联系、一种转化规律，但这并不意味着发展中国家的环境状况到一定增长阶段必然会出现环境质量改善。这是因为，生态环境存在一个阈值，如果环境退化超过这一阈值，环境退化就成为不可逆的。如果自然资源在经济增长的起飞阶段造成严重的枯竭或退化，那么将需要很长时间和很高的成本才能恢复，甚至不可恢复。因此，即使存在倒 U 形关系，也需要相应的政策措施防止倒 U 形曲线超出生态阈值。

国外有学者估算环境库兹涅茨曲线，指出一国经济从以农耕为主向以工业为主转变时，环境污染的程度加深。因为，伴随着工业化的加快，越来越多的资源被开采利用，资源消费速度率开始超过资源的再生速度，产生的废弃物数量大幅增加，从而使环境的质量水平下降；而当经济发展到更高的水平，产业结构进一步升级，从能源密集型为主的重工业向服务业和技术密集型产业转移时，环境污染减少，这就是产业结构对环境所产生的效应。

通过以上关于经济增长、产业结构和环境问题的理论分析可以看出，产业要随着经济的增长不断地进行调整和优化，而产业结构的调整在不同的经济发展时期对环境的影响和要求是不同的。目前我国正处于由重化工业向新型工业化道路的转型时期，而前一时期的经济发展已经对环境造成了极大的破坏，环境问题已经成为我国经济发展必须重视的问题。我国政府在进行产业结构调整指导时，要求全面贯彻科学发展观，坚持走新型工业化道路，以改革开放和科技进步为动力，增强自主创新能力，鼓励和支持发展先进生产能力，限制和淘汰落后生产能力，防止盲目投资和低水平重复建设，促进产业结构优化升级。强调产业结构调整的方向和重点包括：大力发展先进制造业，发挥其对经济发展的重要的支撑作用；加快发展高新技术产业；促进服务业全面快速发展，提高服务业比重和水平；大力发展循环经济，加快建设资源节约型和环境友好型社会。因此，低碳经济作为一种新的经济增长模式必然成为我国产业结构调整的方向。

第三节 发展低碳经济来推动区域产业结构调整

低碳经济是为减少温室气体排放所做努力的结果。但实质上，低碳经济是经济发展方式、能源消费方式、人类生活方式的一次新变革，它将全方位地改造建立在化石燃料（能源）基础之上的现代工业文明，转向生态经济和生态文明。全球化石能源价格上涨是市场对资源稀缺性的反应，尽管对全球经济增长会带来负面影响，但是，对化石能源的高效使用、清洁开发、节约利用起到积极推动，也给高新技术产业和现代服务业等低碳乃至无碳产业的发展注入活力。

一、推进传统工业升级，实现能源的清洁、高效利用

传统工业的发展离不开化石燃料所提供的巨大能源，能源结构的高碳化是传统工业化的必然结果。当地球温室效应不断影响和威胁人类赖以生存的自然生态系统时，人类对工业文明所依赖化石能源的反思和改造也是顺理成章的。高碳工业发展难以为继，不仅是不可再生的化石能源资源的储量有限，更重要的是大量的二氧化碳排放将影响人类的生存环境。

发展低碳经济，对传统工业进行升级已刻不容缓。但是，从高碳工业向低碳工业的转型是一个漫长的历史过程。因为，高碳工业的体系是庞大而又稳固的，传统工业对化石能源的依赖是不可能在短期内完全改变的。虽然全世界对可再生能源的开发取得了很大的进展，包括太阳能、风能、水能、生物质能、沼气、核能等众多低碳能源或无碳能源在一些领域正在渐渐替代化石能源，但是许多低碳或无碳能源的利用还未达到全面产业化、规模化和商业化的水平。因此，传统的能源结构在较长的一段时间内也很难有颠覆性的改变，所以在注重开发新能源的同时，应该把传统工业的调整与提高能源效率的方法相结合，采用低碳技术、节能技术和减排技术，逐步减少对化石能源的过度依赖，努力提高现有能源体系的整体效率，遏制化石能源总消耗的

增加，限制和淘汰高碳产业和产品，发展低碳产业和产品。对传统工业的调整具体可以分为以下几个步骤。

（一）实行产业集约化战略

工业产业集约化，是指工业的发展以资源优化配置为原则，以社会福利最大化为目标，产业组织结构高度集中，产业内大、中、小企业共生，提高资源利用效率，使产业可持续发展。工业的规模结构效率反映了工业经济规模和规模效益的实现程度，是工业集约化水平的重要标志。

目前，我国传统工业存在的主要问题：一是产业组织结构过于分散，企业规模较小，产业集中度较低，缺乏国际竞争力，缺少与国外大跨国公司相抗衡的真正意义上的大型企业；二是大量的小型企业大多是一些全能企业，专业化分工程度较低。因此，目前我国产业集约化战略的重点在于整合各种资源，实现规模经济。

我国产业集约化战略的具体思路如下：通过兼并、重组、战略协作等方式，推动传统工业内部各行业规模结构的优化和升级。现阶段的关键是要建立一个完善的市场竞争机制，创造一个公平的市场竞争环境，通过市场竞争优化资源配置，逐步将那些技术水平较低、竞争力不强的企业淘汰出局，由此提高整个行业的市场集中度。以集团内部控股为基础，对现有大型企业集团进行股份制改造。

目前我国现有集团以生产技术、供货销售等形式作为联系纽带的较多，资产联系纽带较少，企业集团不能形成一个有机整体，难以发挥应有的规模优势。

（二）推动工业产业向高效节能发展，淘汰落后产能具体应考虑从以下几个方面同时推进。

1. 新增工业产能的能效控制

考虑到我国工业化进程的加快，预期工业产能仍将有明显扩张，对新增工业产能，特别是新增高耗产能应实施严格的能效控制，这是推进工业节能技术进步、降低现有工业产品单耗的首要着力点。

2. 淘汰现有落后工业产能

当前高耗能行业产能普遍过剩，把握这一淘汰落后的有利时机，加快淘汰现有落后工业产能，是推进工业技能进步、降低现有工业产品单耗的重大努力方向。

3. 对现有工业产能的技术改造

现有工业产能中，能效水平居于中游的产能占有较大比重。要完全淘汰这一部分产能固然不现实，从经济的角度看也是不合理的。但是这一部分工业产能具有不同程度的能效提升潜力，对其实施节能改进技术，是今后推动工业节能技术进步的重要方向。在工业节能技术进步这一途径下，仅从高耗能行业来看，新增产能、淘汰落后产能、现有产能技术改造三个方面所具有的节能潜力分别为 5378 万 tce（tce 为 1 吨标准煤当量，下同）、5711 万 tce、2194 万 tce，3 项合计节能潜力为 13283 万 tce。而这还不是高耗能产品，以及一些节能技巧措施。因此，高耗能行业节能技术进步对实现该设想目标的可能贡献率应在 26.3% 以上。

（三）工业行业内部进行产品结构调整

进行内部产品结构调整，引导和促进多产品工业子行业，特别是高耗能工业子行业努力提高技术创新能力，加大低单耗、高附加值新产品的开发力度，并设法提高现有产品中低单耗、高附加值产品的比重，是降低工业行业能源强度的又一重要途径。我们以规划方案下测算得出的单位工业增加值下降 24% 要求为工业节能设想目标，以及实现这一工业节能设想目标的可能性，分析结果表明：在规划方案下，工业节能各具体途径下都具有相当可观的现实节能潜力，对支持实现这一工业节能设想目标都可能得到不同程度的支持作用：在工业行业内部产品结构调整这一途径下，仅就高耗能行业而言，其所具有的节能潜力估计有近 1 亿 tce，对实现该设想目标的可能贡献率约为 20%。

二、大力发展新能源产业，改善能源产业结构

（一）新能源产业将成为我国未来的支柱型产业

在低碳经济时代，新能源产业是发展前景广阔的产业。加快发展新能源产业，是转变经济发展方式、促进可持续发展的有效途径，是抢占未来产业制高点、提高国际竞争力的重大举措，是扩大内需、培育新经济增长点的有效手段。改变传统的能源利用方式、开发利用新能源已成为国际共识，美国、日本等发达国家普遍大力实施"绿色新政"。美国总统奥巴马认为发展可再生能源是"美国复兴再投资计划"的重要部分，在产业政策中对新能源做出了极大倾斜。他计划用 3 年时间，促使美国可再生能源产量增加 1 倍。这一领域的革新将创造数百万个就业机会。据专家分析，此前美国等发达国家的经济增长主要靠金融，而目前来看，短期内金融业再成为拉动经济增长的火车头已不可能；实体经济绝大部分已经外包给发展中国家，因此必须寻找一个新的产业作为实体经济发展的基础，从而成为下一轮经济增长的领头羊，围绕清洁能源所形成的产业群有可能成为下一轮经济繁荣的支撑点。

我国也出台了一系列鼓励措施，积极推动新能源产业发展。我国正制订

的新能源发展规划，将把新能源放在战略地位，加强新能源的技术研发，大幅增加对新能源产业的投资，创新体制，促进新能源的发展。而要实现规划的总目标，预计可再生能源总投资将超过 3 万亿元以上。核电、风电、太阳能发电成为新能源振兴规划的重点发展领域。新能源产业正孕育着新的经济增长点，也是新一轮国际竞争的战略制高点，当前国际金融危机为新能源产业发展带来了机遇，要把发展新能源作为应对危机的重要举措。要以企业为主体，以市场为导向，加强政策引导扶持，促进风能、太阳能、生物质能发展，推动新能源汽车、节能建筑和产品的广泛应用，加快用新能源和节能环保技术改造传统产业，推进能源乃至整个产业结构的调整。新能源产业的发展不仅能够带动传统产业转型升级，而且成为拉动经济回暖的一大引擎。中国政府高度重视新能源发展问题，新能源的战略地位愈加突出，这必将进一步加快我国的新能源开发利用步伐，为新能源产业提供广阔的发展空间。

（二）目前我国新能源产业化基础状况

1. 生物技能产业

由于生物能源所具有的优势，世界各国已经将其作为发展新型能源的重要选择之一。中国政府对生物技能利用技术的研究与应用已列为重点科技攻关项目，推动了我国生物技能产业的发展。目前我国的生物技能产业发展初具规模，积累了一些成熟的经验，但不同研究领域的技术成熟程度不尽相同。少数生物技能转化利用技术初步实现了产业化应用。例如，农村户用沼气、养殖场沼气工程和秸秆发电技术，生物质发电、生物质致密成型燃料、生物质液体燃料等正进入商业化早期发展阶段，还有许多新兴生物技能技术尚处于研究阶段。

2. 太阳能产业

（1）太阳能热利用产业

在国际光伏市场巨大潜力的推动下，各国的光伏制造业竞相投入巨资，扩大生产以争一席之地。中国作为世界能源消耗第二大国也不例外，在这一波热潮中，中国的太阳能热利用走在了世界的前面。过去 10 多年，我国太阳能热利用产业取得了长足进步，市场规模越来越大，自 20 世纪 90 年代末以来，一直保持 30% 的年增长。2004 年我国太阳能热水器年销售量已达到5000 余家，实现年产值数百亿元，销售收入 150 亿元人民币。目前，我国太阳能热利用已占世界的 76%，生产和普及面积都是世界第一。我国的太阳能热利用产业体系已经较为完善，初步形成了合理配套的产业链和基础标准体系，建立健全了检测认证体系。更为重要的是，我国自主创新的太阳能镀膜真空集热管，已经获得了国际公认，这意味着我国企业掌握了太阳能热利用领域95%的核心技术。在应用方面，太阳能与建筑的结合也获得了长足进展，太阳能取暖和工业化利用也取得了成效。

从我国国情来看，农村市场潜力巨大，随着农村经济的快速增长，农民生活水平不断提高，大量的新建农宅和小城镇住宅无疑将大大增加对生活热水的需求量。产业龙头企业皇明集团投资数十亿元，年设计产值千亿元的"国际环保节能示范区"和"中国太阳谷"项目目前正在建设中，主要包括各类太阳能建筑、太阳能生产区、太阳能检测中心、中国可再生能源大学、太阳能光电应用、太阳能博物馆等。力诺集团已由我国建设部批准，2007年正式开始组建国内第一个以太阳能研发为内容的国家太阳能住宅产业化基地，其他国内知名大企业也都有大的举动，都希望在产业扩张初期抢先占有更大市场。

（2）太阳能光伏电产业

太阳能光伏电产业的前景乐观。我国能源发展规划指出，我国太阳能光伏发电行业，2010年实现总装机容量达到400兆瓦；2020年，光伏发电将占总发电量的1.1%，系统总产值将由200亿元上升到3000亿元；2040年将占26%；2050年以后将成为能源支柱。据推算，2010～2040年，全行业的复合增长率也将达到25%。国内外知名大企业看好我国的光伏发电行业，投资速度加快。2005年12月，德利国际（美国）控股有限公司与深圳市雄日太阳能有限公司携手投资1.5亿元，在深圳建立太阳能研发及生产基地。2006年8月，无锡尚德太阳电力公司与美国老牌硅料厂商MEMC签订为期10年的长期供货协议意向书。2006年4月，国内唯一拥有完整的产业链的光伏发电企业保定市天威英利集团耗资30亿元的第三期工程启动，产能将提高到600兆瓦，年销售收入200亿元，利润35亿元。

但同时要看到，目前我国的光伏发电技术还处于较为落后的水平，与日本、德国、美国的差距很大，光伏发电装机总量只有80兆瓦，仅占世界总量的约1%。屋顶并网系统和"建筑光伏"一体化还处于研究探索阶段，而日、德、美等技术领先国家已经先后开展了"百万屋顶"计划等大规模推广的尝试。中国太阳能电池生产的技术水平低、发电成本高，又受制于不完整的产业链结构，使得国内太阳能企业最终仅承担了产业链中高污染、高耗能的生产环节，赚取的仅为5%～6%的加工利润。同时，光伏产业上游原料的技术壁垒高，主要由美、日等国控制，获取技术困难。

3.核电产业

我国于20世纪70年代开始筹建核电站，1991年12月15日，我国第一座自行设计自主建筑的核电站——秦山核电站并网发电成功。秦山核电站的成功发电标志着核电开始登上中国能源舞台，目前已形成广东、浙江、江苏3个核电基地，建成并且正在运营的核电机组11个（如秦山核电站、岭澳核电站、大亚湾核电站、田湾核电站等），在建和即将建设的核电机组14个（如岭东、三门、宁德、阳江、海阳大连核电站等）。我国核电自运行以来始终保持着良好的运行状况，运行业绩逐年提高。经过多年的发展，我国已经形成了完整的核工业体系，包括地质勘探、铀矿采冶、铀转化与同位素分离、元件制造和后处理等。我国在核电技术的研究开发、工程设计、设备制造、工程建设、运营管理等方面，形成了一支具有丰富实践经验的技术与管理人才队伍，能够自主设计、建筑和运行30万千瓦和60万千瓦压水堆核电机组，已具备了以我为主、适当引进国外技术、建设百万千瓦级压水堆核电机组的能力。

秦山一期核电站是我国首座自行设计、建筑、调试、运行的国产30万千瓦核电站。大亚湾核电站是我国第一次引进建设的百万千瓦级大型商用核电站，已安全稳定运行10年，在2003年WAN的8项关键指标评比中，有一项位居世界先进水平，其余超过世界中间水平。岭澳核电站已在大亚湾核电站引进国外技术的基础上，实现了52项改进，达到核岛11%、常规岛23%、辅助系统50%的国产化率，核电站大部分指标可与新的IAEA国际安全标准相媲美，岭澳核电站将成为全球核工业界极有价值的参照。秦山第二核电站2003年1号机组能力因子为81.2%，秦山第三核电站（重水堆）1号和2号机组能力因子分别为90.39%和87.67%。我国已开始致力于研究国际上先进的第三代技术核电机组，该工程预计到2020年将建成可商用的原型和反应核电站。上述事实证明，已有核电建设取得的成就和积累的经验，能为今后我国发展核能打下良好基础。

4. 风电产业

近年来，中国风能开发利用取得了长足的进步。截至2007年，10千瓦以下的离网型风力发电机组已累计生产30余万台，实际运行17余万台，主要是供远离电网的人口密度低的边远地区单户使用，提供生活用电。随着应用范围和用电量的扩大，已由"一机一户"向"多机联网"供电以及由"单一风力发电机组"供电发展到"风/光""风/光/柴"互补系统。全国内地已有15个省、直辖市、自治区建成了62个风电场，装机容量达到126.6万千瓦。其中，国产风力发电机组（600千瓦、750千瓦）占22.7%，进口风电机组占77.3%。列装机容量前三位的省区是新疆、内蒙古和广东，其装机容量分别为18.1万千瓦、16.6千瓦和14.1万千瓦。与此同时，我国已研发和制造兆瓦级发电机组，新疆金凤科技股份有限公司通过技术引进与自主研发相结合的方式，研制了 1.2 兆瓦直驱型风力发电机组；沈阳工业大学风能研究所自行研制了 1.0 兆瓦双馈变速恒频型风力发电机组；东方汽轮机厂、大连重工起重集团、哈飞集团等，也通过技术引进研制了兆瓦级风力发电机组。2005 年 2 月 28 日我国《可再生能源法》颁布后，进一步明确了可再生能源发展的战略地位，并从法律上给包括风能在内的可再生能源发展提供了保证。

风能的发展既遇到了非常好的机遇，也出现了许多新的情况，因此如何健康、可持续地发展我国风能产业已成为十分关注的问题。由于新能源产业前期投资研发费用大，很多企业对新能源产业不十分了解，涉足积极性不高，而政府对新能源的研发投入还比较有限，所以大多数新能源的开发和利用成本较高，技术水平较低，缺乏自主技术研发能力，技术和设备主要依靠进口，技术的引进消化吸收能力较差，这些因素制约了我国新能源的发展。因此，政府和相关部门要进一步加大技术研发力度。只有占领了技术高地，才有可能占领产业高地。

三、促进信息与通信技术（ICT）产业发挥更重要的作用

大量研究表明，ICT 行业发展与全球 GDP 增长及全球化联系在一起，经合组织成员国在 1970 ～ 1990 年间三分之一的经济发展都要归功于电信网络。对全球来说，ICT 行业在 2002 ～ 2007 年间贡献了 16% 的 GDP 增长，行业自身占全球 GDP 的份额由 5.8% 上升到 7.3%，且有望在 2020 年达到 8.7%。尤其是随着中国等众多发展中国家经济的不断发展，ICT 行业将取得更加快速的扩张。作为高新技术产业，ICT 行业自身的碳排放比较低，同时在电力传输过程中，在高耗能的建筑物和工厂以及交通工具的使用中，ICT 行业在提高能源利用率方面起着重要作用。总体上计算，在 2020 年，ICT 行业可以节约大约 7.8 兆吨二氧化碳当量，在基准情况（BAU）下，这占到 2020 年碳排放量的 15%。从经济学角度来讲，ICT 行业带来的能源效率可以节约大约 6000 亿欧元的成本。通过将 ICT 与新的操作、生活、工作、学习及旅行方式相结合实现规模减排，除 ICT 外，还没有哪个行业可以为提高其他行业和工业的能源效率提供如此完整的科技解决方案。

（一）非物质化领域

非物质化领域是指用低碳取化物来取代高碳产品和活动，例如，用电话会议来取代纸质账单。非物质化可以用于日常生活的很多方面，最终的目的是减少物质产品的数量。网上支票、媒体、音乐等可以替代传统纸张和 CD，从而降低制造和输运这些产品时产生的碳排放。

在非物质化中，被人们广泛认可的就是远程办公——人们可以在家办公。尽管根据历史的发展潮流，将来其他非物质化的做法可能发挥巨大作用，但是分析表明了远程办公将发挥更大的作用，每年可减排 260 兆吨二氧化碳当量。例如美国，如果 3000 万人在家工作，在 2030 年可以减排 75 兆吨~100 兆吨二氧化碳当量，这与使用节能汽车所能达到的减排量相当。通过网络和电话来开电话视频会议，保守估计这种方式可以取代 5%~20% 的全球商务出行。早期使用的先进视频会议设备在企业和公共事业分布很广的环境中有着很重要的作用。另外，通过影响员工行为非物质化还可间接减排，建立更强的气候变化意识并在全行业中创造低碳文化，尽管这些是无法量化的。非物质化至少可以提供替代的方法，使个人可以很直接地控制自身的碳排放。

当然，虽然非物质在减排方面毋庸置疑地具有很大的潜力，但目前其影响还是很局限的，主要原因在于利用率太低，很多个人和公司对新技术尚心存疑虑。同时，公司现在仍然不愿频繁采用非物质化科技，因为它需要采用新的工作方法，随之而来的还有文化转变。最后，就全球的基础设施情况来看，目前的基础设施对于面向所有消费者企业提供高质量的、支付得起的网络服务还没有给予支持。

（二）智能工业电动机领域

工业电动机系统是将电力转化为机械力的系统，是全球工业活动的心脏。在中国制造业的发展中由使用能源导致的碳排放仍在增加，因为大部分电力需求是由火力发电供给的。如果工业电动机不考虑负载情况不安全运转，则被认为是低效的。当工业电动机可以根据需要功率调整能耗，那么这种工业电动机就是"智能"的，这通常需要一个变速传动装置和一种控制变速装置的硬件进行控制，称为"智能业电动机控制装置（IMC）"。

工业活动是全球碳排放的最大来源，2002 年其排放量占全球排放量的 23%（9.2 兆吨二氧化碳当量），几乎耗费了全球总发电量的一半，其中工业电动机系统占用了大多数（65%）；到 2020 年，工业电动机系统将占全球总碳排放的 7%。我国目前的工业电动机系统占到整个工业用电的 70%，而能效比西方发达国家低 20%。到 2020 年，我国工业电动机系统将消耗总电力的 34%，排放 10% 的二氧化碳（仅占世界总排放的 1%~2%）。目前还缺乏对于工业电动机系统耗能以及如何节约生产成本的认识。因此，ICT 短期的主要目标就是调控用能，并为企业提供数据，以便它们通过改进制造系统来节能和节约成本。这些数据对于组织机构来说比较有利用价值，可以帮助它们设定工业电动机系统效率的标准。ICT 行业还有其他的作用，例如，模拟软件用于帮助推动工厂和制造过程的设计；而无线网络的普及提供了机器间和 ICT 系统间的通信，可以在整个工厂内提高效率。因此，ICT 可以在工业电动机系统造成的全球碳排放中起到减缓作用，在 2020 年可以减排 970 兆吨二氧化碳当量。澳大利亚的智能能源、加拿大的卑诗水电公司的智能电力以及美国的"有关工业电动机决定的事务"等方案措施，都与企业一起合作，发现在生产过程中智能工业电动机的最优使用，并达到节能减排的效果。在《智能能源商业项目》中指出，如果比例合理，拥有电子变速传动设备的节能工业电动机和改良的设备、输送带、轴承和润滑剂只用到标准系统用能的 40%。从经济学的角度来说，以一个 4 年偿付的项目为例，安装变速传动设备来控制传送带和燃机及排气扇，每年可以减少 7300 万欧元的成本。

（三）智能物流领域

受全球化和全球经济发展的影响，全球货物运输发展很快，预计在 2002～2020 年，物流业务将增长 23%。但由于大范畴（包括包装、运输、存放、消费者购买及废物）的物流效率不高，例如，车辆在回程过程中装载过少或没有装载，运输和储存过程中会产生大量的温室气体。运输行业是排放温室气体的主要行业之一，而且排放量还在不断增加，占到全球总排放量的 14%。另外，燃料成本和税收的不断增加，对于高效物流的需求也越来越迫切。

"智能物流"将包括一系列软件和硬件设施，帮助监控、优化和管理整个物流过程，如优化运输网络设计的软件，使用集中的输送网络，运行可以促进灵活传递到客户的管理系统等。通过 ICT 优化秩序，可以在全球范围的运输过程中减排 16%，在存储过程中减少 27%，从而达到全球减排 1.52 吉吨二氧化碳当量。尽管这个数字与其他 ICT 手段减排量相比不是很大，但是这种可以让物流行业有更加高效的机会，也有很大的经济效益，因为物流具有非常高的价值市场，在 2005 年，全球物流行业的价值为 35000 亿美元。仅以欧洲为例，燃料价格的上涨促进物流公司加速采用基于 ICT 的节能解决方案，那么到 2020 年，总排放量达到 225 兆吨二氧化碳当量，比起在基础情况下减少 27%。通过更加高效率的商业公路运输，预计获得的潜在积累价值总额将达 330 亿欧元。

（四）智能建筑领域

2002 年，全球建筑排放量占总排放量（3.36 吉吨二氧化碳当量）的 8%，这些数据还不包括运行建筑物的能耗。如果考虑综合情况，2020 年将释放 11.7 吉吨二氧化碳当量。新兴经济体，如印度和中国的城市化程度越来越高，来自建筑物的排放量将越来越多。尽管对建筑物的能源消费的关注度在不断加强，但全世界的建筑建设仍然不怎么认真考虑执行那些能够获得最佳能源利用率的措施。智能建筑描述了一项可以使建筑的设计、建造、运作更加有效率的技术，并且对已存在或新建造的建筑均能适用，这包括房屋管理系统（BMS），可以根据居住者需要运行制热及冷却系统或运行软件来关闭所有个人计算机，并在大家回家之后进行监控。目前各国已经设定了一些全国性的组织或计划来促进这些技术的推广，如绿色建筑委员会或房屋能耗比（澳大利亚）、建筑研究所环境评估法（英国）、建筑物综合环境性能评价体系（日本）等，其中最有影响的当属领先能源及环境设计（LEED）（美国）。

建筑物的最初设计往往比较粗劣，不太考虑它们的用途怎样随着时间的推移而改变。即使当初考虑到了能源利用率，如果建筑者偏离计划或规格操作 BMS，建筑的实际节能表现也将会削弱。假定建筑物按照规则设计和建造，但缺乏调试（保证建筑物系统能按规划进行），则用途的不断变化和维护不足都可以极大地降低所有 BMS 的效率。这就意味着不同的建筑物在能源消耗上显著不同，同样的技术应用可能产生不同的影响。能源建模软件可以帮助建筑师确定设计对能源利用的影响，建筑者可以使用软件来比较能源模型与实际建筑。一旦建筑完工，使 ICT 行业测量和找到决定建筑物性能的基准点，并将实际的能源利用率与所预计的进行比较就成为可能。当 ICT 在行业的应用变得更加成熟时，BMS 起的作用将更加明显。

（五）智能电网领域

2002 年，电力部分排放温室气体占全球温室气体排放量的 24%，并在 2020 年将占有 14.6 吉吨二氧化碳当量。中央能源分销网络往往规模庞大，使得效率低下的电网在电力传输过程中的电力损耗很大，需要有超负荷的发电能力来应付意外激增的能源消耗和进行从电站到用户的单向沟通。目前，在大多数国家，出售能源电网（如从太阳能电池板产生的）还是不可能的。这样的经营方式正变得越来越站不住脚：不断上升的燃料成本和全球排放交易计划（DSM）进行双向、实时的信息交流。它通过发电及网络提高效率，进行能源监测和数据采集。ICT 对组成智能电网的一系列技术来说是不可缺的，其中，包括智能仪表和一个更先进的电网系统。智能仪表可以使消费者进一步了解自己正在使用多少能源或允许使用自动阅读能源消费数据，以帮助各单位更好地了解能源被用到了什么程度，需求管理系统通过允许家电等在高峰时期的减小动态负荷使反馈过程自动化。ICT 通过智能电网技术减少排放量的潜力是巨大的，到 2020 年大约减少 2.03 吉吨二氧化碳当量。美国正在积极进行智能电网解决方案，2007 年政府通过了能源独立与安全法案，其第十三节建立了关于电网现代化的国家政策并且寻找一系列解决措施，包括一个有关智能电网技术和区域示范倡议的研究和发展（R&D）方案，以期实现改革国家能源系统的目的。

四、大力发展现代服务业，实现产业结构调整低碳化

现代服务业也是一个能耗低、污染小、就业容量大的低碳产业，包括金融、保险、物流、咨询、广告、旅游、新闻、出版、医疗、家政、教育、文化、科学研究、技术服务等。众所周知，发达国家的现代服务业在 GDP 中所占比重高达 60% ～ 70%，如 2003 年英国能源白皮书《我们未来的能源——创建低碳经济》揭示的，英国近 30 年中经济规模增加 1 倍，但能耗只增加了 10%，这一方面得益于能源利用效率的提高，另一方面也得益于产业结构的调整和现代服务业的发展。

长期以来，我国的经济发展主要以高投入、高消耗和高污染为特征。这种经济发展方式，尽管支持了我国改革开放以来的经济高速增长，人们从中也获得巨大的利益。但是随着时间的推移，这一增长方式暴露出来的问题也日趋明显。例如，环境污染、资源枯竭等问题凸显，严重危及人们的正常生活，制约着我国经济社会的稳定发展，转变经济发展方式已成为大势所趋。经济发展方式的转变，意味着经济发展的驱动将由扩大投资转变为扩大内需，大规模地减少资源的投入和废弃物的排放。高端服务业处于服务业的高端领域，被认为是典型的"无烟"产业，具有低资源消耗、低环境污染和高产业带动力等特点。发展高端服务业，不仅是转变经济发展方式的内在要求，也是实现经济稳定发展的重要保证。

产业结构的转型升级，必然要求低端服务转向高端服务。中国产业结构正处在转型升级的重要历史时期，退出高能耗、高物耗、高污染、低附加值行业，进入和大力发展资源节约型和高附加值行业，是我国未来经济发展的必然走向。产业结构的转型升级，主要体现在以下两个层次：一是扩大第三产业在整个三次产业中的比重；二是三次产业各自低端领域向高端领域升级。无论哪个层次意味着农业由传统低端农业向现代观光农业、特色农业和生态农业等高端领域转型。向高端农业发展制造领域转型，这对金融、教育和信息服务等行业的发展提出了更高的要求。

尽管我国高端服务行业发展相对滞后，某些高端服务行业（如金融保险、法律、咨询、电影文化产业等）还比较落后，但发展高端服务业的各种环境条件正不断改善，这使高端服务业大发展面临难得的历史机遇。首先，政府高度重视发展高端服务业，期望在未来几年内这些行业能够加快发展速度。其次，我国高端服务业面临技术进步、市场开放、世博会等历史性机遇，这

有助于扩大高端服务业的服务范围和服务规模，高端服务业的发展必然从中受益。最后，国际服务业特别是高端服务正加快向我国转移。随着经济全球化趋势不断增强，国际产业转移从制造业领域日益向服务业领域发展；国际服务业特别是高端服务业向我国沿海地区转移的态势日趋明显，速度逐步加快。在这样良好的基础和环境下，选择高端服务业作为发展的方向，并以此来推动我国经济的可持续发展正可谓"审时度势，顺水推舟"。我国的现代服务业拥有很大的提升空间，不仅要关注"中国制造"，更应该关注"中国创造"，先进制造业是一个完整的体系，包括"设计—制造—品牌"三个环节，中国仅仅拥有中间的制造环节是不够的，中间制造环节正好是能耗高、物耗高、污染大、排放大的环节。制造业前端的产品的技术设计和开发是知识密集型，制造业后端的品牌是与产品的物流和销售网络平台的搭建密切相关的，而先进制造业的前、后端都属于现代服务业范畴，属于高附加价值的环节。

第五章　低碳经济与低碳城市建设

18 世纪工业革命以来，城市迅速发展，人口转移，城市人口剧增。到 20 世纪下半叶，发达国家已率先进入城市化时代，目前这些国家的城市人口占总人口的 70% ～ 90%。而发展中国家则刚刚开始城市化，或是正在进行城市化进程。城市作为经济社会活动的中心，城市能源消费量占消费总量的 80% 多，城市人均能源消费为农村人均能源消费的 3.9 倍。城市人口不断增加，必将推动城市能源消费量的增长。

美国世界观察研究所的调查报告《为人类和地球彻底改造城市》指出，无论是工业化国家还是发展中国家，均必须将规划本国城市放在长期发展战略的地位，而其大方向只能选择走生态化的道路。

报告指出，尽管城市面积仅占地球表面积的 2%，但是目前城市所排放的碳约占全球总排放量的 78%，工业生产中木材消耗占 76%，自来水消耗量占 60%。20 世纪城市的快速发展，使城市对环境的影响大大增加。1900 年，城市人口只有 1.6 亿，占世界人口总数的 1/10。2007 年，全世界有 33 亿的人口居住在城市，增加了 20.6 倍；2050 年将达到 64 亿；在接下来的时间内，全球人口将从现在的 69 亿人飙升至 2075 年的 95 亿人。所以需要在能源、水、交通、土地、食品供应、废弃物回收和利用等重要领域对城市的未来进行设计。由此可见，城市的可持续发展是实现人类可持续发展的重心和焦点，低碳城市成为科学发展观对城市发展的内在要求的终极目标。

第一节　低碳城市概述

一、低碳城市的含义

随着低碳经济发展，人们开始把低碳与城市联系起来。国内外众多学者对低碳城市开展了深入研究，包括城市设计、规划，城市设施改建，城市系统协调等方面。

　　低碳城市的概念，许多学者从各自的研究领域进行了定义。国家环保总局科技委员会委员夏堃堡认为，低碳城市就是在城市实行低碳经济，包括低碳生产和低碳消费，建立资源节约型、环境友好型社会，建设一个良性的可持续的能源生态体系。清华大学教授顾朝林等认为低碳城市是指城市经济以低碳产业为主导模式，市民以低碳生活为理念和行动特征、政府以低碳社会作为蓝图的城市。其目标，一方面是通过自身低碳经济发展和低碳社会建设，保持能源的低消耗和二氧化碳的低排放；另一方面是通过大力推进以新能源设备制造为主导的"降碳产业"的发展，为全球二氧化碳的减排做出贡献。付允等学者从低碳生产、低碳消费、低碳交通等不同角度给出了对低碳城市的不同认识，但是在对低碳城市内涵的认识方面我们需要注意以下三点：低碳目标的实现以一定的经济发展速度为基础，以牺牲经济发展速度的方式实现城市低碳发展是不科学、不可取的；低碳城市的建设不能以降低或损害人民的生活质量为代价，需要在不断提高人民生活质量的前提下实现城市低碳发展；低碳城市建设是一个多目标问题，不仅要降低温室气体排放量，也要保证经济的发展速度以及人们的生活质量，需要在两者之间寻求最优平衡点。

　　综合以上关于低碳城市的定义，本书认为，低碳城市应当是通过经济发展模式、消费习惯和生活方式的转变，在保证生活质量不断提高的基础下，实现有助于减少碳排放的城市建设模式和社会发展方式。低碳城市强调以低碳理念为发展指导，在一定的规划、政策和制度建设的推动下，推广低碳理念，以低碳技术和低碳产品为基础，以低碳能源生产和应用为主要对象，由公众广泛参与，通过发展当地经济和提高人们生活质量而为全球碳排放减少做出贡献的城市发展活动。

　　低碳城市定义虽然各有侧重，但其中不乏共同的内涵，主要具有经济性、安全性、系统性、动态性、区域性等方面的特征。经济性指在城市中发展低碳经济能够产生巨大的经济效益；安全性意味着发展消耗低、污染低的产业，对人类和环境具有安全性；系统性指在发展低碳城市的过程中，需要政府、企业、金融机构、消费者等各部门的参与，是一个完整的体系，缺少一个环节都不能很好地运转；低碳城市建设体系是一个动态过程，各个部门分工合作，互相影响，不断推进低碳城市建设的进程；低碳城市建设受到城市地理位置、自然资源等固有属性的影响，具有明显的区域性特征。

二、低碳城市的评价指标

（一）低碳城市评价的三种模式

　　有学者在研究自然资本已经稀缺条件下的中国发展时用情景分析法指出，

在 2000 年基础上人均 GDP 再翻两番的经济目标的情况下，中国到 2020 年的发展情景有 A、B、C 三种模式，其中，C 模式才是比较适宜中国当前阶段实际情况的发展模式。

1. A 模式的发展路径

A 模式是沿袭传统发展模式，不去担当足够责任的情况。即中国的二氧化碳排放从 2005 年的人均 4 吨开始，随着粗放型的经济增长，二氧化碳排放持续增长到超过发达国家的平均水平（人均 10 吨）甚至超过美国的高峰水平（人均 20 吨），到 2050 年左右才非常被动地并且以比现在大得多的治理代价急剧降下来。这样的发展方式会严重影响中国人的生活质量，也被认为是中国发展没有承担大国责任的情景。实际上，在对外的学术交流中，我们已经多次碰到由此引起的难堪处境。因为按照这样的趋势，到 2050 年中国的二氧化碳排放规模会高达 150 亿～300 亿吨，与世界届时控制排放在 200 亿吨以内的目标产生严重抵触。应该说，过度依赖传统高碳经济增长的趋势在当前的认识和实践中是存在的。中国提倡发展低碳经济，首要任务就是改变这样的思维模式和发展路径。

2. B 模式的发展路径

B 模式是要求中国承担过度责任而影响正当发展的模式，即要求中国二氧化碳排放规模到 2020 年就达到峰值，要求这个峰值不超过世界人均二氧化碳排放的平均水平，然后一直到 2050 年回落到人均 2 吨左右，即按照中国 15 亿人计算的排放规模是 30 亿吨。这个模式的提法主要来自发达国家的研究者、政府有关部门等。这样的要求没有给予中国必要的发展空间，没有考虑中国当前的生存性碳排放与发达国家的奢侈性排放的本质差异。如果认为这是 21 世纪中国所需要的绿色跨越，那么这样的跨越应该不属于前面所说的低碳经济概念。因为它满足了"低碳"的要求，但是没有满足"发展"的要求。中国推进低碳经济，也需要提防这种跨越发展阶段的不切实际的思想干扰。

3. C 模式

C 模式是既考虑发展权益又承担大国责任的发展路径，这个模式比较符合《联合国气候变化框架公约》倡导的"共同而有区别的责任"的精神。按照这个模式，中国的二氧化碳排放量从 2005 年开始随着经济高速增长进入大幅增长阶段，到 2020～2030 年间将达到峰值（以人均 GDP 和人类发展指数分别达到满足基本需要的 10 000 美元和 0.85 以上为前提条件）。峰值虽然一定程度上将超过世界的平均值，但是任何时候都要努力控制在低于发达国家的平均值之内。例如，将人均二氧化碳排放的高峰值控制在 6 吨～8 吨之间。这样的发展路线，应该是中国低碳经济情景研究的重点内容。它要求中国在未来40年的发展中，不仅需要在能源结构和能源效率等技术方面，而且需要在人口规模和消费方式等社会方面做出系统的思考和安排。对历史人均二氧化碳排放与经济社会发展水平的实证研究已经证明，随着技术的提高和制度的变革，后发国家的现代化是可以在低能源消耗和低二氧化碳排放的基础上实现的。事实上，欧盟、日本与美国等国家的经济增长水平和人类发展水平相同，但是前者比后者有更少的能源消耗和二氧化碳排放，已经证明了实现绿色跨越的可能性。因此，中国采取C模式的发展路径不仅是必要的，而且是可行的。关键问题在于，中国未来的发展需要致力于将潜在的优势转化为实际的优势，即将善于学习的社会文化转化为具体的低碳经济发展战略与目标，将政府强大的政治动员能力转化为保障低碳经济的制度化体系，将跨越式建设物质资本的机会转化为建设绿色固定资产的现实行动。

（二）低碳城市评价指标选择

如何评价城市发展是否低碳，必须制定简便可行的评价体系，根据上述模式的论述，分别对应于三种评价指标。根据近几年能源效率增长状况，采用年人均GDP增长率的能耗及二氧化碳排放增长率比例系数，即弹性系数来评价中国发展低碳经济的效果，分为三种情景：① A模式下当前惯性情景；② C模式下< 0.50情景；③未来B模式下零情景。

运用弹性系数作为低碳城市的评价指标是基于脱钩理论基础上的现实应用，评价指标的确立是建立在三种模式运用的基础上。当碳排放增长率与经济发展年增长率保持目前对应性关系时，即为当前保持经济增长的环境代价为经济增长速度的一半作为碳排放增长率，经济增长与碳排放实现了相对脱钩发展，相对脱钩时具体的弹性系数应根据不同城市各自的发展特点，采用情景反推；绝对脱钩发展情景，即经济增长率保持不变，而碳排放增长率为零及其以下，实现了城市发展与碳排放增长的绝对脱钩发展。

低碳城市的评价指标采用弹性系数法进行衡量，评价指标的确立是建立在三种模式运用的基础之上，评价指标的建立使不同城市发展低碳的有效性得到了具体的量化。

第二节 国内低碳城市建设实践

一、北京低碳城市建设实践

（一）北京低碳城市建设背景

北京率先建设低碳城市，是应对气候变化、加快生态文明建设的现实需要，低碳城市建设将催生新的能源革命、新的产业革命和新的生活方式革命。北京还制订了北京中长期低碳发展规划和北京低碳发展路线图，确立今后各发展阶段推进低碳发展的目标、途径和工作重点，明确一系列重点支持的优先领域和重大项目。同时，加快产业转型和人口转型，强化政府对可持续能源发展的干预力度和统筹能力。

减少碳排放，实现可持续发展，对北京来说，既是挑战，也是机遇。积极发展低碳经济，建设低碳城市，是北京实现可持续发展的内在需求，也是促进北京实现经济增长方式转变的难得机遇。低碳城市发展模式以低消耗、低排放、可持续为特征，通过技术创新、制度创新、产业转型、新能源开发等多种手段，尽可能减少温室气体排放。近年来，北京市在新能源开发、低碳社区建设、碳金融研发、公共交通辐射、建筑节能建造、法律法规制定等多个领域发力，形成了独具特色的发展模式。低碳城市建设初显成效。

（二）北京市低碳城市建设状况

1.加快利用新能源

新能源又称非常规能源，指刚开始开发利用或正在积极研究、有待推广的能源，如太阳能、地热能、风能、海洋能、生物质能和核聚变能等。具体到北京市，由于自然禀赋和地理位置的限制，海洋能和核聚变能被排除在外；地热能由于分布极少，也不适合大力发展，因此北京市在太阳能、风能和生物质能上做文章，积极打造多元化的能源结构，努力降低化石能源在总能源中的消耗比重。

（1）太阳能

北京市年太阳能日照时数约 2600 小时，属二类资源地区，是北京市资源最丰富的可再生能源品种。此外，科技研发水平和新能源产业制造能力也在全国领先，因此北京市发展太阳能条件已经成熟。2010 年 1 月 5 日，北京市发改委等五部门联合发布《北京市加快太阳能开发利用促进产业发展指导意见》，明确指出北京将从 2010 年开始重点实施六大"金色阳光"工程，加快太阳能的开发利用，力争成为太阳能研发高端制造和示范中心及一流阳光都市。据估算，到 2012 年，北京市太阳能集热器利用面积达到 700 万平方米，太阳能发电系统达到 70 兆瓦，太阳能产业产值超过 200 亿元。

（2）风能

北京地区唯一的风力发电场——官厅风力发电场，43 台机组已经组装完毕，开始发电，每年向北京提供 1 亿度"绿电"。不过这仅仅是北京市风力发电迈出的第一步，北京市在风力发电领域具有非常广阔的前景。首先，华北著名的风口就坐落在北京市的康庄地区，年有效发电小时数为 1800 小时以上，可以说风能利用潜力巨大。其次，风力发电设备企业纷纷在延庆安家落户，这里不仅有年产 300 套风机叶片的中材科技风电叶片股份有限公司，生产风电塔柱的北京天最鑫业金属结构制品有限公司，还有生产风电机头的北京中能发电力设备有限公司，形成了风力设备产业集群。

（3）生物质能

生物质能是仅次于煤、石油、天然气并列第四位的能源。生物成长过程中吸收的二氧化碳，在燃烧过程中等量释放出来，符合零温室气体排放原则。北京市首先发展的是生物质燃料，它以零散木材，残留的树枝、树叶以及农田中的废弃物为原材料，通过设备将其打碎、压缩，变"废"为"宝"成为生物质能源。据悉，北京市第一批以林业生产经营废弃物为原料的生物质燃料在延庆县林业生物质能源基地正式下线，这标志着该市生物质能产业正式进入试生产阶段。

2. 低碳社区

低碳社区是通过能源、资源、交通、用地、建筑等综合手段，来减少社区规划建设和使用管理过程中的温室气体排放；并且在不同的功能社区，人们还可以从居家、办公和休闲等各方面来营造低碳社区的理念。据悉，丰台长辛店要建起一座 5 平方千米的低碳生态城，区域碳排放低于常规方案的50%，可再生能源占比 20%。生态城的碳排放目标主要是通过优化空间布局和丰富能源结构两个方面实现的。

在规划长辛店生态城的空间布局时，考虑到风向的问题，设计了南北走向的主干道。为了减少冬季建筑物的总散热面积，各建筑物之间布局尽量紧凑。这种紧凑的布局还有另外一个好处，就是可以减少机动车使用率，居民借助机动车以外的交通工具也能够满足基本的出行要求。为此，生态城为居民设计了城内独立的公共交通工具，居民最多步行 500 米，就可以乘坐它方便地到达生态城的任何地方。

长辛店低碳社区通过采用可再生能源和清洁能源，使能源结构更趋合理。除了常规能源，生态城将大量使用太阳能和地热能，以此来满足部分照明、热水、供暖、制冷等日常生活所需。据估算，生态城中可再生能源的使用比例可以达到 20%，因此，低碳社区的规划建成，不仅有利于北京市低碳经济的发展，而且对其他地区也有良好的示范效应。

3. 碳金融

对碳金融（CDM）的定义目前没有一个统一的说法。一般而言，泛指所有服务于减少温室气体排放的金融活动 / 包括直接投融资、碳排放指标交易等。在实践中，由于以下原因，碳金融在我国的发展比较缓慢。首先，对碳金融缺乏认识，企业不了解 CDM 项目蕴含的巨大价值；金融机构对碳金融交易规则、操作模式等知之甚少。其次，缺乏专业的技术咨询体系，金融机构无法有效识别项目风险和交易风险。再次，作为目前主要交易方式的 CDM 项目具有开发周期长、风险因素多、收入不确定等特点，使得很多金融机构处于观望状态。

碳金融发展障碍重重。但是机遇与挑战是并存的，经过不懈的努力和探索，北京市已经开始成为全球重要的碳资产交易中心。2008 年 8 月 5 日成立的北京环境交易所，是国内首家专业服务于环境权益交易的市场平台，不但促成天平汽车保险股份有限公司成功购买北京奥运会期间"绿色出行碳路行动"产生的 8026 吨碳减排指标，还联合纽交所集团子公司 BLUENEXT 交易所联合开发了中国第一个自愿碳减排标准——熊猫标准。

4. 低碳交通

在现代城市，随着机动车保有量的攀升，道路不断拥堵，能源供应日益紧张，城市环境也不断恶化。在城市大力发展低碳经济的同时，交通也是不可忽视的一部分。低碳交通指的是低能耗、低排放、低污染的交通方式，由于它顺应了城市可持续发展的趋势，所以在近几年里发展十分迅速。目前城市中的低碳交通方式以公交、地铁、轻轨等为主，自行车由于在行驶过程中达到了绝对零排放，成为低碳交通中的重要一员。北京市通过出台相关政策，统筹规划各方面资源，在低碳交通领域形成了独具特色的发展模式。

一是公共交通系统发达。通过近几年的大力建设，一方面，北京市的地面公共交通覆盖全市，逐渐形成了快线网、普线网和支线网互相交织的巨大网络。

二是新能源环保汽车成为"新宠"。2009 年，北京市采购了 1000 辆油电混合动力的节能环保公交车，同时在环卫、出租等公共服务领域开展以混合动力和纯电动汽车为重点的规模示范应用；与此同时，完善配套设施建设，不仅加快建设天然气加气站，扩大天然气汽车应用规模，同时配套建设充电站等相关设施，为电动汽车的广泛使用作铺设。

三是将自行车纳入交通规划。2009 年，北京市正式将自行车纳入全市交通规划，不仅修建自行车专用车道，还规划在重点地区和历史文物保护区中建设自行车交通示范街区；同时完善自行车与公共交通的换乘，在地铁站、公交枢纽等重点地区除了建设自行车停车场，还鼓励发展自行车租赁。

5. 低碳建筑

低碳建筑是指在建筑材料与设备制造、施工建造和建筑物使用的整个生命周期内，减少化石能源的使用，提高能效，降低二氧化碳排放量。目前低碳建筑已逐渐成为国际建筑界的主流趋势。

低碳建筑的实现主要是通过先进的节能理念和节能技术来支撑的。节能理念是指通过提高能源利用效率来降低碳排放量，而节能理念的实现离不开节能技术的开发。低碳建筑的节能技术大体包括外部节能技术和内部节能技术：外部节能技术主要包括建筑外墙、门窗和屋顶的节能技术；内部节能技术则包括屋内采暖、制冷和照明方面的节能技术。

具体来说，外墙节能技术包括内附保温层、外附保温层和火心保温层三种，我国普遍采用火心保温层。门窗节能技术包括中空玻璃、镀膜玻璃、高强度 LOW2E 防火玻璃、采用磁控真空溅射方法镀制含金属银层的玻璃以及最特别的智能玻璃。屋顶节能技术包括太阳能集热屋顶和可控制的通风屋顶等。屋内的采暖和制冷采用地（水）源热泵系统和置换式新风系统，照明则采用节能灯。

耗时 6 年建造的北京电视台新大楼，于 2009 年正式投入使用。它总高达258 米，总建筑面积约 19.7 万平方米，地下地上共有 44 层，是国内首座超高层纯钢结构建筑。大楼外部为玻璃幕墙，内部采用通透的落地玻璃窗，因此整栋大楼采光良好。大楼的顶部铺上了电动遮阳板。这些遮阳板具有感光性，可随阳光的强度自动调整角度。夏天，遮阳板覆盖楼顶，起到遮阳和降低温度的作用。冬天，遮阳板打开，让阳光照进楼内，提高温度，起到节能的作用。在大楼的内部，通过采用新型采暖和制冷技术，降低能耗。

6. 相关政策法规

制度创新与发展目标的关系是辩证统一的，远大的发展目标决定了要有完善的制度作为支撑，同时制度的不断更新调整能促进远大目标的更好实现。低碳城市的发展模式不仅包括新能源开发、技术创新、产业转型，还包括与之相适应的制度创新。近几年为了促进城市的可持续发展，北京市认真研究当前形势，出台了一系列行业标准、指导意见和法律规范。

据悉，相关部门正研究制定绿色产业的准入标准，严格控制产能过剩行业新上项目，研究碳排放指标和碳汇生产、计量、交易等相关标准体系；研究制定主要耗能产品和公共建筑能耗限额标准，修订重点耗能单位节能标准，修订居住建筑节能保温工程施工质量验收；完善固定资产投资节能审查制度，探索能效评估机制。

北京市建设低碳城市密集出台了一些法律规范，以指导低碳经济的健康发展。比如，2009 年 6 月 16 日会议通过《城市轨道交通安全运营管理办法》，2009 年 12 月 7 日发布《实施〈中华人民共和国节约能源法〉办法（修订草案）》，2009 年 12 月 23 日公布《绿色北京行动计划（2010～2012 年（讨论稿)》，2010年1月1日正式执行《北京市加快太阳能开发利用促进产业发展指导意见》，2010年3月1日施行《北京市绿化条例》，2010年3月17日发布《北京市振兴发展新能源产业实施方案》等，这些都将为北京市减缓和适应气候变化、发展低碳经济提供了强有力的支持。

二、保定市低碳城市建设实践

（一）保定市建设低碳城市背景

2008年，保定市和上海市被世界自然基金会列为"中国低碳城市发展项目"首批两个试点城市之一。新能源产业及低碳经济发展先进理念和经验的引入、保定市成功经验的国内外推广、保定市新能源产业发展的能力建设三项内容是保定市与世界自然基金会合作的重点。保定市建设了保定国家高新技术产业开发区试点工程，提出"中国电谷·低碳保定"的城市发展目标。保定市新能源产业发展迅猛，已形成完整的产业集群。在发展可再生能源产业方面，保定已具备了系统的发展思路与产业体系，形成了光电、风电、节电、储电、输变电与电力自动化设备制造六大产业集群。

（二）保定市低碳城市建设状况

城市政府出台鼓励建设低碳城市的相关文件和规划，发布了《保定市人民政府关于建设低碳城市的意见（试行）》《保定市低碳城市发展规划》（制定中）《全面推进节能减排建设低碳保定的决定》《保定市人民政府关于建设保定"太阳能之城"的实施意见》《关于在市区开展"蓝天行动"实施方案》等一系列政府文件和行业发展指导文件，确立城市低碳发展的基调。

1. 充分利用太阳能

打造"太阳能之城"，对市区建筑、园林、交通信号、景区等领域进行太阳能改造建设。完成102个主要交通路口的太阳能信号灯应用改造，33条路段的太阳能路灯和LED光源应用改造；159个小区太阳能光电及光热改造；市属和区属69所学校、24家医疗单位、15家以上酒店和67家市属及区属监管企业的太阳能应用改造。

2. 出台"蓝天行动"方案

行动以"拆锅炉、拔烟囱"为重点，取缔市区建成区内的分散燃煤设施，全面推广集中供热和清洁能源，改善大气环境质量。

3. 鼓励市民选择低碳生活

发布《低碳城市家庭行为手册》，鼓励市民选择更为"低碳"的生活方式。比如，乘坐公共交通工具出行或以步代车，科学合理使用家用电器，推进住房实施节能装修，倡导消费本地产品，减少商品在运输过程中的碳排放。

4. 大力发展新能源

提出打造"中国电谷"的发展目标，发展新能源产业。大力培育可再生能源设备制造业，发展节能节电产业，发展资源再生利用的静脉产业，目前在保定国家高新技术产业开发区初步形成了光伏发电、风力发电、节电设备制造三大完整产业链。未来10年，将保定建成一个国际化的可再生能源与电力设备产业基地。

5. 发展循环经济，推广清洁生产

推进省级循环经济试点建设工作，完善编制循环经济发展规划方案。每年培育和储备一批标准高、示范性强的园区、企业，争取国家、省级资金和政策支持。积极开展资源综合利用，对电力、冶金、有色金属、煤炭、石化、轻工等行业生产废弃物进行管理，提高工业"三废"综合利用率，综合利用各种建筑废弃物及农业废弃物，加快城市污水再生利用设施建设和垃圾资源化利用。

6. 推进科技进步和创新

加快企业技术创新体系建设，实施一批节能减排、可再生能源重大技术和装备产业示范项目，推广节能减排新技术，积极研发可再生能源应用技术。加快技术服务体系建设，进一步完善企业服务支撑体系。加快节能服务和污染治理市场化进程，鼓励排放单位委托专业公司承担污染治理或设施运营。

7. 开展节能减排活动

设立节能减排专项资金，建立企业节能奖励制度。2008年安排节能减排各类资金1500万元，以后逐年增加，用于节能。

8. 实施能源差别价格制度

完善能源价格机制，实行能源差别价格制度。推行阶梯式水价、超计划超定额用水加价和差别水价。制定城市生活垃圾处理收费政策及标准，严格执行国家二氧化硫排污征收标准，杜绝"协议收费"和"定额收费"。

9. 其他低碳建设活动

城镇实现雨污分流，城乡规划明确区域分工，解决工业不集中、居民区和工厂混杂的问题，探索出一条有步骤、有程序的减少村庄数量、提高城市化率的道路，解决空间格局和社会格局中潜在的巨大浪费环节。在全社会倡导节约型消费理念，培育低碳文化。

第三节 案例总结

一、低碳城市建设实践的构成要素

低碳城市建设虽然在实践上各城市构成和重点有所不同，但在以下几个方面有着共同点：第一，都制定了减排目标；第二，关注人力资源和教育培训；第三，强调低碳发展的经济机遇；第四，通过技术发展减少排放；第五，都制定了分部门的减排目标和具体行动；第六，市政府机构以身作则，优先落实减排行动，起到示范效果；第七，强调行为主体的相互合作和市民日常行为的改变，鼓励不同层面的机构和人员参与。

分析以上城市的低碳城市建设实践，可以看出城市层面的建设都有相对固定的要素，包括低碳城市整体发展目标、目前各部门碳排放情况、碳减排目标确定、各主要部门（家庭、交通、商业、新开发等）的碳减排目标与行动、通过大型项目推动低碳化发展、转变能源使用结构政策、低碳城市理念宣传教育、实施效果反馈与评估等。归纳起来就是从城市的基本功能入手，通过居住、就业、交通、游憩相关的各部门的碳排放目标和行动计划的制定，达到减少二氧化碳排放和适应气候变化的目的。在此基础上，各城市根据自身城市发展阶段和发展侧重点的不同，结合城市特色分别选择适合城市低碳建设发展路径的行动内容。

二、低碳建设与经济发展

无论是发达国家还是发展中国家，经济发展机遇是低碳城市建设过程中的重要前提，通过发展包括新能源、新服务和新产业等途径积极打造低碳绿色经济，以培育新的经济增长动力，推动城市经济增长。低碳城市行动在经济上的考虑主要集中在低碳经济发展可能带来的就业岗位、新产业的市场潜力、新技术发展带来的能源效率优化等内容上。

三、低碳建设与建设主体

低碳城市建设与城市生活的各方主体息息相关，低碳城市建设必然会影响到政府、企业和公众，同时低碳城市建设的推进也有赖于政府、企业和公众几方的积极参与和相互合作。

政府在低碳城市发展中应担当"指导员""裁判员"的角色，通过制订明晰的碳减排和气候适应计划，确立城市整体的低碳发展基调。企业是低碳城市建设的重要组成部分，企业最了解城市经济运作，在有效连接低碳发展的供求和需求两端，落实具体的低碳发展解决方案等方面需要企业的积极参与。而公众作为数量最大的参与方，居民生活和消费模式对低碳城市建设起关键作用。通过教育和宣传在公众中形成低碳生活、低碳出行等理念，同时通过产品供应和低碳市场推广等活动，引导公众的消费向低碳模式转变。

四、减排行动与适应行动

低碳城市建设需要同时考虑减排和适应行动。减排行动是从城市建设和城市运行的各个方面提高能源使用效率、增加清洁能源使用和尽量节省能源，以此减少化石燃料的使用，最终减少城市二氧化碳排放量。减排行动是为了在城市运行结构上根本性地改变二氧化碳形成机制，从源头上控制气候变化。适应行动是在承认当今二氧化碳引起的气候变化不可避免的前提下，通过适应气候变化的基础设施建设以增强居民抵抗气候变化所带来的自然灾害的能力，是城市低碳建设不可或缺的组成部分。

第六章 旅游经济发展的一般历程

　　历史理性的核心是历史发展的必然性信念。以这一信念为基础，事实上其中蕴含了事物间发展相关性和惯性的原理。从旅游经济的过去，看如今整个产业发展的机制，我们能从中发现一些事物发展的必然规律。所以，我们在讨论旅游经济增长的机制时，从世界旅游和国内旅游发展的现象中，以历史的观点来描述和归纳旅游经济增长的特征，并寻求其内在规律性是必要的。

　　由于本书是从旅游产业的范畴来讨论旅游经济，那么旅游经济的起点，就在于旅游产业组织产生的那一刻。无论是世界旅游业的产生，还是国内旅游业的形成，本书都是以第一个专业性旅游企业的产生为标志的。

第一节 产业发展的一般过程

　　产业是一个介于微观经济的细胞（企业）和宏观经济的整体（国民经济）之间的一个集合概念。关于产业生命周期的基本假设，就是一个产业或一个产业内部的一个环节都遵循发展的4个基本阶段，即产业生命周期的一般形态可以分为形成阶段、成长阶段、成熟阶段和衰退阶段。产业呈现出一种生命周期的演化趋势，决定了其存在的微观基础——企业和技术，也有一个从生到死、由盛转衰的过程。企业生命周期同样可以划分为导入期、成长期、成熟期和衰退期。随着企业在市场中的竞争优势的不断增强，企业的规模和实力不断上升，同时新兴企业的崛起必然伴随着部分传统企业的没落，而没落的直接表现就是竞争优势的削弱。企业的技术生命周期和技术过程与组织变革之间的相互作用，导致了企业生命周期的产生。随着企业从创业到成熟，其管理层次、幅度、组织成本逐渐增加，组织刚性逐步增强，企业文化也由开放式和风险承受型转为相对保守型，这就迫使企业对组织结构进行变革和重构。这种组织随着企业生命形态的变更而进行的演化也呈现出生命周期的形式。

一、产业的形成

一个产业形成的标志主要有以下几个方面：一是该产业符合社会需要，能为当时经济和生活条件下的消费者所接受，从而获得生存和发展的空间；二是该产业生产已进入商业领域，具备一定的规模；三是该产业有专门的具有专业化的从业人员，包括专门的设计、技术人员，管理人员和工人群体；四是具有专业化的生产技术装备和技术经济特点。

产业形成的方式有以下几种：首先是产业新生，从萌芽到形成以相对独立的方式进行；其次是产业分化；处于萌芽中的新产业经过充分发育后从原来产业中分离出来，形成一个独立的新产业；再次是产业派生，指由于一个产业的发展，带动另一个与之相关的、相配套的新产业的产生。产业派生又可分为前向派生、后向派生和旁侧派生方式。最后是产业融合。不同产业或同一产业内的不同行业相互渗透、相互交叉，最终融为一体，逐步形成新产业。

一个产业成长一般要经历启动、加速和加强 3 个阶段。在启动阶段，即产业成长的初期，对该产业的投资规模开始扩张，生产要素开始不断地向该产业集中，进入企业增加，竞争日趋激烈。当进入企业不断增加，企业产能不断扩大时，产业成长进入加速期。在加速期，产业的生产经营以量的扩张为主。经过加速发展之后，产业成长进入加强期，即产业成长的末期。这一时期，技术和产业组织形态开始稳定，市场容量达到峰值，产业的投资及企业进入活动减弱，产业规模、产业产出份额及增长速度达到高峰。

在前文综述研究中，说到亚当·斯密和马克思的分工理论。站在产业经济研究的角度，社会分工是产业分化的根本原因。市场需求、专业化分工和产业发展互相作用。根据前人研究，专业化、产业组织与产业生命周期之间存在这样的关系：劳动分工由粗到细，市场容量由小到大，产业组织由全能型向专业化，再向全能化转化，产业经历由年轻、强盛再到衰退的过程。

二、产业的成长阶段

产业成长是指产业形成阶段，不断吸纳各种经济资源而不断扩大自身的过程。产业的成长，包括企业数量增加、投入规模扩大、生产能力提高等外延上的扩张，也包括技术进步、管理水平提高、产品升级、产业组织合理化等内涵上的提高。

根据相关产业理论，产业的成长阶段是产业生命周期中的重要阶段，决定了该产业的总体发展规模和国民经济中的地位，决定了产业能否进入成熟阶段，也对其产业链和国民经济结构产生影响。产业的总体规模取决于在成长阶段的成长速度和成长时间。产业的成长过程是产业选择过程，其实质是产业的扩大再生产。

产业的成长规模主要由以下几个因素决定。

第一，产业关联。产业关联强度大，成长潜力大。

第二，收入弹性。即在价格不变前提下，产业需求的增加率和人民国民收入的增加率的比率。收入弹性大于1的产业和产品，其增长速度将高于国民收入的增长，反之，将低于国民经济的增长。

第三，市场潜力。市场容量大而潜力大的产业，其成长规模和潜力也比较大。

第四，要素供给和产业转移活动。在发展中国家，资本是一种最基本的产业要素供给。因此，对发展中国家和地区而言，能否形成有利于吸引投资的环境，是影响产业成长的重要因素。

第五，技术创新。技术创新营销成本函数，影响产业生产率。哪个产业在技术上首先出现突破性进展，哪个产业便会迅速发展。但由于各个产业技术经济特征和要素供给水平不同，产业之间技术创新速度不同。

学者芮明杰认为，产业在成长期具有以下特点。

第一，产出规模迅速上升，在国民经济中的地位比重迅速提高。如果说，产业形成期是产业从"无"到"有"，那么产业的成长期则是从"弱"到"强"、从"小"到"大"的过程。

第二，生产成本大幅度下降。一方面，规模经济效应降低了生产成本；另一方面；产业组织日益合理化、产业链的完善、产业群的扩大，为成本下降做出贡献。

第三，利润迅速成长。在成长期，厂商为了占领市场，可能降低销售价格，但由于生产批量大，成本降低快，企业利润仍为迅速上升阶段。

三、产业的成熟阶段

产业进入成熟阶段主要由两个因素决定，一是市场需求的增长速度，二是产业要素的供给水平及价格水平。当市场对某个产业的需求趋于饱和时，该产业的增长就会下降，标志着该产业进入成熟期。如果一个地区的要素相对价格水平比较高，即使市场需求仍在增长，其产业增长速度也会相对下降。厂商在这时会通过产业的区域转移来获得优势。因此，判断一个产业是否进入成熟期，不仅要根据其市场容量和潜力，还要从产业的其他层次综合考虑。一般而言，判断一个产业的生命周期要站在一个国家的范围内进行考察。

产业在成熟期主要有以下特点。

第一，产业生产能力扩张的速度减慢，要素投入的增长率下降，进入的企业减少，产业重组的速度加快。

第二，产业的市场销售量虽仍有所增加，但增值速度趋缓，市场需求趋向饱和，社会普及率比较高。

第三，竞争往往转向更注重成本和服务。

第四，利润下降。由于需求趋向饱和，市场销售增长率下降，厂商生产能力发生过剩，导致激烈的价格竞争而迅速压低价格水平。

四、产业的衰退阶段

在衰退阶段，产业的市场需求逐渐萎缩，生产能力过程丧失了增长潜力，并在整个产业结构中的地位和作用不断下降。其特征如下。

一是生产能力过剩。其表现为开工严重不足，产品普遍性的供过于求，产生积压；

二是过度竞争。由于进入的产业过多，但生产要素和企业仍不从这个行业退出，使许多企业甚至全行业处于低利润率甚至负利润率的状态。

三是财务状况恶化。产业内各企业现金流入减少，支付能力和偿债能力下降，债务负担加重，利息支出剧增，甚至要变现短期或长期资产，财务状况恶化。

四是"衰而不退"。

第二节 旅游活动及旅游业的产生

一、旅游的内涵

（一）旅游的定义

旅游的定义大体可以分为两类：一类是概念性定义，是对某一类事物本质特征的概括，是从理论抽象出发给出的，它提供一种观念性的理论框架，以确定概念的本质特征，往往是简单的、抽象的，不宜操作的；另一类是技术性定义，是为实践运用做出的定义，以便进一步明确概念性定义的内容和范畴，明确具体分类指标，使对象明细化，便于实际操作。一个概念，既给出概念性定义，也给出技术性定义，是国际上理论研究的一贯做法。

对于旅游的概念性定义，比较普遍的看法是"旅游是一种休闲活动，目的在于消遣、休息或是为了丰富其经历和文化教养"。这里将审美、消遣和自娱作为旅游活动的本质。

旅游的技术性统计定义，根据世界旅游组织和联合国统计委员会推荐，"旅游是人们为了休闲、商务和其他目的，离开他们惯常的环境，到某些地方去或在某些地方停留，但连续停留时间不超过一年的活动"。旅游目的包括"休闲、娱乐、度假""探亲访友""商务、专业访问""健康医疗""宗教 / 朝拜""其他"六大类。

（二）旅游的本质

罗马大学讲师马里奥蒂 1927 年在其代表性著作《旅游经济讲义》一书中首度从经济学的角度对旅游现象做了系统的剖析与论证，他从旅游活动的形态、结构和活动要素的研究中，得出一个结论，认为旅游活动是具有经济性质的一种社会现象。德国学者蒙根·罗德认为，旅游从"狭义的理解是那些暂时离开自己的住地，为了满足生活和文化的需要，或各种各样的愿望，而作为经济和文化商品的消费者逗留在异地的人的交往"。他认为，旅游是一种社会交往活动。我国学者沈祖祥认为，本质上旅游"是一种文明所形成的生活方式，是一种文化现象，一个系统，是人类物质文化生活和精神文化生活的一个最基本的组成部分，是旅游者这一旅游主体借助旅游媒介等外部条件，通过对旅游客体的能动的活动，为实现自身某种需要而作的非定居的旅行的一个动态过程的复合体"。学者冯乃康也指出："旅游的基本出发点、整个过程和最终效应都是以获取精神享受为指向。"因此，"旅游不是一种经济活动而是一种精神活动，一种综合性的审美活动"。我国经济学家于光远认为旅游是现代社会中居民的一种短期性的特殊生活方式，其特点是异地性、业余性和享受性，在这里特别强调了旅游是一种生活方式，并且指出了旅游的一些主要特点，即异地性、业余性、享受性。美国著名旅游人类学家纳尔逊·格雷本提出，旅游是具有"仪式"性质的行为模式与游览的结合。他认为，那些带有自我考验性质的、艰苦的旅游，如探险旅游、野外生存等，则是一种界标式的人生通过仪式，经过这种"仪式"的考验，人们会变得高兴、愉悦，并创造出一种新的精神面貌。

事实上，形成上述对旅游本质不同的看法症结在于，混淆了旅游的概念性定义和技术性定义。认为旅游本质是休闲和审美的观点，是从旅游的概念性定义出发的，而认为旅游是一种经济行为的观点，是从旅游的技术性定义出发的。本书认为，纯粹的旅游活动本质上属于休闲活动范畴，是一种出于旅游活动主体获得精神愉悦和审美体验的需要的社会性活动，但这种社会性活动客观上产生一系列经济行为和经济影响。因此，出于对这一社会性活动研究的需要，我们有必要进行技术性定义，来实现对旅游这一越来越普遍的大众行为的研究。从这个立场来讲，旅游具有一定的经济性。如果特殊说明，由于本书是对旅游经济的研究，因此本书所指定旅游即指旅游的技术性定义范畴。

在发达国家，社会发展更追求一种以人为本的发展价值观，注重人的全面进步，旅游作为一种促进人们精神愉悦、身心健康，并能从体验中增长知识的活动，已经脱离了大众旅游的层次，进入促进身体健康、人格健全的一种休憩型活动和福利，是一种社会进步的表现。

二、旅游活动的出现

同关于旅游的性质的争论一样，学术界对旅游现象的起源和发展有不同的看法。最基本的观点有两种：第一种观点认为，旅游现象是市场经济发展的产物，市场经济是在英国产业革命后才在世界范围内逐步发育、成长起来的，所以旅游现象产生于产业革命之后，并随着市场经济的发展而不断发展，古代社会并不存在旅游活动；第二种观点认为，旅游是人类的一种历史古老的社会活动，现代的旅游是人类既往旅游活动的延续和发展。在后一观点中，对旅游现象具体起源于何时，又有不同的看法，有些学者认为早在原始社会晚期即已出现，理由是当时人类已出现了一些偶尔的旅游行为。另有学者认为旅游现象是在人类社会跨入文明阶段之后才产生的。

在辨析这两种观点之前，我们有必要先了解迁徙、旅行和旅游三种行为。

迁徙是人类最为古老的一种旅行行为，它是原始人类为获取食物而展开的一种生产行为。这种在原始人群中广泛存在的迁徙行为，导致了人们普遍的远方崇拜心理的产生，对人类后来的旅行、旅游活动的产生及发展，有着形式上的启迪作用。旅行，是人们出于迁徙之外的任何目的，离开常住地到异地进行短暂停留并按计划返回的行为。它是在人类生产能力的提高和交换行为出现之后方才产生的人类又一新的行为模式。人类第三次社会大分工出现后，商业从农业和手工业中分离出来，涌现出以贸易为生的商人群体。商人的趋利行为成为人类最早的旅行活动之一。概念性定义的旅游，是旅游者在自己可自由支配的时间内，为了满足一定的文化享受目的，如休憩、娱乐、保健、求知、增加阅历等，通过异地游览的方式所进行的一项文化体验和文化交流活动，是一种出于旅游活动主体获得精神愉悦和审美体验的社会性活动。

三个概念的共性在于，都存在空间上的移动。区别在于，迁徙是人们离开原有定居地后不再回来；旅行的目的可以是多种多样的，可能存在就业或其他为获得报酬而产生的经济行为；旅游虽在形式上与旅行一样，不同点是旅游对目的指向明确而单一，主要是以满足精神愉悦为主要目的的人类活动。

迁徙和旅行则是人类早期的一种生产行为和生产手段，在活动性质上与旅游截然不同。事实上，如果从旅游的技术性定义出发，旅行和旅游的范畴是有重叠的。

因此，本书作者认为，从旅游的概念性定义出发，旅游活动是生产力发展的产物，人们在有了一定的可供支配的时间和金钱的情况下，拥有一定的审美经验的前提下，出于满足旅游活动主体追求精神愉悦、审美体验的需要而出现。它并非在市场经济条件下才会发端，也并非在原始社会晚期就已经出现。它的出现需要一定的社会经济文化背景。而从旅游的技术性定义出发，古代的旅行活动与现代的旅游活动存在一定的交叉，其区别就在于，两种活动是否具有社会性，是否是社会现象，它在形成一定规模的商务旅行和游学旅行的年代里出现。总体上，我们讨论什么是旅游活动时，需要满足一个必要条件：旅游活动是"社会现象"，是人们社会生活中具有一定数量群体的人从事的活动。我们可以从以下三个方面来理解旅游活动的产生。

首先，既然旅游活动是一种出于旅游活动主体获得精神愉悦和审美体验的社会性活动。那么要产生这类活动，就要求旅游者具有可供自己支配的金钱和闲暇时间，还要求旅游者具有一定的文化自觉意识，有主动寻求生活乐趣的意识。因此，一般情况下，旅游活动在发端时期产生于具有政治强权、经济优势、文化领先的有闲阶层之中。也就是说，旅游活动应该产生于生产力发展到一定程度，出现了有闲阶层的年代，而这个时期，就西方世界来说应该大致在工业革命前后。

其次，旅游作为一种社会性现象，就必须是"在社会上有一部分人在正常地从事这项活动，成为经常有规律地发生并对社会产生影响的人类行为模式"。因此，人类社会的旅游现象是在旅游者成为一个稳定存在的社会群体之后方才出现的，旅游者一旦形成并进行了旅游活动，旅游这一类人特有的社会文化现象也就自然产生了。

再次，旅游活动源于古代旅行活动，并且存在一定的交叉。如，从技术性定义出发的商务旅行行为，在古代已有，并且存在一定数量的群体，构成了社会现象。另一种情况，就是古代的旅行活动，即古代小生产自给经济社会中，个别既得利益者和食利阶层的追求精神愉悦的旅行行为。由于这个群体很小，并没有成为对社会产生影响的人类行为模式，即没有形成社会现象，所以以旅行称之。这类行为"并不具有社会意义，因而并不能改变古代旅行活动的经济性质，但是这就是后世旅行起源和发展的内因"。

申葆嘉先生在《旅游学原理》一书中指出："从根本上说，旅游现象的出现，是因为有了人对它的需要，有了需要才会有供给，才会有旅游服务诸行业和社会的支持。是人主导旅游现象的出现和发展，因此人的需要就应作为整个旅游现象研究的切入点，或者说，旅游现象的研究，是因人的需要引起的，所以旅游现象的研究必须环绕旅游者的需要为中心展开。"这里，申葆嘉先生给我们指出了研究旅游活动的方向，即要从旅游主体出发。然而，这些旅游主体，为什么会有旅游需求，这个群体这种需求在何种前提下能发展成为一种社会性需求，这一社会性需求如何会带动其他经济行为发生和发展，这正是我们研究旅游活动、研究旅游活动的经济性的原因。总体上，我们可以认为，社会生产力发展导致旅游者群体的出现，而旅游群体的出现引发了一系列相关的经济活动。

三、旅游业的产生

从产业的角度探讨旅游发展，需要有两个基本条件：一是是否出现专门从事旅游经营的企业组织，二是是否成为独立的经济行业。工业革命时期，英国出现了独立的旅游中介企业——旅行社。随着旅游的发展，旅游中介组织逐步壮大，并具备了一定规模，能够提供一定数量满足人们需求的进入商业领域的产品，拥有一定数量专业从业人员，并且拥有一定数量专门为游客提供旅游服务的设施设备，于是我们可以判断，旅游产业初步形成。旅行社作为因旅游活动而产生的专业服务企业组织被指为狭义的旅游业。

由于旅游活动与很多其他产业部门发生交叉，因此广义范围的旅游业边界很难界定，因此大多数学者将与旅游活动密切相关的产业整体上作为旅游经济来进行研究。这些产业包括，旅行社及类似机构、旅馆业及类似设施、餐饮业、娱乐服务业、零售业、铁路客运业、航空客运业、水上客运业、公路客运业、公共设施服务业（市内公共汽车电车业、出租汽车业、轨道交通业、市内轮渡业、其他市内交通业、风景名胜区业、园林绿化业、自然保护区管理业、环境卫生业、市政工程管理业）、租赁服务业、邮电通讯服务业、文化服务业。在旅游经济的研究中，是借助经济学的思想和基本原理来解释旅游经济现象，分析其原因，给出解决问题的思路。

第三节 我国旅游经济发展过程

如果说，本书仅仅研究一种旅游行为，那么，根据旅游的技术性定义，中国的旅游史至少会从商业开始较发达封建社会开始，因为那时就已经出现商人的商务旅行和士人阶级的游学风尚。但若单单从有专门的旅游企业出现，旅游业形成说起，那么，中国的旅游史则是从 1923 年开始的。确切地说，这是中国旅游业发展史，区别于前面所述的旅游活动发展史。本书的研究，致力于对中国旅游经济发展的研究，主要从国家旅游局《中国旅游经济统计年鉴》所圈定的旅游产业范围来研究旅游。因此，此处讨论中国的旅游经济发展历程，我们从中国的旅游企业发展、中国的旅游业发育开始，按照产业生命周期理论，结合中国旅游业各阶段特点，将中国的旅游业发展分成三个阶段：第一阶段，中华人民共和国成立前（1923～1949年）；第二阶段，产业形成阶段（1949～1990年），包括两个主要历程，即1949～1978年的旅游外事接待阶段和1979年～1990年旅游产业化发展的初创阶段；第三阶段，旅游产业化发展的成长阶段（1991年～至今）。从目前中国旅游业的发展总体情势看，中国旅游业尚未步入成熟期。

一、我国旅游经济发展阶段

（一）孕育阶段

中华人民共和国成立前，1923年8月15日"上海商业储蓄银行旅行部"在该银行国外部正式成立；1924年1月独立门户，开展旅游业务；1927年6月1日，改名为"中国旅行社"，成为独立的经营机构，并向当时代国民党政府交通部申请注册，这是中国旅游史上由官方颁发、私人经营的第一个旅游业执照。从此，中国旅游业经营得到当局的承认，有了法律依据。1938年7月，中国旅行社又经国民党政府经济部核算登记。中国旅行社在各省和重要旅游城市设立分社。

在国内每年春天组织游览苏杭的专车；夏天于避暑地设立夏令营办事处，接待国内外有人避暑修养游；秋天则组织海宁观潮专列等。在国外，不仅能办理学生出洋留学手续，而且仿欧美旅行机关，每年组织世界周游团，如"日本观樱团"，前往国外旅行。中旅社鉴于出国旅行手续较繁，目的地不同，又举办代理出国手续和指导行程项目。每年初秋，前往欧美留学的数百名学生预订舱位、入境签证、换购外币、派员迎候、照顾登岸及换乘火车等一切事宜，均由中旅代理。在国际上，中国旅行社与日本国际观光局、英国通济隆旅行社、（前）苏联国营旅行社、美国西雅图运通公司等建立了合作关系，相互承接国际间的旅行团队和出洋游学学生以及国家使节、考察团队、会议代表、政府专使等。

旅游宾馆饭店是现代旅行业的重要组成部分，也是旅游业发展的基础。20世纪20年代，在上海、南京、北京、苏州、无锡等地已有少数旅馆饭店。在上海，如1924年建成的金门饭店，1925年建成的大中华饭店、静安宾馆、东方饭店；北京的大北平饭店、礼查饭店、香山饭店、汤山饭店、中央饭店；苏州的苏州饭店、大东旅社；南京的大首都饭店等都建于那个时期。

到 20 世纪 30 年代，各交通机关、地方政府、商业和社会团体、文化单位等，都已较为深刻地认识到旅行的意义以及旅游业在国民经济中的作用，纷纷建章立制，成立机构，积极开展游览活动。1936 年 11 月出版的《国有铁路国内联运规章》内有"游历经理处"专章，鼓励经理处招引游客。全国公路交通委员会于 1937 年 1 月 12 日在安徽宣城设立"游旅服务社"。1933 年 10 月 1 日，浙江省设立"名胜导游局"。1935 年青岛政府设立"旅客招待处"。1933 年北平创设"故都文物整理委员会"。

在交通方面，中国在 1902 年进口了第一辆汽车，1906 年在广西南部修建了全长 30 千米的我国第一条公路。到抗战前期，全国公路里程扩展到 10.95 万千米。1873 年，从英国购置了中国第一艘蒸汽机船——507 吨的"伦敦"号货轮，这标志中国近代航运业的起步。到抗战前，国民党政府招商局下已有船舶 153 艘。中国的航空事业 1929 年正式起步，1930 年 8 月组建中国航空公司。1931 年 2 月成立欧亚航空公司。1936 年底已有"中国"（与美国合办）、"欧亚"（与德国合办）、"西南"（由两广政府投资）三家航空公司。到 1945 年，中国、欧亚航空公司飞机共有 77 架，员工几万人。

20 世纪 40 年代，由于抗战爆发，中国旅游业陷于发展困境，业务萎缩，逐步向西南、西北地区发展。到 1938 年年底，中国旅行社及其分社在沦陷区坚持工作的只有上海、北平、天津和青岛 4 个分社。此时，中国旅行业向西南、西北方向开辟新业务基地。中旅桂林分社于 1939 年成立，主要业务是发售车票和飞机客票；之后，又相继成立了柳州分社。1941 年起，广西全境沦陷，桂林作为广西的省会，还是大后方政治、经济、文化中心之一，特别是文化教育方面，除国立广西大学在良丰附近外，更由于香港一批文化人的到来，当地出版社、印刷工业的发达程度，堪与昆明、重庆媲美。因此，桂林分社和乐群社的业务，蒸蒸日上。在这一时期，中国旅行社还承担一些特殊的业务：服务于留学生和爱国华侨、致力于货运、协助各界人士内进、招待来华参战盟军等，游览业务基本暂停。

（二）形成阶段

1. 外事接待阶段（中华人民共和国成立～ 1978 年）

（1）为接待海外侨胞、外籍华裔创办旅行社

中华人民共和国成立初期，国民经济迅速恢复和发展，对外交流增多，广大海外侨胞、外籍华裔回国探亲访友需求增加。因此，创办旅行社、开展旅行业务，很快就被提上国家对外事务的议事日程。1949 年 10 月 17 日，以接待海外华侨为主旨的厦门华侨服务社成立，这是中国的第一家旅行社。继而，泉州、深圳、汕头、拱北、广州等地也成立了华侨服务社，开始形成了

中国旅行社的框架体系。1957 年 4 月 24 日成立了中国华侨旅行服务总社，统一领导和协调全国华侨、港、澳同胞探亲旅游接待服务。根据周恩来总理指示，1954 年 4 月 15 日在北京、上海、西安、桂林等 14 个城市成立中国国际旅行社，负责接待访华外宾的食、住、行、游等事务，这是中国经营国际旅游业务的第一家全国性旅行社。

（2）建立旅游管理机构

1964 年中共中央决定成立中国旅行游览事业管理局（旅游管理机构与中国国际旅行社总社为一体），并明确了发展旅游事业的方针政策是"扩大对外政治影响""为国家吸取自由外汇"，中国旅游事业开始发展。

（3）主要成绩

①外国旅游者有所增多

1965 年，全国接待外国旅游者达 12877 人次，创历史最高纪录。20 世纪 70 年代初期，毛主席要求做好国际交流工作。在周恩来总理的直接关心和领导下，旅游事业逐步恢复。1976 年全国接待外国旅游者近 5 万人次，比 1975 年翻了一番。

②配合了外交工作需要，产生了一定的政治效应

这对于宣传中国的建设成就、加强国际友好往来，发挥了积极作用。

（2）产业化发展的初创阶段（1979～1990 年）

1979 年 8 月 6 日，国务院决定将全国各地的高级饭店划归地方旅游局和国际旅行社分支社管理，实行企业化经营。1979 年 11 月 29 日，国务院批准了《国家旅游局关于大力发展旅游事业若干问题的报告》，批语中强调"各级领导要解放思想，开动机器，采取切实可行的措施，办好旅游"。1980 年，国家开始在一批大学里开办旅游系或旅游专业，又决定将北京第二外国语学院划归国家旅游总局领导。1981 年 7 月，国务院首次召开全国旅游工作会议，提出"六五"期间我国旅游业发展的规划指标和主要工作。1982 年 8 月，中国旅行游览事业管理总局更名为国家旅游局，为国务院直属机构。1985 年 12 月 20 日，国务院举行第 92 次常务会议，原则批准《全国旅游事业发展规划（1986 年至 2000 年）》，会议决定把旅游事业发展规划列入国家的"七五"计划，并增加投资，国务院决定成立旅游协调小组。1986 年 4 月 12 日，第六届人大第四次会议审议通过国家的"七五"计划，旅游被放在第 37 章，"要大力发展旅游业，增加外汇收入，促进各国人民之间的友好往来"。这是旅游业第一次在国家计划中出现，旅游的产业地位首次得到了明确，是旅游产业发展的一个重要标志，是我国旅游业发展史上的一个里程碑。

1990 年（"七五"计划末期），我国旅游涉外饭店发展到 1987 座，拥有客房 29.38 万间，其中利用外资建设 370 座，拥有客房 14.25 万间；各类旅行社 1603 家；旅游中专及开设旅游专业的高等院校发展到 215 所。1990 年，接待入境游客人数为 2746.2 万人次，全国旅游外汇收入 22.18 亿美元，是 1978 年的 8.4 倍；国内旅游人数达到 2.8 亿人次，国内旅游收入达 170 亿元人民币。

（三）成长阶段（1991～至今）

"八五"计划期间，我国的旅游业发展开始走上快速发展的道路。1992 年春天，全国掀起新一轮解放思想、推进发展和改革开放的热潮。1992 年 6 月，党中央、国务院做出《关于加快发展第三产业的决定》，进一步明确旅游业是第三产业的重点。1992 年 8 月，国务院做出试办国家旅游度假区的决定，为此出台了 8 个方面的优惠政策。1998 年底召开的中央经济工作会议，确定将旅游业列为国民经济新的增长点，使我国旅游业发展进入一个全新的历史阶段。

1991 年至 2006 年间，我国旅游业经历了亚洲金融危机、美国"911"恐怖事件的冲击，但发展速度一直高居全世界之首，实现了从"旅游资源大国"向"亚洲旅游强国"的历史性跨越。2006 年国内旅游 13.94 亿人次，国内旅游总花费 6229.74 亿元，外汇总收入 339.49 亿美元。

1997 年，国务院批复了由国家旅游局和公安部共同发展的指导方针，使出境旅游走上了规范化的轨道。截至 2006 年，我国公民出境旅游目的地的国家和地区总数已达到 132 个，其中 2006 年新开放的目的地有 15 个。截至目前，我国公民可组团前往的国家和地区达到 86 个。2006 年，我国出境游人次数达到 3102.6 万人次，比 1993 年的 374 万人次翻了近 10 番，发展势头迅猛。中国已成为亚洲地区最大的旅游客源输出国。同时，出境旅游目的地的国家和地区增多，为促进双边和多边关系发展，也发挥了积极作用。进入 21 世纪，我国的出境游进入发展的新时期。

二、我国旅游经济发展的特征

（一）基本特征

1. 旅游产业高速增长

国内旅游发展迅猛，对国民经济的贡献不断增大。在经济发展中，旅游业是一个关联性较强的产业，能够较大限度地带动相关产业发展。它涉及面广，渗透力强，创汇优势明显。1996～2004 年间，我国外汇储备大大增加，除了贸易顺差持续增长的因素外，这 9 年间全国旅游创汇总额超过 1400 亿美元。1991～2005年间旅游总收入一直保持高速增长趋势，在国民经济中的地位不断增强，旅游总收入相当于国内生产总值的比例逐年提高。旅游业在国民经济中的地位不断提高，为国家解决农村就业、贫困、提高人民生活质量、促进城乡经济发展做出重要贡献。同时，旅游业还有利于三次产业渗透合作，在国民经济"三产"结构调整中发挥着重要作用。

2. 国际旅游人数和外汇收入迅猛增长，成为重要的创汇手段

旅游创汇具有很多优点：就地出口，主要提供服务产品；即买即卖，现汇收入，资金周转快；换汇成本低；可避开贸易壁垒。国际社会普遍认为，旅游业是十分优秀的出口产业。1978～2005年间，我国接待入境游人数常以两位数增长，2005年接待入境游客12029.23亿人次，是1978年180.92亿人次的66倍强。旅游外汇收入从1978年的1.63亿美元，增加到2005年的292.96亿美元，是1978年的近180倍。旅游创汇成为我国外汇收入的重要来源，也是成为平衡国际贸易的重要手段。

3. 国内旅游持续稳步发展，人均消费不断提高

我国国内旅游自20世纪80年代中期开始活跃，到20世纪90年代走上快车道，近几年则成为广大城乡居民重要的消费领域和扩大内需的重要力量。2005年国内旅游人次数达到12.12亿人次，国内旅游收入达到5286亿元人民币，已形成世界上人数最多的国内旅游市场。

4. 旅游发展进入新时期，出境游不断升级

1990年国家开办中国公民出国探亲旅游，1991年第一个出国探亲旅游团队成行。从1991年至1997年，出境旅游人数以年平均17.25%的速度增长，1997年至2000年，出境旅游者人数平均每年以30%的速度递增。

5. 生产要素持续不断向旅游企业集中

由于旅游产业显示了良好的发展势头，加之市场需求旺盛，市场容量有增无减，产品市场还有很大的发展空间，各生产要素在我国旅游业成长期内迅速向旅游业集中。旅游投资不断增加，旅游从业人员队伍不断扩大。与此同时，旅游教育也随旅游经济发展而迅速发展，旅游交通状况也大有改善，民航、铁路、高速公路、江河游船及城市出租车全面发展。

6. 国家制度安排主导旅游产业化发展过程

不同的制度带给社会的变革形态和后果是不同的。我国旅游业的产业政策体系从建立到完善，经历了一个曲折的过程。改革开放以后，在解放思想的引导下，旅游产业政策得到前所未有的发展。1978年后的一系列产业政策，使我国旅游业发展开始走上良性发展的道路，并在这个过程中不断修正完善，对于国家的旅游业发展起到重要的作用。

7. 旅游资源开发加速，旅游产品结构优化

从人类开发旅游资源的历史过程来看，我们可以将其划分为 5 个阶段，即原始资源利用期、资源开发起步期、资源全面开发期、资源深度挖掘期、后资源开发期。我国旅游产业起步于 20 世纪 80 年代初，1995 年以后进入资源开发的起步期，目前已处于起步晚期和全面开发初期。进入 20 世纪 90 年代以来，我国对景区景点的投入逐年增加，景区的固定资产总额呈增长趋势。旅游资源开发过程中，主要市场需求，积极跟进国际潮流，并结合国情，设计和提供给游客多元化的旅游产品，优化产品结构，使原有单一的观光型产品向度假型、探险型、商务型、会展型等多元化发展。

（二）存在问题

1. 产品需求与供给形式单一，经营模式滞后

我国旅游产业发展，尚属于成长期，消费者需求旺盛且单一，企业供不应求。我国产业化运营的时间不长，产品形式单一，以观光型产品为主，在市场发育初期，需求旺盛，为独特的买方市场。因而，供给方并未因此影响其经营业绩，却暴露出观光型旅游产品季节性强的特性。同时，也暴露出我国目前大众型旅游需求产品结构单一的现状，人们大多数出游的情况仍处于游山玩水、走马观花的快餐式旅游形式，需求的产品层次低。观光型产品为主动旅游产品结构，使旅游资源配置出现季节性难以调节的问题。在高峰期，资源供给不紧缺，造成服务质量严重下降；在淡季，则出现资源浪费，景区、宾馆、酒店设施利用率低，从业人员失业率高等问题。

2. 产品创新滞后，企业创新能力低

只有低技术的企业，没有低技术的产业。波特曾经说过，"只有低技术的企业，没有低技术的产业"。人们一直错误地认为旅游业是一个十分简单的服务行业，国家政府也将旅游业设定为一个解决全民就业的突破口，因而在行业进入性门槛极低，导致从业人员的素质普遍较低，致使行业的创新能力严重不足。尤其是旅行社在产品供给、线路设计过程中，产品雷同，对市场的驾驭能力低，一般采取价格竞争的方式获得竞争优势。

3. 旅游产业技术创新能力亟待加强

没有技术低的行业，而只有技术低的企业。一个企业如果跟不上技术进步的步伐，必将在竞争中落后，一个行业如果缺乏技术创新能力，势必缺乏发展后劲。在科技迅猛发展的今天，任何一个产业要获得长足发展，技术支持是一个非常重要的因素，旅游产业也是如此。旅游业提供的产品是服务性产品，而且旅游业提供的服务产品的特殊性在于，由于旅游资源的空间性而引致的旅游服务消费的异地性。对于具有这样特征的服务产品在市场流通环

节中，重要的问题就是信息不对称问题。信息不对称问题，会产生劣币驱逐良币的现象，使好的产品得不到好的价格，而不好的产品以次充好，横行市场。要解决信息不对称问题，运用现代科技手段，充分运用互联网和各地域的多为信息网络是一个好的办法。因此，提高旅游企业的技术创新能力，提高旅游企业的信息化、网络化和电子商务的发展能较好地与旅游产品的特性匹配，最大限度地优化产品和市场。

4. 产业制度供给缺失引致资源配置错位

相关的旅游法规不健全，旅游资源开发产权混乱，利益相关方权益纠纷多；旅游企业产品的保护、旅游产品品牌的建立难度大，无法抗击不正当竞争行为。同时，消费者也无法通过透明市场规则和相关信息来进行产品购买决策和自身利益保护。

5. "黄金周"强化了旅游业旅游服务产品周期性供给与需求矛盾

"黄金周"制度，一方面，国内旅游需求井喷式爆发；另一方面，在大众旅游产品需求结构和供给结构趋同情形下，强化了旅游业的季节性供给缺陷，一定程度上加深了旅游服务产品周期性供给与需求的矛盾，并使旅游企业在产品创新能力差、旅游需求市场的多元化需求发育仍不足的情况下陷入十分窘迫的局面，间接导致了导游市场、旅游服务产品市场的混乱局面。

三、我国旅游经济发展动力

随着我国国民收入水平的提高和人均可支配收入的增加，居民消费层次、消费理念、消费行为、消费结构不断变化，最终促使人们的旅游消费需求不断发展。

（一）人口增加和人均收入水平提高

一般地说，人口越多，消费需求的绝对量就越大。但在经济比较落后的国家，人口增加将会降低一国的人均国民收入水平，阻碍该国产业结构的高度化，而在一些发达国家，由于经济和国民收入都处于一个比较高的水平上，产业结构已进入高度化阶段，人口的适度增加将会有助于稳定现有的产业结构并使其进一步合理化。人均可支配收入的增加也会直接引发消费。

收入水平是居民消费需求的决定性因素。近年来，我国居民消费需求的超常增长是经济高速增长的强劲拉动力。

（二）个人消费结构变化

随着收入水平的提高，不仅消费的需求总量会扩大，而且消费结构也会发生变化。消费物品的档次更趋向于高度化，个人需求趋向多层次和多样化。多层次的消费需求结构将会带动多层次的产业结构的递进升级。我国的恩格尔系数不断下降，人们的消费结构在不断变化。目前，居民消费呈现以下特点：一是假日消费对消费需求增长起到推波助澜的作用，在促进消费增长的因素中，延长节假日有力地推动了餐饮、旅游和娱乐等消费的增长；二是与 IT 相关产品热销市场，热销市场的主要由移动电话、计算机和文化类商品，包括电子出版物、音像制品、软件、信息家电等；三是家居消费渐成热点，近年来，随着城市住房制度的改革，住房货币化、商品化建设步伐的加快，居民购房的比重增加，家居消费成为继食品、教育和娱乐消费的第三大消费；四是教育消费方兴未艾，人们对休闲娱乐、文化教育产品的需求逐年增加，旅游消费成为大众消费。

（三）制度推动旅游需求及产业格局发展

制度的安排在中国旅游业发展中起了重要作用，是中国旅游业发展的关键因素。准确把握旅游产业的发展历程及未来的发展趋势，明确发展思路和概念，深刻把握制度供给和市场规律的关系，在适当的时候颁布适当的政策，发挥好规范市场和宏观调控以及引导的职能，使我国旅游产业在良好的市场制度下持续稳定发展，是旅游产业发展的基础。尤其是近年来，带薪假期的增加，城市化进程的加速，使得人们的生活方式发生变化。旅游成为一种普遍的活动。人们能够支付旅游的花费，有时间用于休闲，而高速紧张的生活节奏也迫使人们在劳动与闲暇之间寻找新的平衡点。

第四节 基于历史观点的旅游经济发展的一般过程

一、旅游经济发展的一般过程

几乎所有产业，都要经过一段时间的萌芽和形成的过程，其形成需要具备一定的经济技术条件。人类的物质文化需要是产业形成的最基本动力。人类需要的数量、质量、结构、层次、变化趋势决定着产业的发生、数量、质量、结构、层次和变化趋势，而生产要素则是产业运动的最基本条件。

（一）旅游经济发展的一般现象

综上所述，我们可以将国际和国内在旅游经济发展过程的一些具有共性的现象总结如下：

1. 旅游经济发生发展于经济发达区域；

2. 旅游产业组织发育，从单一到多元，从分散到集中；

3. 旅游产业空间格局与区域经济格局吻合；

4. 制度安排对旅游发展能起很大作用，与经济发展共同作用于旅游市场，形成强大的推力和拉动力；

5. 可支配收入和闲暇时间等影响旅游需求；

6. 消费者对旅游活动的需求层次随社会经济文化发展水平和自身经济文化环境差异而不同。

（二）从历史现象看旅游发展的相关因素

发展历程显示，旅游发源、发展于经济发达区域，其形成的空间格局与经济发展格局吻合。可支配收入、闲暇时间影响旅游需求。从前文所述旅游经济发展的历史角度来判断，与旅游经济发展相关的较突出的因素有以下几点：

1. 旅游经济发展与紧跟工业化的步伐；

2. 旅游经济发展与文教事业的发展息息相关；

3. 旅游经济发展和城市的发展紧密联系；

4. 旅游经济发展和交通的发展联系在一起；

5. 通讯、保险、金融等行业的在旅游经济发展中具有重要作用；

6. 旅游发展与区域经济政策密切相关；

7. 旅游经济发展与消费者的消费能力和文化水平息息相关。

（三）旅游活动形成的一般条件

1. 收入水平

旅游需要是在其基本物质资料得到满足后而产生的精神需要，首先是物质需要必须得到满足才可能产生旅游动机。所以，对旅游者个体来说，要实现旅游的首要条件是必须具有一定的经济实力。据统计数据，人均国民生产总值 800~1000 美元，居民将普遍产生国内旅游动机；4000～10000 美元，将产生邻国旅游动机；超过 10000 美元，将产生全球旅游动机。

2. 余暇时间

人的时间可以分为工作时间、生活时间、余暇时间三大部分。工作时间是指人们为了维持生存出外工作以赚取货币的时间。生活时间是为了满足人们生理需要如吃饭、睡觉以及处理日常琐事等而花费的时间。余暇时间是可用于自由支配从事娱乐、社交、消遣或其他自己感兴趣的事情的时间。余暇时间又有每日余暇、每周余暇、公共假日和带薪假期之分。我国从 1995 年 5 月 1 日开始实行 5 天工作制，从 1999 年开始实行"黄金周"长假制，大大带动了我国旅游的发展。

3. 旅游动机

一个人外出旅游的主观愿望，即旅游动机。随着经济的发展，人们生活水平提高，对生活品质的追求也相应提高，加之城市化将人们与大自然远离，工作压力使人们精神疲惫，旅游成了人们的一种心理和精神需要。

4.其他因素

其他因素主要有旅游目的地国的社会条件、可进入性以及旅游者身体状况和家庭结构三个方面。

二、旅游经济发展的一般机制

无论是从世界范围内的旅游发展过程看，还是从中国范围的旅游发展过程看，旅游业的发展无论是市场推动型还是政府推动型，均离不开一些基本的条件。如，一定的可支配收入，闲暇与劳动之间替代的可能和选择，追求休闲和求知的需要。这些是旅游行为形成的必要条件。从经济学的观点看，选择不同的产业发展模式，一定程度上取决于一定时期的社会经济发展水平。我国选择政府主导型的发展模式，也是顺应现实经济状况的结果。总体上，我们可以认为，旅游业发展需在经济发展的前提下，而旅游业的发展又会促进经济的发展。

第七章 产业结构与中国旅游经济发展

产业发展是人类文明的一部分，这种文明是随着人类对自然规律的认识、技术的进步逐步产生和发展起来的。人们在认识产业与经济发展、社会发展过程中获得了丰富的研究成果。在经济发展中，考察产业因素对经济发展的影响，主要有产业结构、产业关联、产业组织和产业政策等方面。在前面的研究中，我们考察了旅游产业发展的产业政策。对于产业结构而言，旅游业内部存在较为复杂的内部结构，因为研究系统的差异，本书仅研究至《中国旅游统计年鉴》层次的旅游业，所涉及范围较小。因此此处不对旅游产业结构进行详细阐述。本书的研究重点在于运用产业组织理论的 SCP 分析对旅游产业组织进行解剖，试图理顺组织的状况。

第一节 我国旅游业的产业化水平

学者董观治、陈烈采用主成分分析法对我国旅游产业化水平进行了测度。他们通过收集国内 31 个省级行政区的 24 个因子层指标的原始数据，将每一个省级行政区的 24 个因子层指标的原始数据写成矩阵形式，对其进行标准化处理，以减少评价指标的不同计量单位对分析，然后根据标准化后的数据值，计算因子层指标与项目层指标的简单相关系数，获得相关系数矩阵 R；接着应用 SPSS 统计软件中的 Oblimin 方法，计算出相关系数矩阵 R 的特征值、特征向量和贡献率；最后通过计算获得综合评价函数公式，从而计算出国内 31 个省级行政区的旅游产业化水平指数，并根据 Logistic 过程模型对测度结果进行分类和排序，反映出国内 31 个省级行政区的旅游产业化进程。

国内还没有一个省级行政区旅游业发展到调整阶段，而总体上我国旅游产业化水平指数为 11.3160，属于成长阶段的低端水平。这说明国内旅游业尚处于扩张性发展态势之中，有待进一步提高旅游业现代化、国际化、规模化和市场化的水平。31 个省份的产业化水平大致可以分为以下三个层次。

第一，广东、北京、上海、浙江、江苏与福建，这6个省份旅游产业化水平位于15～23的指数区间，已经发展到了成熟阶段。旅游产业体系具有良好的完整性与协调性，旅游产业现代化和规模化水平走在了全国的前列。但从测度指标体系的标准化数据来看，6个省级行政区旅游产业尚处于成熟阶段的低端水平。

第二，山东、辽宁、河南、湖北、海南、广西、云南、四川、重庆、湖南、天津、安徽、吉林、陕西、内蒙古、河北与新疆，旅游产业化水平位于10～15的指数区间，处于成长阶段。这17个省份要在旅游产业的结构优化、管理效能、社会服务、知识投入、市场营销等方面加快发展步伐，加大力度提高旅游产业的经济规模、经济效益、发展潜力、关联效应和比较优势。

第三，黑龙江、山西、贵州、江西、甘肃、宁夏、青海、西藏，旅游产业化水平位于-3～10的指数区间，尚处于导入阶段。

从总体上看，国内55%的省份旅游的产业化水平属于成长阶段。这与我国1995年以来国家"把旅游业作为经济产业来发展"和"实施适度超前发展战略"的宏观政策是相吻合的。

从空间分布上来看，国内省域旅游产业化水平呈明显的梯度发展。首先，处于成熟发展阶段的省级行政区都来自沿海地区；其次，排序前10位的省级行政区中有8个来自沿海地区，反映出明显的沿海经济指向性；再次，8个处于导入阶段的省级行政区中有6个来自西部地区，排序后10位的省级行政区中有8个来自西部地区，反映出明显的内陆资源指向性。这种格局与我国经济梯度发展的整体态势基本吻合。在未来的我国旅游发展过程中，需要通过市场经济机制实现产业要素流动，提高我国旅游产业化水平，促进国家旅游经济的全面发展。

第二节 我国旅游产业组织的 SCP 分析

一、产业组织现状

旅行社是旅游产业链的核心。在传统的旅游产业组织结构中，旅行社作为一个存在于旅游实体和旅游消费者之间的中介商，在产业链中主要功能是从单项旅游产品供应企业采购旅游单项产品，然后通过组合销售向消费者提供单项旅游产品、组合旅游产品或者整体旅游产品。而消费者，则既可以通过旅行社向旅游产品提供者直接购买，也可以通过旅行社来购买。旅行社行业的前向行业是各个景点、饭店、交通等旅游实体。这些旅游实体依靠旅行社这一交易中介集中组合他们的资源，最终与消费者完成一笔完整的交易。事实上，在大众旅游时代，旅行社这个旅游中介是旅游产品构成要素的组合者发挥十分重要的作用，是产业链的核心。

旅行社处于"小、散、弱、差"的发展状态。旅行社行业是经济发展和社会分工具体化的产物，它的产生源于节约交易费用，作为商业中介形成了市场和交易环境。产品买卖双方不必单独为产品找到最终消费者和供应者，只要到市场中，与自己最接近的商业中介交易即可。寻找这种中介的交易费用相对要小得多。旅行社存在的意义在于降低交易费用，然而，相对旅游实体和旅游消费者而言，它仍然是一种"交易费用"。

目前，由于中国旅行社行业的集中度和进入壁垒过低，"小、散、弱、差"是旅行社行业的基本特征，造成了过度竞争、中介微利的现状。而旅游单项产品供应商存在产业集中度过低和成本结构不合理的现状，同时缺乏挖掘内部潜力及对新市场开拓意识与能力，为争夺市场份额频频出现非理性的市场行为。旅游产业链上的各级企业亟待通过组织创新、规范竞争等途径进行新一轮整合。

信息技术促使旅游产业链中的各企业前向一体化。就当前的情况看，随着信息技术的发展，人们的生活方式在发生改变，产品购买过程的中间环节由于网络购买的出现而缩短，世界范围内旅游产业链中的各实体走向虚拟前向一体化。众所周知，Internet 是一种新兴强势媒体，在信息传播方面具有高信息量、高速传输、时效性强、信息全球覆盖以及互动性等优势。当旅游实体结合 IT 技术形成旅游电子商务，使得旅游实体具备了生产产品能力的同时自然就具备了直销的能力，即拥有这种信息传播渠道，自然就拥有了销售渠道。其结果是决定了其商业营运中低成本的优势，这里所指的成本优势就是更节约交易费用。在线销售使得旅游实体虚拟前向一体化，但旅游实体并没有通过物化的兼并达到前向一体化，IT 技术使得旅游实体具备了生产产品能力的同时自然就具备了直销的能力，即拥有这种信息传播渠道，自然就拥有了销售渠道。因此，旅游实体是在互联网的虚拟空间中，实现的虚拟前向一体化，而非物化的。对旅游实体而言是其在虚拟空间的延伸，为消费者提供零距离服务。

二、产业组织理论及旅游产业 SCP 分析框架

（一）产业组织理论

产业组织理论是从微观经济学中分化发展出来的一门相对独立的经济学科，它的任务在于揭示产业组织活动的内在规律性，为现实经济活动的参与

者提供决策依据，为政策的制定者提供政策建议，是一门微观应用经济学。

一般认为，英国著名经济学家马歇尔最先提出了产业组织的理念。1890年，马歇尔在其名著《经济学原理》一书中论及生产要素时，在萨伊的基础上首次提出了第四生产要素，即"组织"。其所指的"组织"概念，包容了企业内的组织形态、产业内企业间的组织形态、产业间的组织形态和国家组织等多层次多形态的内容。后来的产业组织理论自其真正奠基之日起，即是从马歇尔"组织"概念的第二层次的组织形态，即产业内企业间的关系形态基础上发展起来的。将产业内企业间关系结构从马歇尔混杂的"组织"概念中分离出来的工作，最后是由梅森（Edward S. Mason）和 J•S• 贝恩完成的。产业组织理论体系的最终形成，离不开马歇尔、张伯伦等人早期开拓性研究的贡献，特别是张伯伦的垄断竞争学说不仅成为了现代产业组织理论的主要来源，而且他率先实现了经济理论研究从规范研究到实证分析的方法论的转变。不过，现代产业组织理论体系中的绝大多数实证研究的方式方法和判别标准，主要得益于 20 世纪 30 年代以后的一些西方学者实证研究的结论而发展起来的。可以这样归纳，西方产业组织理论萌芽于马歇尔的"生产要素理论"，奠基于张伯伦等人的"垄断竞争理论"，形成于贝恩的"产业组织理论"。

贝恩在 1959 年出版的《产业组织》一书，系统地提出了产业组织理论的基本框架，标志着现代产业组织理论的基本形成。以梅森和贝恩为主要代表，理论界称为哈佛学派。哈佛学派的主要贡献是建立了完整的 SCP 理论范式。所谓 SCP 是 "Structure（市场结构）—Conduct（市场行为）—Performance（市场绩效）"的简称。哈佛学派认为，结构、行为、绩效之间存在着因果关系，即市场结构决定企业行为，企业行为决定市场运行的经济绩效。所以，为了获得理想的市场绩效，最重要的是通过公共政策来调整不合理的市场结构。这一范式的最初形式是贝恩（1956）的市场结构、市场绩效两段论范式，是一种结构主义的理念，主要建立在两项经验性研究基础上，即对经济绩效的衡量和结构与绩效关系。1959 年，贝恩编写的著名教科书《产业组织论》的出版标志着产业组织理论的基本形成。SCP 范式的形成标志着产业组织理论体系的初步成熟，产业组织学因此而成为一门相对独立的经济学科。目前，新产业组织理论则大量引入了新的分析方法，包括可竞争市场理论、博弈论、新制度理论（产权理论和交易成本理论）、信息理论，通过整合厂商内部组织和外部关系，进一步考察了厂商行为的多重复杂关系。此处我们采用较简单的 SCP 理论来对旅游产业进行分析。

（二）旅游产业组织的 SCP 分析框架

旅游产业实证研究包括市场结构分析、市场行为分析、市场绩效分析等内容。由于旅游产业是一个从需求方角度来加以界定的新兴综合性产业，各方面研究均不成熟，很多概念、定义和研究范畴不清，用 SCP 理论用于旅游产业组织实证研究虽有利于理清旅游产业系统的组织现状，但必然存在一些不尽如人意之处，此处也仅做尝试性研究。

三、我国旅游产业组织 SCP 分析

旅游业层面的旅游产业组织，范围主要包括旅行社、宾馆饭店、旅游景区景点企业、旅游交通企业、旅游购物企业、旅游娱乐企业。因为在这些旅游业的子行业中旅行社业是其中的核心，即狭义意义上的旅游业，此处作为重点来分析。另外酒店业也是历年旅游统计年鉴上的主要子行业，本书也将其纳入分析对象。

（一）市场结构

根据哈佛学派市场结构分析框架，对市场结构的研究主要是从市场结构形成的原因角度来研究市场结构与市场绩效之间的关系。这些原因主要是产业绩中、产品差异化、进入壁垒、规模经济性等。

1. 旅行社市场结构

旅行社作为沟通游客与旅游目的地之间的桥梁，从其功能上讲是一个以旅游批发和代理为主营业务的实体，或者说旅行社是以旅游批发商为主宰的产业组织体系。决定旅行社产业组织体系的主导力量是旅行社的规模结构以及由此形成的核心竞争力。旅行社的市场结构主要从旅行社规模经济、进入退出障碍两个方面进行分析。

旅行社的规模经济与网络经济。规模经济可以分为两大类型，即生产性规模经济和经营性规模经济。生产性规模经济是企业通过生产能力的改变，逐步扩大产量规模而导致的单位成本下降的现象。经营性规模经济主要是指企业经营规模的扩大所导致的企业经营收益的增加。经营性规模经济主要可以从三个方面体现出来：生产性投资的扩大、销售和批发网络投资的扩大、管理过程的投资扩大。旅行社规模经济既可以通过生产型规模经济实现，也可以通过经营性规模经济实现，以后者为主。通常生产性规模经济是指旅行社经营规模扩大而导致单位成本下降，具体表现为接待规模的扩大或组团规模的扩大两个方面。经营性规模经济是旅行社由于市场客源组织的空间扩散以及销售门市的网络化而带来的收益增加。同时，旅行社还可通过管理过程的扩大投资来实现规模经济。

就目前的旅行社来说，绝大多数企业是通过针对自己的目标市场，扩大组团或增加接待的数量来降低成本以实现盈利。这些企业通过与旅游者旅游

所必需的服务提供部门（如旅游交通部门、旅游住宿部门、旅游餐饮部门、旅游景区景点、旅游购物部门等）建立紧密的业务联系，获得在这些独立的服务企业的采购其旅游服务产品的数量折扣，从而获得采购的价格优势，然后再组合成线路产品，销售给消费者，从而获得价差。因此，旅行社的组团或接待能力越强，其获得的折扣价格越多，其服务产品的成本越低，企业的盈利能力越强。但旅行社要想形成较强的接团和组团能力，除了在营销上下功夫，还要增加终端的销售网点，即需要通过扩大销售和批发网络投资来实现规模经济。目前，中国国际旅行社总社、中国旅行社、中国青年旅行社是我国最大的三家旅行社。

旅行社进入与退出壁垒。旅行社的进入和退出壁垒与市场集中度有关，如果进入市场壁垒高，旅行社的数量就越少，那么旅行社的市场集中度也就高，在市场容量相对稳定时，就越容易产生市场垄断行为。反之，如果旅行社的进入部类壁垒越低，旅行社的数量将越多，市场集中度也就越低。在市场容量相对稳定时，市场竞争就越激烈。同理，如果退出壁垒高，则旅行社的市场集中度也就低。一般来说，旅行社的进入壁垒由行政与法规、网络经济、产品差异化程度、营销费用、经营成本等几个因素决定。

在对旅行社产业的实际研究中，我们常使用一种简易的方法来判断旅行社行业的进入壁垒，即利用对旅行社产业的企业数量和企业规模比中进行研究。如，可以通过对旅行社历年企业数目增长率指标来比较，也可以通过百强旅行社企业在旅行社总业务量的比重来说明，还可以通过百强旅行社企业在旅行社总业务量的比重来说明市场的类型。

尽管旅行社行业的行业利润率很低，但旅行社企业数在过去 10 多年中仍然以平均两位数的比例增长，说明旅行社行业的进入壁垒很低。从 20 世纪 90 年代后半期开始，旅行社经营已全面进入微利时代。大众旅游市场方兴未艾，行业门槛又偏低，许多"作坊"式的办事处也来抢分一杯羹，它们进出市场快，缺乏长远的经营策略与品牌意识，以价格竞争为主要武器。在其推波助澜之下，市场一步步趋于"媚俗"。而一些已基本具备现代营销理念的大中型旅行社，有些疲于应付。尤其是国内社，经营"技术含量"相对较低，小到两三部电话就可以开一家旅行社。所以，国内旅游市场存在多、小、散的问题，恶性竞争不断。

旅行社退出壁垒是旅行社市场经营环境恶化，企业经营业绩不佳，准备退出市场时所受到的障碍。决定旅行社退出壁垒的几个因素是：企业的沉没成本、违约成本、行政法规和市场发育不完善。从目前我国的旅行社发展情况看，其退出壁垒主要是市场发育不完善。因为，旅行社资产专用性弱，退出时企业的沉没成本低；同时，旅行社与顾客的契约是短期的且多为一次性购销合同，企业退出时违约成本较少。另外，从我国有关法律法规来看，对旅行社退出没有严格的限制。

旅行社的市场集中度。旅行社市场集中度是指旅行社经营的集中程度，它集中反映旅行社市场垄断程度的高低，一般用旅行社产业中若干个最大的企业所拥有的生产要素或其营业额占整个产业的比重来表示。

根据有关市场占有率判断行业竞争结构的标准：（1）完全垄断，第一名的市场份额超过74%，处于完全垄断位置，这个市场相对稳定；（2）绝对垄断，第一名的市场份额超过42%，且大于第二名的1.7倍，第一名处于市场领先地位，并有独占的优势，第二、第三名的市场份额比率小于1.7，第二名受到第一和第三名的强大挤压；（3）双头垄断，前两名市场占有率大于74%，二者份额比率在1.7以内，第二名有超越第一名的可能，前两者存在战略联盟的可能，从而淘汰更多的弱小企业；（4）相对垄断，前三名的市场占有率大于74%，且三者份额比率在1.7以内，主要竞争将发生在前三名之间。其他企业将受到前三者的强大竞争压力；（5）分散竞争，第一名的市场占有率小于26%，各企业份额比率均在1.7以内，市场竞争异常激烈，各企业位置变化可能性很大。从上述数据判断，我国旅行社行业处于分散竞争的局面，国际旅行社相对来说，其市场集中度高于国内旅行社。

2. 旅游饭店市场结构

从市场结构来研究饭店业，饭店竞争力首先取决于地区竞争能力，其次才是饭店竞争能力。这是由旅游消费行为具有空间指向性的特点决定的。旅游饭店也能够通过联号、特许经营、管理合同、租赁和拥有股权等各种形式，加速饭店业的市场集中程度。

饭店的规模经济。饭店的规模经济表现在两个方面：一是饭店的规模越大，拥有的客房越多，其创造收入的能力就越强，饭店的创收能力基本上与其拥有的客房数成正比；二是饭店在特定的区域空间内，经营点越多，盈利能力越强。

从饭店业的规模来看，中国的饭店业市场还没有形成全国性的大规模连锁集团，其市场具有很强的地域性。

从饭店的空间分布上看，我国的饭店分布具有很强的指向性，一是分布在东部发达地区，二是分布在著名的旅游城市和旅游地。

（二）市场行为

企业的市场竞争行为主要有三种情况：价格竞争、非价格竞争和企业的组织调整。这三种情况构成几种类型的企业行为，即企业的定价行为、企业的差异化竞争、新产品研发及技术创新行为、企业兼并扩张行为。

1. 旅行社市场行为

旅行社的定价行为。多数企业的定价是按照成本加成法来确定的。在价格的实际操作过程中，旅行社往往会实行价格歧视行为，即采用数量折扣、消费时段折扣等二级价格歧视策略，有时也会采用对不同消费群体采用不同价格的三级价格歧视策略。其中，运用最多的是时间价格歧视和数量折扣的二级价格歧视策略。旅行社会根据旅游的淡旺季，调整旅行产品的价格。通过实践价格歧视，旅行社可以将旅游旺季或者需求高峰时间内的旅游消费者剩余转化为旅游企业超额利润；另一方面，也可以提高旅游接待设施的利用率，优化资源的配置和利用。

旅行社的差异化竞争、新产品研发与技术创新行为。前文分析中指出，我国旅行社处于分散竞争的市场结构，各企业在竞争过程中多采用价格竞争的方式，很少有产品差异化的竞争策略，导致了企业间的恶性竞争行为。旅行社产品的价格与其边际成本几乎相当。由于旅游产品具有异地消费、边生产边消费等特征，在契约达成的过程中，信息严重不对称，各企业得以有机可乘。各大旅行社为了吸引更多的游客，往往利用消费者的信息缺陷，打出低价吸引消费者，有些旅行社甚至给出的价格低于成本价，从而造成产品质量低下。其中的原因在于，旅行社在旅行服务产品的销售过程中，采用了捆绑销售的方式，以低价提供景区景点和住宿产品，以加点或者购物等高价产品销售来平衡整体产品的价格。但消费者不清楚其中的奥妙，往往期待物美价廉，并且在价廉的过程中只想消费旅行社提供的整体产品中的景区景点、住宿、餐饮等产品。这就形成了目前我国旅游市场中消费者满意度差居高不下的主要原因。

在分散竞争、市场容量相对稳定的市场环境里，旅行社采用价格竞争策略和捆绑销售的策略进行产品销售。张五常先生说"在完全没有反垄断法例的香港，任何捆绑可以自由使用，捆绑销售的现象并不比美国多"。而且捆绑销售方式在其他行业也经常运用，尤其是垄断行业。比如我国的邮政电信业、保险业的一些捆绑销售。最有名的是微软公司浏览器软件与 Windows 操作系统软件的捆绑销售。但在美国，这是违反《反垄断法》的。所以，2000 年 4 月 4 日，联邦法官杰克逊判定微软违反《反垄断法》，把捆绑销售作为阻碍竞争的手段，维持微软的垄断地位。目前，在我国还没有颁布《反垄断法》。但是，《反不正当竞争法》规定"经营者销售商品，不得违背购买者的意愿搭售商品或者附加其他不合理条件"。《消费者权益保护法》也规定"经营者不得以格式合同、通知、声明、店堂告示等方式做出对消费者不公平、不合理的规定，或者减轻、免除其损害消费者合法权益应当承担的民事责任"。同时，《价格法》规定"经营者定价，应当遵循公平、合法和诚实信用的原则"。因此，总体上旅行社在产品销售合同契约达成的过程中，利用旅游者对旅游产品了解信息不完全的缺陷，在没有征得消费者本人同意的情况下进行产品捆绑销售，这在我国有违反《不正当竞争法》《消费者权益保护法》及《价格法》的嫌疑。这必然会导致消费者的满意度下降，甚至消费者投诉行为。但是，目前国家有关部门对旅行社的这一行为的监管力度不够，旅行社往往可以通过这种方式来获得利润，这在一定程度上也就抑制了旅行社产品的创新行为。但是，谈到旅行社产品的创新，旅行社的产品由于是服务组合型产品，一般为路线产品，产品可复制性强，且没有任何对线路产品具有保护性的法律法规，只要其中一个旅行社开辟了一条受消费者喜好的路线产品，其他旅行社就可以直接复制，一哄而上。因此，这也在一定程度上打击了旅行社产品创新的积极性。也即，由于旅行社的线路产品创新具有很强的正外部性，抑制了旅行社企业的创新行为。

在现行的市场规制条件下，分散的竞争环境里，旅行社这一旅行服务供应商应该采用何种经营方式既能满足消费者需求，又能让企业达到预期的利润目标？

2. 旅游饭店市场行为

饭店业的市场竞争行为主要有两种情况：价格竞争和企业的组织调整。价格竞争主要是饭店行业采用折扣价和淡旺季差价、分时差价等形式进行价格竞争。由于饭店行业的进入壁垒低，而退出壁垒高，属于资本密集型的产业。很多企业尽管微利，甚至亏损，仍然留在行业内。目前，行业内的饭店由于多年亏损，逐渐剥离了传统饭店的许多附属部门，如餐饮、康疗、健身、美容美发、洗衣等，逐渐走向简化，一方面在近几年出现了大量经济型饭店，且发展势头迅猛，另一方面饭店业提供的服务逐渐走向专业化、个性化。总体上，逐渐走向差异化竞争的道路。

近5年经济型酒店势如破竹，发展速度极快，且是我国饭店业内发展较好、收益较高的一个领域。经济型酒店（Budget Hotel）是相对于传统的全服务酒店（Full Service Hotel）而存在的一种酒店业态，产生于20世纪30年代而成熟于80年代的美国，近几年才在中国出现。经济型酒店最大的特点是功能简化，它把服务功能集中在住宿上，而把餐饮、购物、娱乐功能大大压缩、简化甚至不设，投入的运营成本大幅降低。它把客房作为服务的重点，经济但是绝对不失水准，人们的住宿需求在这里都可以得到满足，而客房的家具陈设可与星级酒店相媲美，这是经济型酒店与其他类型酒店的本质差别。经济型酒店目标锁定在大众消费人群，定位在社会大众、一般商务旅游人士、普通自费旅游者以及学生群体，价格适中，市场规模巨大，需求也非常稳定。

饭店业正向集团化、多元化发展，企业兼并扩张行为较多。产业链有前向一体化的趋势，大型发电集团逐渐向旅行社、景区景点业延伸。

另外，饭店业集团化经营的趋势越来越明显，国内的锦江酒店集团、如家快捷酒店集团等发展迅速，国内的酒店集团也有大规模进军市场的痕迹，世界大型的酒店集团基本都已进入中国，这些国际大型酒店集团不仅进军国内的高端市场，而且逐步涉及中端和经济型酒店市场，中国酒店业的竞争将愈演愈烈。

第八章 空间格局与中国旅游经济发展

第一节 空间因素与经济发展

区域空间结构理论不是寻求单个经济活动和经济现象的最佳区位，而是要揭示各种客体在空间中的相互作用和相互关系以及反映各种关系的客体和现象的空间集聚规模和集聚程度。区域空间结构是一个动态的变化过程。著名学者陆大道指出，区域空间结构是区域发展状态的指示器，区域空间结构又主要受区域经济发展水平和发展阶段的影响和制约，不同阶段其区域空间结构具有不同的结构特征。区位势能、极化和扩散机制等对区域空间结构演进起重要作用。

区域空间结构的形成和演变是一个客观点经济现象和过程，在这一过程中它表现出一定的规律性。首先，区域经济的发展总是在均衡与不均衡的否定之否定中螺旋上升的。区域经济的发展是极化效应和扩散效应的力量对比过程，极化效应占优，则表现为区域经济空间趋于不均衡发展；反之，则表现为均衡发展的趋势；两者互相替代，互为补充。其次，区域空间结构演变总是遵循由"点"到"轴"，有"轴"到"面"，由"面"到"网络"的过程"点"是指空间结构中的节点，是区域经济发展中的重心，一般由中心城镇构成。这个"点"往往是区域的增长极，增长极再通过扩散作用来促进区域的发展。最后，在区域空间结构演进过程中，节点的极化和扩散是最根本的力量。由"点"向"轴"和"面"的发展，及三者之间的融合是区域经济发展良性循环的最高形态。因此，区域经济的发展中，增长极大培育和发展，及其扩散作用的形成，对区域经济发展作用重大。我国东部经济的发展，就可以验证这一观点。学者杨开忠提出，西部地区落后的原因在于西部地区的"空间格局不经济"。西部地区除了关中地区、成渝地区、滇池周边地区、河套地区、兰州周边地区、河西走廊、北疆铁路沿线地区人口密度较高以外，其余地区人烟稀少，聚落分散。杨开忠等指出，西部地区的人口聚落密度低、规模小，它从两个方面制约西部地区发展：一是聚落规模小使其对外交易机会少，交易成本高；二是聚落规模小使内部规模不经济和外部规模不经济。

一、势能与区域旅游经济增长

把地理区域作为一个系统，当一个区域相对于其他区域在地理位置、区际差异、区域结构和环境质量等方面所显示出发展的综合优势，即是该区域在这一系统中的地理势能。这种地理势能的大小受自然环境基础的深刻影响，并可随着不同的历史阶段、科学技术的发展而转化。一个地区的地理位置对比优势的态势为地理位置势能。地理位置和区位在自然条件上的势能促使其获得政策上的势能，并直接影响到产业结构的形成。地域间环境条件、生态功能、产业优势的潜在影响力为地理区际势能。区际的差异还体现在区域发展的历史过程上，历史悠久的区域往往具有较高的地理区际势能。区域自然环境结构对于区域发展优势的影响力为区域结构势能。

影响区位势能形成的主要因素是自然条件、自然资源、行政、人口分布能、交通运输、技术经济、政策等。资源禀赋的差异和空间距离的不可灭性是区域差异的基础，这是各国经济发展中均存在的客观因素。

二、极化 / 扩散因素与区域旅游经济增长

极化效应和扩散效应是区域发展和区域空间结构演进的两种最基本的力量，它们分别以自身的特殊机制推动区域经济的发展和空间结构的演变。

（一）极化

区域核心吸引了周围的劳动力、资金、技术等要素转移入核心地区，剥夺了周围区域的发展机会，使核心地区与周围区域的经济发展差距扩大，这种作用称之为极化作用。其产生原因主要是规模经济和集聚经济效应。规模经济效应：由于生产规模不断扩大，规模经济导致生产成本逐渐下降，从而使产品价格下降，进而诱导相关产业进一步得到扩张，并且向核心地区集中，增强核心地区的竞争力。任何一个区域，无论是小的区域，还是一个大的综合经济区，它的全部产业在宏观上都要求组成一个规模适当、结构合理、联系密切的集聚体，才能最大限度获得集聚经济效应。因集聚而造成的有利环境，被称作集聚经济效应。

极化作用是增长极对周围区域产生的负效果。增长极（growth pole）概念最早是由法国经济学家弗朗索瓦·普劳克斯（F. Peiroux）提出的。20 世纪50 年代初，他针对古典经济学家的均衡发展观点，指出现实世界中经济要素的作用完全是在一种非均衡的条件下发生的。他认为"增长并非同时出现在

所有地方，它以不同的强度首先出现于一些增长点或增长极上，然后通过不同的渠道向外扩散，并对整个经济产生不同的最终影响"。由于增长极主导产业的发展，具有相对利益，产生吸引力和向心力，使周围区域的劳动力、资金、技术等要素转移到核心地区，剥夺了周围区域的发展机会，使核心地区与周围区域的经济发展差距扩大。这种负效果被称为极化效果。瑞典经济学家缪尔达尔（Myrdal）在研究极化发展理论时把这一过程称为"回流效应"。他认为，增长中心无论最初的扩展的原因是什么，其内部经济和外部经济的累积增长都会加强这个中心在区域中的地位。这一过程通过资本、货物和服务等的流动得以实现。

（二）扩散

由于核心地区的快速发展，对其他地区有一定的促进、带动作用，提高其他地区的就业机会，增加农业产出，提高周围地区的边际劳动生产率和消费水平，引发周围地区的技术进步，这种现象被称为扩散作用。扩散产生的原因主要是，极化中心的带动与促进作用、极化中心的经济"外溢"作用和政府宏观政策调节。

扩散有四种形式：就近扩散、跳跃式扩散、等级扩散和随机扩散。就近扩散，是资源、要素、企业和经济部门由集聚地区向周围地区扩散。一般而言，与集聚地区相邻的地区，有与集聚地区相似的外部环境，并且与集聚地区联系方便，便于获取信息。跳跃式扩散，是资源、要素、企业和经济部门从集聚地区越过周围的地区而直接扩散到其他地区。产生跳跃式扩散的原因主要有两个：一是接受扩散的地区虽然与集聚地区在空间上不相邻，但整体发展水平相对较高，具备接受扩散所需的良好条件，因而能够对集聚地区的资源、要素、企业和经济部门产生很大的吸引力，吸引它们进入本地区；二是接受扩散的地区存在某些方面的发展机遇，如有可开发的资源、较大的市场或者优惠的发展政策等，在众多的地区中成为集聚地区进行扩散的优选对象。等级扩散是集聚地区的资源、要素、企业和经济部门按照衷心地等级稀土由上至下地进行扩散。从集聚地区开始的扩散基本上是首先扩散到其他区域的大城市，然后再由大城市扩散到中等城市和小城市。随机扩散是集聚地区资源、要素、企业和经济部门的一种无规律扩散。产生随机扩散的原因，一是地区之间的信息不畅，经济地区在进行扩散时，可选择的范围有限；二是因某些社会因素和心理因素，致使扩散地区选择偏离经济合理的原则。

就总体而言，扩散将促进资源、要素、企业和经济部门在空间上区域相对均衡，有利于逐步减少区域内部的经济水平差异，促进经济协调发展。

三、空间近邻效应

空间紧邻效应是指区域内各种经济活动之间或各区域之间的空间位置关系对其相互联系所产生的影响。根据距离衰减规律，各种经济活动或区域的经济影响力随着空间距离的增大而减小。在区域空间结果的形成和发展中，各种经济活动或地区之间的空间距离远近不一，相互发生联系的机会和程度存在差异，因而对他们的空间分布和组合产生不同影响，从而对区域空间结果的形成和发展产生影响。

空间紧邻效益产生是基于以下原因：一是无论哪种经济活动都由节约社会劳动的内在要求，在可能的情况下，就倾向于按就近原则组织相关的资源和要素去进行生产和经营。二是由于受空间感知能力的限制，各种经济活动在进行发展决策时能够获取决定信息常常以周围地区的居多，为了降低决策风险，它们大多数倾向于在周围地区采取行动，谋求发展。空间紧邻效应对区域空间结构的形成与发展的影响发展表现在以下方面：促使区域经济活动就近扩张；影响各种经济活动的竞争；影响各种经济活动之间在发展上的相互促进。空间近邻效应的这几个方面的作用都会不同程度地影响区域空间结构的形成和发展。

第二节 我国旅游经济发展的空间格局

一、经济发展空间差异的度量

测量区域经济差异一般选取的是人均经济总量指标。在不同的国家和地区，由于可以获得的经济统计数据不一样，所以用于度量区域经济差异的指标有所不同。使用比较普遍的指标是人均国内生产总值、人均国民生产总值、人均国民收入等。在我国，过去限于统计体系，有的学者曾使用人均社会总产值、人均工农业总产值等指标来测度区域差异。无论具体选择什么样的指标，这些指标都是属于单一指标。还有的学者选择多指标或综合指标来测度区域差异。国际上使用的比较多的综合指标有人文发展指数（HDI）、生活质量指数（PQLI）以及各种指标体系。多指标或综合指标复杂，数据不易提取和处理，使用面较窄。

尽管有学者认为单一指标不能全面地反映总体差异，但单一指标具有指标简单，数据容易获得和计算等特点，使用面广，可比性强。考虑到指标数据的可获得性，本书采用单一性指标度量区域旅游经济差异。

区域经济差异的计算方法较多，根据数据的可获得性，本书主要计算变异（差）系数和基尼系数。

二、结果分析

在研究地区间经济发展水平不平衡性时，常把基尼系数 G=0.4 作为预警值，即当 G＞0.4 时，我们就需要兼顾效率与公平，努力减小区域的不平衡性，而不能一味强调效率。从对我国旅游业（小口径）的旅游固定资产投入和营业收入的变异系数和基尼系数的计算结果看，1992 ～ 2005 年间，我国旅游业发展是一个从不均衡走向均衡发展的过程，区域差异逐渐减小，目前基尼系数处于安全范围。从测算结果看，我们可以得出下述结论。

（一）我国旅游业空间格局经历的"不均衡—均衡"的历史过程。从测算的时间 1992 年开始计，基尼系数在 1997 和 1998 年前大于 0.4，超过预警值，随后进入均衡状态，实现了梯度发展到均衡发展的转变。尽管在 1999 年又出现新的一轮不均衡，之后就一直朝均衡的方向发展，良好的势头持续至今。

（二）我国西部旅游业突破空间障碍，实现良性发展。在区域经济发展的客观要求和国家宏观政策的主观调控下，我国旅游经济在西部旅游资源十分丰富的资源势能和东部资金势能的双重作用下，突破了北京、上海、广州三个重要旅游增长极的就近扩散状态，实现了跨区域的跳跃式扩散，出现新的以四川和云南为中心的西部地区旅游业增长极，并逐渐扩散到西藏、贵州，与周边的广西、陕西等区域形成旅游经济发展网络。西部旅游业发展势头良好，真正成为西部地区经济新的增长点和重要的特色产业。

结果分析如下。

（一）政策推动对旅游业均衡发展起重要作用

出现 1999 年的不均衡反复，可能与 1998 年我国正式将旅游业确定为"国民经济增长点"有关。在国家政策的推动下，我国旅游业在 1998 年后加大了投资力度，尤其是西部地区，旅游业作为特色产业重点发展，取得了良好的收效。另外，我国在 1999 年启动了西部大开发的重要战略，其中很重要的一个策略就是对基础设施的投资。过去几年的西部大开发中，西部地区基础设施建设取得较大进展。1999 ～ 2004 年五年间，西部地区固定资产投资年均增长 20% 以上，明显高于全国平均水平，投资总规模约 8500 亿元。交通干线、水利枢纽、西电东送、西气东输、通信网络等重大基础设施建设进展顺利。基础设施的发展为西部旅游业大发展奠定了坚实的基础。

（二）我国旅游经济实现均衡增长的资源优化配置的必然结果

在旅游发展初期，我国的旅游固定资产投入基本上在东部，这与东部地区的经济发展和市场需求发育阶段相关，而当经济发展到一定程度，各种基础设施达到能够跨越减少空间距离所带来的时间花费的时候，旅游人流的跨区域流动将成为必然。这既是出于东部地区消费者需求的需要，也是东部地区资本流动的需要。我国西部地区是自然旅游资源和人文旅游资源十分丰富的地区，在旅游业发展方面，其资源的势能十分突出。但要发展其旅游业就要实现空间距离上的突破，就要解决交通问题和其他基础设施问题，这需要大量的资本。两种要素的不均衡存在，是其流行性产生的前提条件。在经济规律的作用下，要素的流向总是趋于使其增值或提高效率的方向。国内资本流向西部，也正是如此，我国旅游经济从经历不均衡到均衡的历史过程，是客观条件决定的。

（三）经济活动的不可分性促进资源利用效率提高，空间上的点、轴、面的结合能带动区域旅游经济发展

我国东部地区旅游业的发展与其经济发展是密不可分的。经济的发展，带动相关的人流与物流，我国的三大经济带带动区域经济发展就是一个明显的事实。而西部地区的旅游发展也是如此，西部地区目前已形成以云南和四川为极核的旅游业发展增值极，其辐射作用在不断扩散，并逐步形成以昆明、成都、重庆、桂林、贵阳为中心城镇的发展域面，带动整个西南地区的旅游业发展。

第三节 我国旅游生产要素投入的空间效率

同第三章"小口径旅游经济（旅游业）要素投入的相对效率"的计算办法，运用相对效率评价的 DEA 模型，计算我国东中西部地区小口径旅游业的要素投入相对效率。

1996 ～ 2005 年间，我国旅游业生产要素"投入—产出"相对效率最好的是广东省，其次是北京，再次是上海。鉴于青海、宁夏两省份处于旅游发展的初期，发展较缓慢，统计数据不够完善，尤其是固定资产原值数据，变动很大，要素"投入—产出"的相对效率计算结果相对很高，但此处不做评价，且暂不深入分析，具体研究，将在后续研究中进行。另外黑龙江省的 1999 年的固定资产原值数异常，故此处也将其排除；贵州省 2005 年固定资产原值和营业收入数据异常，也将其排除。

根据各省的要素"投入—产出"相对有效性将 26 个省份分成了 5 组。其中，有效率的广东、北京和上海为一组，其余按照将 100% 等分原则，被分成 4 组。相对来说，表中的第一、第二和第三组各省份的要素投入——产出

效率相对好些，但这些省份还不到全国省份的一半。结合各类计算结果，我们可以得出以下结论。

第一，从全国旅游业发展的总体态势看，我国旅游业的经营绩效不容乐观。虽然部分原因是因为统计年鉴的口径问题，但饭店业、旅行社业和景区景点业亏损和微利经营却是一个不争的事实。尤其是饭店业，从1998年开始至2005年，一直处于全行业亏损状态。旅游饭店结构不合理、无规模效率，管理绩效差等问题十分突出。旅行社行业，作为狭义旅游业，其经营一直处于微利水平，产业组织"小、散、弱、差"状态有增无减，竞争方式单一，以价格竞争为主。

第二，从空间上分看，东中西三个区域，东部地区的相对效率要高，且除河南和山西外，其他出现相对有效率的省份均为东部省份。其中，以广东、北京和上海三个区域最优，尤其是广东，每年的相对效率均有效，是各个省份中旅游经济绩效最好的。通过对各个省份生产要素"投入—产出"有效性的检验，我们也发现我国旅游业发展事实上也是一个从东至西的梯度发展的局面。且经济越发达的地区，旅游业要素"投入—产出"的相对有效性也就相对较高。

第三，从时间上看，过去10年间，我国旅游业各省经营绩效格局基本上未发生大的改变：广东、北京和上海独占鳌头；天津、江苏、浙江、河南紧随其后，但天津的优势地位下降，河南的发展波动较大，江苏和浙江则一直处于较为稳定的发展状态；其他的省份间相对地位此起彼伏。

第四，从生产要素的数量与"投入—产出"相对有效性的关系看，通过对样本数据和数据计算结果的观察，要素相对效率较高的地区，固定资产原值和其他要素投入普遍要高，而要素投入相对较低的省份，效率相对较低。这说明，我国的旅游业发展目前仍处于投资导向型发展阶段。

另外，广东旅游的持续发展十分值得我们关注。广东是全国旅游业规模最大、旅游经济最发达的省份，并能在过去10年中持续快速发展，且其旅游总收入相当于其国内生产总值的10%强，远远高于全国4%～5%的水平。近年来旅游的六大要素"行、游、住、食、购、娱"日趋完善，特别是标志旅游业发达程度的旅行社、酒店旅游景区建设成效显著。广东已经形成了以广州、深圳为中心的珠海至粤东、粤西、粤北三条各具特色的旅游干线，在自然旅游资源和人文旅游资源并不丰富的情况下，拥有4A级旅游景区（点）38家（截至2006年），并成功打造和推出了广州长隆集团、深圳华侨城、珠海圆明新园、肇庆星湖景区等一批具有较大影响力的旅游拳头产品。因此，广东旅游的持续发展是十分值得研究的。

第四节 空间因素与中国旅游经济发展

研究通过测算我国旅游业 1992～2005 年间的旅游固定资产投入、旅游业营业收入的基尼系数和变异系数，我们知道了在过去 14 年中我国旅游业发展空间格局从不均衡到均衡发展的演变过程。通过对这一历史过程的分析，我们可以总结出空间因素与旅游业的均衡发展几个关系。

一、旅游资源自身禀赋、资金、外部环境是旅游经济发展的必要因素

在上文分析中，我们看到，在我国经济东、中、西部梯度发展格局下，我国旅游业突破这一格局从不均衡发展走向均衡发展。之所以能有这个转变，有几个必要的条件。第一，我国经济发展到目前阶段的客观必然。旅游业与其他产业的差异在于，其所提供的产品在于能够满足消费者越来越多元化的求新、求异的心理需要和休憩的需要，而这种需求的满足一定程度上需要空间距离来获得。或者说，东部旅游资源已经不能再满足更大范围消费者旅游需求，需要开辟新的旅游目的地，哪里能够满足消费者的需求，旅游开发的资金必将流向哪里。这是我国经济发展到一定程度，旅游消费成为大众消费形式后的一个必然。第二，西部地区自身拥有良好的旅游资源禀赋。当市场已经发展到需要开辟新领域的时候，哪里有发展空间，那里能使资本获得更高的效益，资本将流向哪里，西部以其资源优势自然成为新一轮旅游开发的重点。第三，国家政策为西部旅游业发展打下基础。我国从 20 世纪 90 年代末开始西部大开发战略，投资建设基础设施，取得良好收效。

二、注重点、轴、面空间结合，构筑区域旅游发展极，带动区域旅游发展

通过对旅游经济空间格局变化的分析，可知在我国旅游经济发展过程中以点带面、以面促进区域发展的经验是值得推广的。我国东部旅游发展历程如此，西部旅游发展的过程依然。尤其是对于旅游业这一以空间位移为基础的行业，注重空间上的合作是必不可少。以重要的旅游点带动旅游地的发展，形成旅游发展带，促进区域经济发展，与其他旅游带形成联系，建立区

域旅游合作网络，优化市场配置，共享各种资源条件，提高资源配置效率。

三、注重政策引导，加速扩散过程

运用区域政策，重点解决前发达地区旅游经济发展问题，实行政府财政转移支付，平衡区域间的公共服务水平，提高地方政府的公共服务供给能力，改善欠发达地区的经济发展条件，尤其是通过大力发展欠发达地区的教育事业和基础设施建设，改善社会环境和自然环境，可以增强欠发达地区经济的自我发展能力，有利于其经济的长远发展。交通是旅游发展的必要条件，交通也是加快旅游产业跨区域扩散的重要基础。因此，通过政策引导大力发展旅游交通是加快我国旅游业发展的重要途径。

第九章　旅游经济发展复合系统的
理论辨识

导致旅游经济在某种程度上畸形发展的重要原因是将旅游经济作为一个单向度的孤立系统来研究，割断了其与社会系统、生态系统之间的天然联系。现存的基于无限制经济增长前提的经济范式和旅游经济发展方式将会使旅游经济的发展陷入不可持续的深渊。从系统学观点来看，旅游系统应该是一个由经济系统、社会系统和生态系统有机构成的复合系统（即旅游生态经济社会复合系统），三部分之间互相关联、作用和制约。本章力图揭示旅游生态经济社会复合系统的基本矛盾，寻找旅游复合系统运行状态和旅游经济发展方式之间的内在关联。

第一节　旅游经济发展复合系统的理论审视

对于旅游经济进行研究的文献，大多集中在对其经济指标、经济效益的考察上，重点解决怎样提高旅游经济的发展速度和水平，至于旅游经济的发展和社会进步、文明发展以及生态改善之间的关系则很少体现。这实际上是将旅游经济作为一个单向度的孤立系统来研究，割断了其与社会系统、生态系统之间的天然联系，导致了旅游经济在某种程度上的畸形发展。鉴于此，本书首先从系统角度对旅游经济系统进行全面深入的考察，以理清旅游经济系统与社会系统和生态系统之间的关系，揭示旅游生态经济社会复合系统的基本矛盾，探寻支配旅游生态经济社会复合系统的基本规律和准则，寻找旅游复合系统运行状态和旅游经济发展方式之间的内在关联。

一、旅游生态经济社会复合系统的建立

旅游经济的发展一直以来过分集中于经济系统的业绩增长和财富增加，而忽略了由经济发展所引起的生态系统健康与人类社会福利之间的冲突。然而无论是旅游经济的实践探索还是旅游经济的理论变革都越来越倾向于承认

这样的事实：旅游经济系统是建立在更广大的生态环境系统之上的，继续以能够提供多少旅游产品、创造多少物质财富来衡量旅游经济成功与否的状态必将面临自然的极限和社会的极限，现存的基于持续的、无限制的经济增长前提的经济范式和旅游经济发展方式将会使旅游经济的发展陷入不可持续的深渊。

因此，旅游生态经济社会复合系统研究是将生态系统、经济系统和社会系统的发展整合在可持续发展框架中，考察经济系统、社会系统与生态系统之间的相互作用和反馈关系，以便深入探索旅游生态经济社会复合系统的复杂性和不确定性，真正解决旅游经济发展中的实际问题，为旅游经济发展的正确决策提供依据。

（一）旅游生态经济社会复合系统的理论基础

旅游生态经济社会复合系统实际上就是把旅游经济运行作为一个系统来研究和运作，通过谋求旅游经济系统构成要素间和旅游经济与外部相关系统间联系的科学化、合理化，形成有序的、优化的系统结构，并在优化系统结构的追求中提高旅游经济系统的整体素质以谋求旅游经济整体功能的最大化。

1. 多维协调发展的系统理论

从系统学观点来看，旅游系统是一个由经济系统、社会系统和生态系统有机构成的复合系统，三部分之间互相关联又相互制约。

旅游经济系统和社会系统从自然生态系统输入物质和能量，经过加工、处理和转化来满足旅游经济发展和人类自身的需要。同时，旅游经济社会系统也向自然生态系统输出物质和能量，其结果改变乃至破坏了自然生态系统的结构和正常功能，形成了对自然生态系统的污染。这种"输入—输出"关系就是旅游经济社会系统和旅游自然生态系统的相互关系问题，也就是通常所说的人与自然的关系或人与环境的关系。旅游经济发展中所面临的环境污染、资源破坏、生态退化等问题，都是经济社会系统和自然生态系统之间关系恶化和紧张的表现，其根源皆来自人类旅游经济活动本身。根据系统科学的理论，我们应从旅游生态经济社会复合系统整体演化规律、系统组成部分之间相互作用规律，特别是旅游经济活动对旅游自然生态系统相互影响出发，来处理旅游经济社会系统和旅游自然生态系统的关系，要使它们之间相互协调发展，形成良性循环，既能保证旅游经济长期稳定发展，又能实现旅游生态改善、资源保护和环境优化。

世界文明发展到今天，随着工业文明高度发展，人类实践活动的广化和深化，人类社会生产和生活过程和自然界的生态过程已经完全相互交织、相互融合而浑然一体。今天，在现实世界系统中，把它区分为自然界和社会只有相对意义，而人、社会和自然之间的相互交织和相互融合比它们之间的相互区别更为重要。因此，当今维系人类生命和非人自然生命形式的这个濒临失衡的球体上，客观存在的只是自然生态和社会经济互相依存、互相制约、互相作用、互相转化的生态经济社会有机整体，达到"生态—经济—社会"复合系统高度整合、整体优化、良性运行与协调发展。

因此，旅游生态经济社会复合系统既不是单一的经济社会系统，也不是单一的自然生态系统，而是由于人类旅游经济活动介入生态系统，以劳动形式作用于自然生态系统所形成的自然生态要素和社会经济要素共存，并相互作用的对立统一体。它是一个具有独立要素、结构和功能，具备自身性质、特点和发展规律的复合系统。鉴于旅游生态经济社会复合系统的观念，人类的旅游经济活动必须在一定的生态空间进行，都必须依赖于旅游资源的供给和生态环境的消耗。旅游生态经济社会复合系统不能脱离自然生态系统而存在，在旅游生态经济社会复合系统中，自然生态系统是整个系统的基础；同时，经济社会系统则逐渐对整个系统的变化起着主导作用。自然生态系统对整个系统的基础作用表现在：生态系统为经济系统提供了物质基础。经济系统所有运转的物质和能量，都是人类通过劳动从生态系统中取得的，所以，旅游经济系统离开自然生态系统是无法存在的。与此同时，旅游生态经济社会复合系统也无法脱离经济社会系统而独立存在，因为它是由人的活动支配的，系统的结构、功能直接与人的活动有关，并且深受社会制度、经济条件、科技发展水平的制约。在尊重客观规律的前提下，旅游经济复合系统可以按照人的主观愿望进行适度改造，生态效益是经济效益的基础和前提，经济效益又是生态效益的必然和保证，撇开旅游经济活动的单一生态系统是不存在的。

2.可持续发展理论的生态内因论

可持续发展理论在认识旅游生态经济社会复合系统的结构方面，主要关注永远处在变化之中的自然生态系统、经济系统和社会系统三者的耦合关系。在该复合系统的演化过程方面，主要关注自然生态系统、经济系统和社会系统形成的集合体演化的规律性；在该复合系统的功能方面，主要关注这一演化进程是否朝着和谐、公平与效率三者协同方向发展。同时，它认为虽然旅游经济复合系统的复杂结构及其复杂的演化过程是不依赖人们意志而转移的客观规律变动的客观过程，但它可以为人们所认识。但由于旅游经济复合系统结构及演化过程的复杂性，人们要在实践、认识、再实践、再认识过程中通过不断反复进行的信息反馈过程，才能逐渐掌握其客观规律。

生态内因论作为可持续发展经济学主要的理论主线，深刻阐释了自然生态系统对于旅游经济复合系统的意义和作用。生态内因论克服了过去所有的经济增长与发展理论关于生态环境外生假定的根本缺陷，转向在生态环境内生假定下考察现代经济发展及可持续性的源泉，将生态变迁、生态创新这一长期经济可持续发展最基础的决定因素视为可持续发展经济系统的内在力量，指出生态环境不仅是现代生产力运行的外部环境，而且是现代生产力发展的内在因素，成为现代生产力稳定运行与健康发展的基本要素。生态环境与经济社会发展正在形成一种新型的关系，环境变迁、生态发展将日益决定现代经济发展模式、道路方向和发展趋势，使生态环境日益成为现代经济社会发展的内生力量。

基于可持续发展理论的生态内因论的基本观点，旅游经济的复合系统得以可持续发展的基础，就是自然生态系统。因此，旅游经济的发展不可能脱离自然生态系统的支撑而独立存在，旅游经济不可能是一个单向度的独立系统，而必须是建立在生态系统基础之上的多维复合系统。

（二）旅游生态经济社会复合系统的关系分析

旅游生态经济社会复合系统概念的提出即是要促进旅游经济社会系统与自然生态系统之间相互作用关系的协调、优化，促进旅游经济可持续发展。因此，必须深入研究系统之间的关系，使系统处于协调运转状态。

1. 系统之间的耦合关系

一直以来，旅游经济的传统发展方式正是忽视了经济系统、社会系统与生态系统的整体性和关联性，人为割裂了自然生态系统与经济社会系统的内在联系。其价值取向必然是把对自然界的征服和改造程度视为人类超越自然界其他生物的标志，成为人的主体性上扬的表征。在旅游经济发展中的具体表现就是片面追求旅游经济效益最大化、旅游经济快速发展，最大限度地满足旅游者现实和潜在的旅游需求，甚至不惜掠夺式开发旅游资源，无节制地拓展旅游市场需求，诱导和促进旅游消费，这些如果只在旅游经济子系统内部考虑，无疑都是符合经济学最基本的原理和规律的，但这种传统的旅游经济发展方式忽略了系统的环境适应性。任何系统都处在特定的环境中，处在一定环境之中的系统永不止息地与外界进行物质、能量和信息的交流。这是系统与环境相互联系的具体表现。旅游经济子系统的发展也离不开一定的环境，微观的市场与宏观的政策都是经济系统的外部环境，生态环境也是任何经济系统的一个不可忽视、具有强限定性的外部环境。旅游经济子系统对环境的作用和功能使经济系统的运行和过程都受到自然系统、生态环境的外部制约，忽视这种作用，任其发展，必然导致经济发展对生态系统的破坏。

因此，旅游生态经济社会复合系统是由自然生态系统和经济社会系统相互交织、相互作用、相互耦合而成的，是具有特定功能和结构的复合系统，既包括自然要素、生态要素、环境要素、资源要素，也包括社会要素、技术要素和经济要素。自然生态系统是客观存在的，其自身能够自主地进行物流、能流的循环，并具有规律性。这是不以人的意志为转移的。人类的旅游经济活动只能遵循生态系统的固有规律，充分利用生态系统提供各种旅游资源和自然环境才能有效运行。资源和环境的差异性和多样性也是旅游经济子系统中旅游产品多样化的客观基础。旅游经济子系统通过各种科学技术手段，直接或间接地从生态系统中获取各种生态要素，产出社会所需的旅游产品及服务，生产和消费的剩余和残渣再输入自然生态系统。这种关系总的表现为自然生态系统是基础，经济社会系统是主导，这种主导既有正向的作用又有负向的作用。片面追求旅游经济效益和旅游经济发展速度，并不能保证使旅游生态经济社会复合系统整体处于最优状态，生态经济平衡、人与自然协调发展才是旅游生态经济社会复合系统发展的最终目标。

2. 系统之间的辩证关系

旅游自然生态系统和经济社会系统的关系既是对立的，又是统一的，但从根本上说是统一的。这是由旅游生态经济社会复合系统内部存在的基本矛盾及矛盾转化的条件所决定的。

旅游生态经济社会复合系统内部不同子系统存在着各自的运动规律，有质的差别。仅就经济系统而言，就是要达到最大产出水平，以满足旅游者日益扩张的旅游需求，即经济系统存在着经济增长不断扩张的驱动机制，这正是社会经济系统在整个旅游复合系统中主导性、能动性的表现。而自然生态系统是一个自然的供给系统，自然生态系统演替的目标是达到顶级稳定状态，并力求维持长期的相对稳定格局；自然生态系统的基础性作用还表现在经济系统的生产能力受到生态系统有限供给能力的制约，因此，旅游复合系统供给能力受到生态系统的有效制约，即存在有限性。自然生态系统供给有限性和经济社会系统需要扩张无限性之间的对立关系是旅游生态经济社会复合系统最基本的矛盾，而且这种矛盾存在着日益尖锐化的趋势：一方面在一定时期内形成前所未有的产出水平，提升了人类的旅游体验和生活质量；另一方面旅游资源消耗加剧，生态环境严重破坏，恢复生态平衡的技术却严重滞后，而且这种差距还在加大，并不受国界影响。同时，这种尖锐化的矛盾还将长期存在。

3. 系统之间的统一关系

这种统一关系是由旅游生态经济社会复合系统的本质属性所决定的，自然生态系统是经济社会系统的基础，自然生态系统先于经济社会系统存在，经济社会系统是在自然生态系统的基础之上产生并发展的。

人类所有的旅游经济活动都是在自然生态系统中进行的，离开了生态系统的物质、能量供给，离开了生态系统优美的自然风光和优良的生态环境，旅游经济子系统的发展就成为无源之水、无本之木。另外，旅游经济活动又影响、改变着自然生态系统原有的面貌和秩序。这都说明自然生态系统与经济社会系统是统一的整体，二者不可分割。这种关联性决定了旅游经济平衡的实现有赖于生态平衡这一必要条件，要求人们在旅游经济实践中遵循旅游经济复合系统的运行规律——不仅是经济规律，还有生态规律，在取得社会、经济发展的同时又能维护生态平衡，在良性的生态系统中保证旅游经济的良性循环。

旅游生态经济社会复合系统的运动具有规律性，说明人类可以通过掌握其运动的特性，进而有效调节和控制旅游经济的运行过程，使之既符合经济目标，又尊重生态准则。这一过程也正是人类遵循生态规律和经济规律的内在要求。这个系统主要受人类旅游经济活动的驱动，其可控性正是人类对旅游经济进行宏观和微观管理的主要依据。利用系统的反馈机制，把经济活动导向促进生态经济衡、协调发展的良性循环。但可控性并不意味着人类是生态系统的主宰，可以为所欲为。在一定社会发展阶段和一定科技发展水平下，人类对生态规律和经济规律的认识程度和驾驭能力是具有一定局限的，这也是生态经济系统可控性的条件。

二、旅游生态经济社会复合系统的有机构成

（一）旅游经济子系统

经济子系统是生产力系统和生产关系系统在一定自然环境和社会制度下的组合。社会生产力和生产关系的相互作用，又是通过社会再生产过程中生产、交换、分配和消费的循环运行进行的，再加上适应这种经济活动与经济运行的组织方式、方法、制度和机构系统，就构成了一个经济子系统。

旅游经济作为国民经济的一部分纳入国民经济运行系统之中，与国民经济总体及其他子系统、旅游业内部各部门以及旅游业整体之间存在着复杂的系统关系。

旅游经济子系统是在一定的社会、经济、文化、环境背景下，以旅游业生产力六要素，即吃（旅游餐饮业）、住（旅游宾馆业）、行（旅游交通业）、游（旅游景观业）、购（旅游商品业）、娱（旅游娱乐业）为核心，以旅行社为产业龙头，由一系列行业部门组成一个开放的复杂系统。

旅游经济子系统包括以下几个。

1. 旅游产业系统

包括旅游交通、旅游游览、旅游住宿、旅游餐饮、旅游购物、旅行社、娱乐等部门。这些部门按递进关系横向构造旅游产品形成旅游产业链，满足旅游者在旅游活动中的行、游、吃、住、购、娱等各种基本旅游需求。这些部门彼此相互关联、相互作用，在为旅游者服务这个共同宗旨下形成一个大的产业系统。其中每一个产业的经济活动都是以其他产业的经济活动为基础的，经济规模的变化也都是与其他相关产业经济的变化相联系的。

旅游产业系统的变化可以反映各类经济资源和要素（如资金、劳动力）在旅游经济的各个产业之间的配置状态，并通过一些特定指标（如某个特定时期内旅游总收入、旅游总利税）反映旅游经济总产出水平。

在旅游产业系统内部，由于历史的原因，加上我国还处在经济体制转轨时期，旅游产业的综合性与部门分割的矛盾十分突出，而且随着旅游经济的发展这一矛盾变得越发尖锐。特别是旅游的产业内部各子系统之间联系的人为障碍，割裂了旅游经济的内在联系，难以实现一体化经营与管理，制约了旅游经济子系统的健康发展。

2. 旅游地域系统

旅游地域系统是由旅游资源在旅游系统（或旅游环境）中的主体地位决定的，是旅游产业结构和旅游产品结构的空间形式，表现为一定区域内旅游资源的合理配置与协调。各种旅游资源及其依托的自然生态环境都不是孤立存在的，无论是已有的旅游资源，还是新开发的建设项目，都要将其置于国家整体旅游资源系统中形成吸引物体系，增加其整体功能。反对近距离重复建设，讲究以交通主干线为联系纽带的串联路线结构效应，减少不正当竞争，使各部分充分发挥其效应。旅游地域系统要重视各功能区的合理组合，在中小尺度的旅游景区、景点的开发应用中，贯彻综合协调、方便管理、利用保护并充分满足旅游者需要的原则，使各种特色游览区、娱乐活动区、住宿等生活服务区、管理用地区和商业购物区等在地域上有机组合。

3. 旅游组织系统

指构成旅游经济的各行业、部门机构和旅游企业机构的设置以及旅游企业的规模等。它一般包括旅游行业组织机构、旅游企业规模结构以及旅游企业内部的组织结构等。各旅游企业群体由于其服务内容、规格与档次等差异，应该坚持以市场需求为导向，同时立足于本地区资源状况实现规模、数量和结构优化，使不同企业群体的数量、质量及其布局科学合理，面向不同的目标市场，实现功能互补。我国旅游产业发展起步晚，旅游企业规模偏小，旅游企业现代企业制度建设滞后等旅游产业结构方面存在的问题必然较多，影响了旅游产业经济效益的提高和旅游企业市场竞争力的提升。要加快旅游企业现代企业制度建设的进程、理顺产权关系、明确责权利，旅游产业经营上实现大型旅游企业集团化、中型旅游企业专业化、小型旅游企业网络化经营的经营战略，走规模化经营、质量型经营、效益型经营的发展道路。

4.旅游产品系统

旅游产品是指旅游经营者为满足旅游者在旅游活动中的吃、住、行、游、购、娱等各种需要，凭借各种设施、设备与环境条件向旅游市场提供的全部服务要素之总和。

目前我国的旅游产品在种类、数量、质量和结构上尚与市场需求存在一定差异，旅游产品的生产需要随着旅游需求的多样化和个性化趋势，向个性化与专业化发展，重视相互协作与结构优化，针对不同旅游规模与旅游消费倾向（如习惯性消费内容、新的消费时尚、消费档次等），根据不同旅游目标市场设计具有不同内容、不同档次和不同时间分配组合的旅游产品。这就客观上要求旅行社、旅游饭店、旅游交通企业与旅游景区、景点与各项旅游服务接待设施之间在数量、质量上比例保持协调一致，实现旅游各部门的一体化经营，取得旅游产业的规模效益，既最大限度地满足旅游者需求，又尽可能节约资源、减少成本，以达到经济效益与社会效益的统一。

旅游经济子系统是以旅游地域系统为基础、以旅游产业系统为主体、以旅游组织系统为保障、以旅游产品系统为特色的开放式复杂式动态系统。旅游经济子系统的发展要受到错综复杂的利益主体关系的影响，并最终将会影响旅游经济生态社会复合系统的协调度。因此，在旅游经济子系统的发展过程中要重视协调好这些不同利益主体的关系，要建立一种生态友好型的旅游经济结构或体系。

（二）旅游社会子系统

马克思认为社会作为一个有机整体，是通过生产力和生产关系的更替不断演进的。社会系统是由社会人与他们之间的经济关系、政治关系和文化关系构成的系统，是由作为社会主体的人按照一定的社会形式组织起来，在从事各种社会活动的过程中，通过与自然环境之间和人与人之间的物质、能量、信息的交换，实现人类自身发展的有机整体。社会系统的要素是个人、人群和组织，联系是经济关系、政治关系和文化关系。旅游社会子系统是指与从事旅游生产经营活动有关并根据一定的规范和制度组合而成的社会群体和社会组织，它包括以下要素。

1. 旅游消费者

旅游消费者就是暂时离开常住地，通过游览、消遣等活动，以获得精神上的愉快感受为主要目的的人。旅游消费者的动机包括满足如学习工作之余出去放松自己、锻炼身体的生理和心理需求；增长知识、开阔眼界的精神文化需求；提高自己的社会威望的社会需求；以结交新的朋友、巩固社交网络的社交需求；家人之间、情侣之间、亲朋好友之间增进感情的人际需求以及实现自我价值、追求自我解放的最高层次。

旅游消费者的行为既是经济行为，也是社会行为，还是生态行为，因为其对旅游地社会文化的影响和自然生态的影响都不容忽视。第二次世界大战后，出现了以大规模的客流为特征的"大众旅游"现象。这种旅游现象在给旅游消费者带来更多生活享受的同时，也给旅游目的地带来了前所未有的社会问题和生态问题。从旅游消费者行为角度来看，"负责任旅游"被认为是符合生态和社会伦理准则的旅游行为，意味着旅游者在旅游目的地必须遵守恰当的行为准则，尊重旅游目的地的文化、社会和环境。世界旅游组织在其提出的《全球伦理规范》基础上，提出了做负责任旅游者和旅行者的建议，认为旅游和旅行是自我教育、相互容忍和了解人民及其文化差异的过程，每一个人具有创造负责任旅行和旅游的责任，政府、企业和社区必须尽量在这方面起作用。建议游客采取下列"负责任旅游"方式旅行：对其他文化保持开放的意识，尊重人权，帮助保护自然资源，尊敬文化资源，采取对地方经济和社会发展做贡献的旅行活动，在出发之前了解目的地当前的健康情况以及其他要注意的紧急和咨询服务，尽量了解目的地，并花一定的时间去了解习俗、道德、传统，避免冒犯当地人民的行为。熟悉所要访问的目的地法律，以免做出被旅游目的地认为是违法的事情。

可见，旅游消费者采取怎样的态度和行为，不仅关系到个人的旅游体验，也关系到旅游生态保护和社会文明进步乃至旅游经济的健康发展。因此，作为社会系统中重要构成者的旅游消费者理应采取负责任的旅游态度，促进旅游社会子系统与经济子系统和生态子系统之间的良好关系。

2. 旅游地社区

旅游地社区和旅游经济发展有着密切关系：社区居民为当地旅游业发展提供较为充足的人力资源保障和民众支持，当地民众对旅游业及其相关支持系统的认知程度，从旅游业中受益的程度，都影响着居民对待旅游地生态资源环境的态度和行为。此外，影响游客体验质量的因素不仅包括旅游景观、服务因素，还包括游客所感知到的当地的好客氛围等方面。只有当地社区积极参与旅游经济开发并从中获益，才有可能为游客提供高质量的旅游体验，维护旅游业赖以生存的高质量生态环境。但是当地居民一般受教育程度不高，缺乏基本的旅游从业知识和技能，所以旅游地社区是旅游社会子系统中的弱势群体，其地位和权益始终没有得到应有的重视。

旅游地社区是旅游资源所在地，也是当地居民世代从事生产、生活的地方。我国法律规定资源国有或土地集体所有，但土地集体所有权的模糊不清导致了权利真空现象，没有一个人知道究竟谁拥有土地及其资源，因而当地居民也就不知道可以凭借什么来维护自己的权利。这使得地方政府介入土地和旅游资源的使用和管理，当地居民反而丧失了应有的财产权利。在许多旅游目的地，当地居民没有享受相应的旅游收益分配，这在很大程度上损害了当地居民的利益，也导致了旅游开发的社会成本的上升。旅游开发征用居民所使用的土地，而居民所得到的有偿使用或拆迁补偿费远远低于资源的商业使用价值，在开发商以很低的代价获得资源使用权的同时，居民的利益受到严重损害，有时补偿还不到位，有的因失去传统生计而失去生活保障，陷入困境。一些地方政府热衷于旅游的商业化开发，严重破坏了旅游资源的生态性。在一些旅游开发中，政府主导模式往往追求的是短期政绩和旅游经济效益，旅游投资者享有"谁投资，谁受益"的政策。"印象·刘三姐"景区的开发带来了河流污染、各类噪声和对漓江生态的破坏等问题。从目前来看虽然当地居民获得了一定的经济利益，但是从可持续发展观来看，环境的破坏会对当地发展旅游带来很大的影响，利益受到损害的是世世代代生活在当地的居民。旅游开发投资商用经济来补偿的办法并不是长久之策。

因此，确保旅游地社区居民利益得到实现，改善当地民生，对旅游地社区居民进行相关的旅游教育和培训，才能让当地人拥有参与本地旅游开发的知识和能力，有能力进入即将建立和经营的提供高质量旅游服务的企业和机构，从旅游开发中受益，成为实现旅游经济可持续发展的重要保障。

3.公众

公众是对旅游经济发展有实际或潜在利害关系与影响力的个人及群体。其中，金融公众包括银行、证券公司等金融机构，对旅游经济发展的资金支持和保障有直接影响；政府公众主要指各级各类政府管理部门，他们制定和出台各种与旅游经济发展直接或间接相关的政策法规制度，引导旅游经济的发展和走向；媒体公众包括各种新闻从业人员，他们通过舆论报道监督旅游经济发展中的问题，弘扬旅游经济发展中的健康倾向，规范旅游经济发展中的行为；群众团体是如消费者保护组织、动物权益保护组织等群体，他们客观上起到维护旅游市场公平、保护旅游消费者权益等作用；一般公众就是社会上的普通公众，他们对旅游经济发展具有评判、监督发表意见的权利。各种类型的公众通过不同的渠道和形式同旅游经济的发展产生着千丝万缕的联系。这种联系既有可能促进旅游经济的发展，又有可能对旅游经济的发展形成阻力。所以，旅游经济的发展必须充分考虑公众的意见和权利。

（三）旅游生态子系统

在系统生态学中，所谓生态系统是指生命有机体与其周围环境形成的一个不可分割的整体。在这一整体中，生命有机体与其非生物环境因素，通过错综复杂的能量流动和物质循环相互作用，从而构成一个相对稳定的自然体，这个自然体就叫作生态系统。当今社会，由于人类活动对自然生态系统干预程度的不断加深，要找到完全天然的旅游生态系统已经不太可能。因此，旅游生态系统是在自然生态系统基础上，通过人类旅游活动对自然生态环境的适应与改造而建立起来的自然生态、旅游经济产业和地域社会文化复合体系。

旅游生态系统内部存在着具有不同节律特征和运行周期的各个子系统。自然生态系统中的动物、植物、微生物的生长、发育、繁殖和死亡的生命节律，无机环境的年周期、日周期的节律变化，由当地居民生产、生活方式所表现出的社会文化节律，还有旅游消费者的旅游活动及旅游经济活动的运营节律往往都存在一定差距，特别是旅游消费者的旅游活动节律与其他子系统的运行节律之间的矛盾非常突出。将这些具有不同节律特征的各个子系统组合在一起，其运行节律与活动周期必须协同，否则整个旅游生态系统就会变得无序，旅游经济也就不能健康持续发展。

1. 旅游生态子系统的分类

自然旅游生态系统和人工旅游生态系统。旅游生态系统是旅游目的地的居民、外来游客与其周围环境相互作用形成的一种特殊的生态系统，是以开展旅游活动作为其主要功能（或主要功能之一）的"自然—经济—社会"复合体。

根据旅游目的地的开发程度，可以分为自然型旅游生态系统和人工型旅游生态系统。前者主要是以自然状态存在的，人为加工、改造的成分较少，多为具有原始性、和谐性、脆弱性的纯自然旅游目的地，如自然保护区、国家森林公园等；后者是那些经过长期、深度人为改造或以人造为主的旅游目的地，如国家级旅游度假区、旅游城市等。

宏观旅游生态系统和微观旅游生态系统。从宏观尺度上讲，旅游生态系统是自然界中的岩石圈、大气圈、水圈、生物圈与人类社会圈层中的旅游活动圈相互结合而形成的复杂大系统，该系统可以看作自然地理圈层与人类社会活动圈层相结合的一部分。由于旅游生态系统在地域上不构成连续的整体，而主要受人类旅游活动地域范围的限制，所以在中小尺度范围内，旅游生态系统是在自然生态系统基站上，通过人类的旅游活动对自然环境的适应与改造而建立起来的自然与人类的复合体系，表现为旅游目的地、旅游活动及旅游经济发展与它所依存的自然生态环境之间的相互依赖、相互联系、相互作用所形成的网络结构。

2. 旅游生态子系统的功能

旅游生态子系统具有旅游功能和生态功能的双重性特点。一方面，旅游地凭借区域内古朴、优美、清新的自然环境，拥有满足人们回归自然、返璞归真需求的天然条件，因而具有观赏、度假、养生、科学考察和科普教育等旅游功能。旅游生态系统也是整个地球生态系统的有机组成部分，作为特定的自然生态系统与环境，它又能通过其物质循环和能量动使其具有生产生态产品、净化空气、涵养水源、保持水土、维持地域生物多样性和生态平衡、减缓甚至消除环境污染、减少自然灾害、保持人类生存环境稳定健康等生态功能。

生态子系统的特殊性决定，只有保持该系统中各个生态因子之间的协同与平衡，才能使物质、能量及信息的输入与输出既在数量上相对接近，又在质量上促进生态系统的适应和演进。只有生态系统的发展保持在持续、稳定和平衡的状态，才能通过旅游开发满足地方经济发展的需求，在现实和长远目标中提高旅游目的地社区居民的生活水准和生活质量；满足日益增长的旅游消费需求和旅游经济发展需求，继续吸引更多的游人，同时为旅游消费者提供高质量的旅游体验；维护作为旅游发展基本吸引力要素的资源环境质量（包括自然、人文和文化环境要素）；保持或提高旅游业的综合实力和竞争力。

3. 旅游生态子系统的问题

旅游生态系统问题的实质是旅游经济的发展与社会进步和生态改善之间未能实现平衡和协调所造成的，不仅导致了旅游地社区居民和外来旅游者之间的关系紧张，也使得整个旅游经济社会系统和自然生态系统之间产生尖锐对立，最直接的问题就是旅游地生态环境质量的下降、旅游资源的退化和旅游产品的变味以及由此引起的旅游体验质量的下降。根据其成因，可分为原生生态环境问题、次生生态环境问题、社会生态环境问题三种类型。

原生生态环境问题是指由自然作用而引起的生态环境问题，包括因自然灾害引起的旅游资源和环境破坏以及自然因素（如风化等）而引起的旅游资源和环境质量的劣变；次生生态环境问题是指由于不合理的旅游活动、生产、生活等引起的旅游资源和环境的破坏、污染和价值降低等问题，包括因旅游经营者、管理者、旅游者不合理的活动造成旅游资源和环境的破坏、旅游活动及其他人类活动所产生的"三废"（废物、废水、废气）等而造成的旅游资源和环境质量下降（退化）以及建筑或其他景观与生态环境不和谐等；社会生态环境问题是指因人类社会经济畸形发展或政治动乱（如战争、恐怖事件等）所造成的生态环境质量降低或破坏。

其中，次生生态环境问题是最主要、最关键的表现形式，究其成因，既有源于旅游景区的"建设性破坏"和旅游者人为的生态环境破坏所造成的"内源性"破坏，也有源自旅游景区外围"三废"对旅游环境的污染以及经济建设对旅游环境破坏所形成的"外源性"破坏。无论是何种原因造成的何种形式的破坏，都极大威胁了旅游生态系统的健康运行和良性循环，使其无法持续稳定地为旅游经济社会系统的发展提供必要的自然基础。因此，必须加强对旅游生态系统的维护和改善，将生态系统的建设纳入旅游经济发展的必要框架体系之内，使其成为旅游生态经济社会复合系统运行的前提和保障。

从以上的分析中可以看出，旅游生态经济社会复合系统是由旅游经济子系统、社会子系统和生态子系统耦合而成的复合系统，它不同于三个子系统的简单叠加，而是具有自身运行规律和发展目标的全新的开放式动态复杂系统。这其中，自然生态系统通过生态承载力和环境容量对旅游生态经济社会复合系统的发展规模、发展水平及其内部结构特征起到支配作用，而社会经济系统则通过生态足迹和旅游需求深刻地影响着旅游生态经济社会复合系统的整体面貌。旅游生态经济社会复合系统能否得到健康发育取决于系统的环境容量与生态旅游需求在总量及其结构上的匹配关系，各子系统的最优并不等于系统整体功能的最优，复合系统的经济功能、生态功能和社会功能一般不能同时得到最佳发挥，必须综合平衡或有所侧重，才有可能达到整体功能的最佳状态。该复合系统的特殊性决定要改善和加强系统功能必须遵循自然规律、经济规律和社会规律的辩证统一，因此应把旅游经济发展、旅游资源开发利用、生态环境建设和社会文明进步等因素融入一个完整的旅游经济生态社会复合系统中，才能使各个子系统协调互动发展，实现旅游资源的持续利用、生态环境的稳定平衡、旅游经济的优化高效和社会文化的和谐进步。

第二节 旅游生态经济社会复合系统的矛盾运动

社会经济系统和自然生态系统之间的相互作用一般认为可以形成以下几种状态：一是自然生态与社会经济相互促进、协调和可持续发展状态；二是自然生态与社会经济相互矛盾、恶性循环状态；三是自然生态与社会经济长期对立、生态和经济平衡都被破坏的状态。实际上，第三种状态是第二种状态的发展导致质变的结果，这两种状态都应称为不可持续发展状态，只有第一种才是目前被全世界公认的人类应选择的"可持续发展"之路，才是既满足当代人的需要又不危害后代人满足其自身需要能力的发展状态。所以，可持续发展是生态经济社会复合系统协调互动状态的功能体现。

旅游生态经济社会复合系统的提出是一种新的旅游发展思路和模式，它建立在认识旅游经济运行新特点的基础之上，旅游经济是旅游供给与旅游需求的矛盾运动并由此产生的诸多经济现象和经济关系的总和，旅游经济的良性运行有赖于对旅游供求矛盾及相关经济现象与经济关系的系统分析、有效整合。

一、旅游生态经济社会复合系统的多重矛盾

（一）旅游经济增长需求无限和生态供给有限之间的矛盾

旅游生态经济社会复合系统的基本矛盾是：快速增长的旅游社会经济系统对自然生态资源需求的无限性与相对稳定的自然生态系统对自然资源供给的有限性之间的矛盾。在旅游经济发展实践中突出表现为人们快速增长的旅游消费需求和自然旅游资源供给相对不足及生态环境容量有限所带来的挑战。

旅游生态经济社会复合系统首先是消耗系统，因此引出了旅游供给消费和旅游资源承载力的矛盾。没有对旅游资源的开发和自然生态环境的利用，旅游经济的发展是难以为继的，所以对旅游资源的消耗和对生态环境的利用存在边界，并非毫无节制。

旅游生态经济社会复合系统同时也是排泄系统，因此引出了旅游生产和消费过程中产生的污染和自然生态系统自净能力的矛盾。旅游产业看似无烟工业，但是实际上旅游经济的发展一样会产生垃圾和污染，成为破坏自然生态的重要根源。因此旅游经济活动也存在极限，不能超过自然生态环境的自净能力。

旅游生态经济社会复合系统还是一个活动系统，因此引发了经济社会系统的活动力和自然生态系统的环境容量之间的矛盾。自然生态系统是旅游经济活动的舞台，但是这种活动却时时给自然生态系统带来巨大压力，甚至超出环境容量。尤其是近年来随着旅游经济的高速发展，这种生态压力表现得尤为明显。

目前旅游经济的发展方式仍然以掠夺性地消耗旅游资源为主，给自然生态环境带来巨大压力，对旅游资源消耗利用以及对环境污染的增长速度要快于旅游经济的增长速度。随着旅游经济的迅速发展和旅游需求的不断增加，这种矛盾已经表现得越来越明显：一方面，人们的旅游需求不断呈几何级数增长；另一方面，由自然生态超负荷运转和环境污染而产生的自然生态的供

给力却在不断缩小，其结果必然导致旅游生态系统矛盾的不断激化。所以，旅游经济增长和环境污染、生态破坏、资源退化之间的矛盾是现阶段旅游生态经济社会复合系统基本矛盾运动的主要形式。

（二）旅游经济扶贫意愿强烈和生态保护意识薄弱之间的矛盾

旅游扶贫就是在旅游资源条件较好的贫困地区通过旅游业的发展带动地区经济发展，进而脱贫致富的一种区域经济发展模式。这些贫困地区往往区位条件差，基础设施薄弱，劳动力素质较低，吸引外资能力有限，而旅游资源却异常丰富。但是贫困的治理并不是一项随意的短期行为，否则就会使一些贫困地区在暂时脱离贫困之后又出现"返贫"现象，在这些地区旅游资源的富集性与生态环境的脆弱性是并存的，虽然旅游具有扶贫和促进当地社会经济发展的拉动效应，但是旅游经济是典型的资源依托型产业，对生态环境具有极强的依附性和依存性，良好的自然生态系统是其发展前提。因此，通过旅游扶贫，也必须协调旅游开发与生态环境建设，促进两个产业的互动，解决好经济发展和生态保护之间的矛盾。然而在面临上述矛盾时，无论是当地政府还是社区居民对于通过发展旅游经济来摆脱贫困的愿望都十分迫切。因此对于外来资本的投资几乎都是抱着欢迎的态度，至于其环境影响和评价则考虑得十分有限。而资本带有逐利的天性，在面临经济利益与生态利益冲突的时候，他们往往会自觉地选择牺牲生态利益来获取和维护经济利益，导致在很多旅游地消灭贫穷和保护生态环境的矛盾突出。因此旅游扶贫开发必须把生态保护放在首位，在开发中强化保护，做到严格保护，合理开发，强化管理，不能以牺牲旅游资源和生态环境为代价来换取一时的"繁荣"。

（三）旅游经济发展的物质文明追求刚性和生态文明建设不足之间的矛盾

随着社会进步、经济发展、人口增长、生活水平不断提高，人类改造生态环境的能力和范围不断扩大，自然生态环境不断恶化，环境污染加重，自然灾害加剧，资源短缺，生态失衡。生态危机已经到了影响人类生存、社会发展进步和国家兴盛的地步，对此，在我国社会主义社会建设已经着力实施建设的物质文明、精神文明、政治文明三大文明基础上，提出必须重视的作为"三大文明"建设之后的第四文明——生态文明，将其作为人类文明体系的重要组成部分，作为我国社会主义现代化建设的第四个基本目标。

目前，在追求经济发展的过程中，突出了经济发展与环境保护对立的一面，忽视了统一的一面，造成了生态环境急剧恶化。据原中国国家环保总局统计，每年因环境污染死亡的有 40 万人；每年的环境损失占国内生产总值的 10%，几乎和目前的经济增长率相当。世界银行的估计也与此类似，在 8% ～ 12%，相当于每年 1240 亿～ 1860 亿欧元。这说明，环境污染和破坏造成的损失是惊人的，我们的收益被环境污染和破坏损失抵消，环境现状仍是十分严峻的。

旅游经济发展对生态环境具有最直接的影响和最明显的作用，重视旅游经济增长轻视生态环境保护建设是一直以来困扰和制约旅游经济发展的问题，成为当今旅游经济发展过程中生态经济矛盾的核心问题之一。事实上物质文明建设不能以失去生态文明为代价，只注重经济效益的物质追求，会造成严重的生态环境破坏，有的破坏甚至无法逆转，以牺牲生态环境作为代价来谋求旅游经济发展反过来又制约旅游经济发展。

长期以来对物质文明建设的过分关注和强调使得在旅游经济领域物质文明建设的需求和生态文明建设的需求也常常存在矛盾：用于生态环境保护、改善和建设的投资较少，物质文明建设和生态文明建设的投资比例严重失调，旅游供给和消费过程中产生的污染不断增多，已经给生态环境造成了破坏性的影响。这种影响甚至是不可逆的，不可修复的，造成了物质文明追求和生态文明建设的直接冲突，影响了和谐社会的建设。没有良好的生态条件，人类不可能在旅游活动中获得高质量的物质享受、精神享受和政治享受；没有良好的生态条件，人类自身就会陷入不可逆转的生存危机。因此，发展旅游经济不能只顾眼前的物质文明建设而忽视生态文明建设，一定要使两者保持合理比例关系，促进它们同步发展。

生态文明建设不仅包括生态环境保护、污染治理和维护生态安全，而且包括环境建设，修复环境，并且更应该加强生态文明意识形态建设，发展生态文化，培育生态道德。只有有了文明的生态意识，才能有符合生态要求的生活和生产行为。生态文明建设的目的就是使旅游经济建设与资源、环境相协调，实现良性循环，走生产发展、生活富裕、生态良好的文明发展道路，保证旅游经济和整个国民经济体系的永续发展。

二、旅游生态经济社会复合系统矛盾的解决：旅游经济发展方式转变

（一）旅游生态经济社会复合系统矛盾运动对传统经济发展方式的自我否定

资本主义生产方式确立之后，特别是"第二次世界大战"结束以后，人类社会迅速发展，物质财富大大增加，这当然归功于资本主义先进的生产方式。人们开始相信只要不断改进生产方式、大规模地投资、大规模地生产、大力发展工业，就可以无限制地征服自然、改造自然，就可以保证经济的高速增长，而经济的发展又会带动社会其他方面的发展，如政治的民主化、教育的发达、价值观念的更新、生活方式的变革等，人们沉浸在征服自然、改

造自然的快乐中。同时人们期待着人类社会的全面发展。然而这种以经济为中心的发展战略是建立在消费大量不可再生资源的基础之上的。随着时间的推移，这种发展战略越来越暴露出局限性。进入 20 世纪以来，生态环境日益恶化，人口数量逐年增加，生态危机和人口爆炸已经严重制约了社会的发展。1972 年罗马俱乐部向世人展示了他们的第一份研究报告——《增长的极限》。该报告认为，地球上的资源是有限的，如果人口与经济无限度地增长，将超出资源的承受能力，甚至将耗尽资源，至此人类将面临生存危机。由此看来，传统的发展战略虽然在一定程度上实现了人类社会的发展，但它造成了资源短缺、环境污染、政治动荡等问题，这种发展是畸形发展，有的学者把这种发展称为"无发展的增长"。

自工业革命以来，传统经济发展方式主宰了现代人类几百年的历史进程，对旅游经济的发展方式也是影响深远。正是在传统旅游经济发展方式的驱使下，人类在旅游经济领域中取得了丰硕的物质成果和经济财富，旅游经济也成为世界范围内新兴的有活力的经济，甚至被视为传统工业文明背景下相对清洁的无烟工业和朝阳产业。然而当经济理性被无限放大之后，当人类开始片面地追求旅游经济的无限增长，却发现旅游经济已经陷入重重危机之中：旅游经济活动需求的无限扩大与生态系统负荷过重而供给能力相对缩小之间的矛盾日趋尖锐；旅游经济活动的不合理使污染迅速增加与生态系统净化能力及环境承载力下降的矛盾日趋尖锐。自然生态系统的供给能力正在上升为旅游生态经济社会复合系统矛盾的主要方面，成为旅游经济发展不可持续的深刻根源。

旅游经济发展中所暴露出来的种种问题已经表明，传统旅游经济发展方式只是把经济社会系统直接供给给旅游经济生产消费的物质定义为财富；而由自然生态系统直接供给给旅游经济生产和人们生命与生活的物质不视为财富，排除在旅游经济的生产与分配过程之外。这种否定生态要素作用、排斥生态资本、忽视生态成本的做法已经使旅游经济的发展付出了巨大代价，如果继续沿用传统旅游经济发展方式，就将会导致不可持续的巨大风险。

（二）旅游生态经济社会复合系统矛盾运动对可持续经济发展方式的迫切要求

生态经济系统基本矛盾尖锐化并不能成为以"增长极限""零速增长""反增长""反实现"等悲观论调来看待未来世界的发展的根据，而恰恰说明生态经济系统的生态与经济需要保持相互协调与和谐发展的内在要求。

旅游生态经济社会复合系统的矛盾运动反映了人类对可持续旅游经济发展方式的迫切要求，可持续旅游经济发展方式强调人类在追求生存与发展权利时应保持与自然旅游资源和生态环境的和谐关系，强调当代人在创造和追求今天的旅游经济发展与进行旅游消费时应承认并努力做到使自己的机会与后代的机会平等，是在旅游经济领域解决生态经济矛盾的新的发展思路。

可持续旅游经济发展方式调整和改变了人们旅游经济活动的价值体系，克服了传统经济发展方式用货币表现的一定时期内所生产的全部物质资料价值的产值观，认为现代社会旅游经济发展是人们为了提高物质生活和精神生活水平，以一定的生产关系联系起来，在保护自然生态环境和旅游资源的前提下，通过合理地改造自然、利用自然和开发自然，创造物质财富和精神财富的过程。它创造了新的生态经济价值观，使人们的旅游经济行为在不危及生态系统的前提下寻求当代旅游经济发展与生态系统协调的发展途径，使生态价值总量在旅游经济发展过程中不至于下降和大量损失，使旅游资源和自然生态环境的数量和质量得以保证旅游经济可持续发展，缓解生态系统供给不足的矛盾。

可持续旅游经济发展方式揭示了人类旅游经济活动与发展行为在创造正价值的同时，也存在创造负价值问题，要求人类尽量把旅游经济发展过程中的负价值降到最低限度。人类在旅游经济活动过程中的劳动，不仅在经济系统中凝结聚集抽象劳动形成商品价值，即正价值，而且凝结聚集到生态系统中形成废弃物和污染，表现为旅游经济活动的负价值，废弃物和污染物排入自然环境，返回生态系统造成环境污染、生态破坏和旅游资源退化，结果使环境质量下降，生态资本损耗，又产生负价值。与此同时，人类在旅游经济活动过程中的劳动凝聚到生态系统并发生流转和传递，又会使生态系统功能发生变化。其表现为：增强生态系统的生态功能，创造生态价值而形成正价值；削弱甚至损害生态系统的生态功能，使生态价值丧失而表现为负价值。因此旅游活动过程中人的劳动所创造的价值，并不一定都是正价值，也可能会表现为零价值或负价值。这就说明在旅游经济发展中必须消除无用的、有害的产生负价值的劳动，包括物质、精神、生态生产与再生产过程中的无用劳动和有害劳动，使旅游经济发展过程中最低限度地产生负价值，加强旅游经济过程中的生态文明建设，保障旅游经济的健康运行与良性循环，解决生态文明建设不足的矛盾。

在可持续旅游经济发展方式的指导下，只有正确地认识旅游生态经济社会复合系统的矛盾运动，才能正确处理好经济发展与环境保护、人与自然和谐等关系，才能保证我国旅游经济建设的顺利进行并使其取得应有的成效。如果对旅游生态经济社会复合系统矛盾不能形成正确的认识并使其得到合理的解决，则不但会造成生态环境破坏和污染，使旅游经济的发展受到严重影响、缺乏持续发展的动力，而且会给子孙后代留下沉重的包袱或负担，甚至是毁灭性的灾难。十六届三中全会提出的"五个统筹"，其中之一就是"统筹人与自然的和谐发展"，这是一条符合中国国情的可持续发展之路。实际上，只有人与自然的关系和谐了，生态系统保持在良性循环水平上，人的发展才能获得永续的发展空间，小康社会也才能最终实现。

三、可持续旅游经济发展方式的三维动力机制

（一）生态可持续性、社会可持续性和经济可持续性相互适应

生态可持续性是生态资本存量非减性的表征，是旅游资源和生态环境质量对旅游经济社会系统可持续发展所具有的生态适应性。它要求人类维护旅游资源的生产能力，维护旅游生态系统的完整性和生物多样性，保持旅游环境总体状态的相对稳定与协调关系，从而使旅游经济发展保持在旅游生态系统承载力的范围之内，促使生态潜力的积蓄速度超过经济潜力的增长速度，实现生态资本存量至少不下降或有所提高。

经济可持续性是经济资本存量增加的表征，是旅游经济发展对生态和社会可持续发展所具有的经济适应性。通过科技进步机制和投入机制可以使旅游经济的发展更好地适应生态和社会的全面进步，旅游经济系统的可持续性和社会、生态可持续性是交织在一起的。旅游生态系统平衡若遭到破坏，会使旅游经济系统得不到足够的物质和能量，导致经济系统运动失衡。反之，对旅游生态系统的维护和改善所获得的生态效益，又必须依靠经济系统的支持，并随时间推移转化为经济效益和社会效益。

社会可持续性是人力资本存量增加的表征，是社会发展对生态和经济可持续发展所具有的社会适应性。社会可持续性既包括人们旅游活动中所追求的物质享受和精神享受，又包括人们对旅游生态环境和资源质量的生态需求。我们应提倡适度消费和文明旅游方式，通过旅游活动达到人与自然和谐统一的境界。

旅游经济发展是以生态可持续性为基础与以经济可持续性为主导相互适应、相互作用的协调关系，既不以牺牲旅游生态系统的利益为代价来换取旅游经济增长，也不以牺牲旅游经济系统的增长片面强调旅游生态系统的保护，而是在三种可持续性相互适应的基础上建立可持续旅游经济发展方式，实现旅游经济在生态、社会和经济三个维度上的良性循环和健康发展。

（二）生态资本、人力资本、物质资本相互增值

可持续旅游经济发展方式将价值、财富和资源配置的内涵拓宽到生态、经济和社会方面，使生态资本与人力资本和物质资本一起协同发挥作用，成

为驱动旅游生态经济社会复合系统健康发展的"三驾马车"。

物质资本积累是促进旅游经济增长的重要因素，人力资本是旅游经济增长的主要源泉，在可持续旅游经济发展方式的视野体系之内，生态资本与人力资本、物质资本一起成为社会总资本的重要内容，而且是旅游经济可持续发展的最基本制约因素和基础性决定作用。

生态资本对于旅游经济活动是一种有价值的具有基础性、公共性的自然资产，在市场经济条件下，人类社会经济活动如果使用和消耗了这种自然资产，或者活动过程和结果对这种自然资产造成损害，就必须按照生态资本保值增值的要求设立"生态资源账户"，在价值上进行补偿，通过价值补偿保护和恢复生态资本原有的自然使用价值，保障从生态资本参与价值和剩余价值创造过程的能力不被逐步降低。人类旅游经济活动除了通过价值补偿保护修复生态资本外，还必须通过人类绿色技术、绿色金融、绿色管理等绿色实践活动，高效开发和节约利用生态成本，最大限度减少对生态成本的人为干预和破坏，实现生态资本量的累积和质量的提高，扩大提升人类经济扩大再生产和可持续发展的自然基础。

生态资本是存在于旅游生态系统内用于旅游经济活动的自然资产，但并非"大自然的恩赐"。生态资本是资本体系存在的自然物质基础，离开这种自然物质基础，其他资本形态就无从谈起；生态资本是资本体系保值增值运动的自然物质基础，生态资本的保值增值决定其他资本的保值增值，其他资本形态都必须反映生态资本保值增值发展规律的要求，并接受生态资本的规定、制约和改造。

传统旅游经济发展方式使人们将社会总资本仅仅视为物质资本，因而旅游经济活动只是追求物质资本的利用与增值，而忽视人力资本和生态资本的有效利用和不断增值，甚至为了尽快壮大物质资本而不惜牺牲自然资产和人力资源，造成人力资本和生态资本的极大浪费和严重破坏。只有在三类资本相互增值的基础上建立可持续旅游经济发展方式，才能符合现代生产力发展和社会文明进步的客观要求，保持社会总资本存量增加，为旅游经济可持续发展提供必要前提。

（三）生态创新、技术创新、制度创新相互作用

制度创新不仅是指物质生产领域的经济体制及其运行机制的变革，而且包括精神生产、人类自身生产和生态生产等领域的体制及其运行机制的变革。只有这样，才能实现物质再生产、精神再生产、人类自身再生产和生态再生产的相互适应与协调发展，才能促进物质资本、人力资本、生态资本相互增值，从而确保经济可持续发展。

技术创新是旅游经济可持续发展的主要驱动力。旅游经济的技术创新应用体现在以下几点。

1. 产品创新

如旅游景点的重构与再造，旅游纪念商品的设计、开发、制作，娱乐场所的改造，旅游线路和旅游方式的多样化创新组合等。

2. 工艺创新

如交通、通信、食宿、游览、娱乐、安全、督察、旅游商务、受理投诉等与旅游相关的各项服务手段的改进。

3. 功能创新

如运用最新的高科技手段多角度地开发旅游景点和休闲活动的文化内涵；对某些特殊景点和服务设施进行多功能化的综合设计；运用相应的宣传促销理念和手段改变或诱导游客，帮助旅游服务人员树立新的旅游观念，提高游客和服务人员的旅游文化档次等。

生态创新包括旅游生态系统本身的变革、创造新的人工生态系统和经济社会系统生态化即社会生产、分配、流通、消费再生产各个环节生态化过程。通过生态创新有目的地改变人与环境的生态关系，增加旅游生态系统运转的生态资本，增强旅游生态系统的转化功能，能够使旅游生态系统的结构和功能更好地适应旅游经济社会系统的发展需要，提高旅游生态系统适应现代旅游经济发展的供给能力和对旅游经济发展的支撑能力。

制度创新、技术创新、生态创新相互作用的可持续旅游经济发展方式推动着旅游经济的健康运行与可持续发展，它表明旅游经济发展过程中制度演变—技术进步—生态改善之间存在必然的、内在的、本质的联系，对于旅游经济运行和发展，制度创新具有保障作用，技术创新具有主导作用，生态创新则具有基础作用。

（四）生态文明、精神文明、物质文明相互促进

旅游经济建设要追求物质文明、建设文明和生态文明的有机统一与协调发展。物质文明建设主要解决人们福利增加的物质需要，旅游是人类在现代物质文明高度发展基础上所形成的一种高层次的生活需求。精神文明建设主要满足人们全面发展的精神需要，旅游的本质是一种精神文化活动，发展旅游经济，人们通过参观、游览、观赏吸收古今中外文化的宝贵财富，增加知识，丰富阅历，可以提高国民素质，从而提高人力资本的质量。

生态文明既包含物质文明的内容，又包含精神文明的内容。生态文明并不是要求人们消极地对待自然，在自然面前无所作为，而是在把握自然规律的基础上积极能动地利用自然、改造自然，使之更好地为人类服务，在这一

点上，它是与物质文明一致的。生态文明要求人类尊重和爱护自然，将人类的生活建设得更加美好；人类要自觉、自律，树立生态观念，约束自己的行动，人在生态经济系统中的主体性和能动性可最终实现系统的可持续发展，又具有精神文明建设的内容，尽管生态文明与物质文明和精神文明有一定的联系，却并不是两者的附属物，生态文明建设有其相对独立性。生态文明建设的一个重要内容就是要恢复和保持生态系统的整体有用性，只有通过生态文明建设，保护自然生产力，解放和发展生态生产力，旅游经济活动才能产生生态效益、社会效益和经济效益的协同。

旅游经济的发展，既包括物质财富的增加又包括社会文明的进步，还包括自然生态系统的发展，其中生态系统的发展状态与走向越来越成为评价旅游经济发展质量、水平和程度的客观标志。所以，重视生态文明建设，形成物质文明、精神文明和生态文明的紧密结合，并将其有机统一于旅游经济的可持续发展进程中，是我国建设现代文明的客观需要，也是可持续旅游经济发展方式的战略任务。

可持续旅游经济发展方式是一种多要素全方位的综合发展方式，它以旅游经济发展为中心，将经济发展与社会、制度、科技、资源、环境融为一体，建立生态经济协调发展、人与自然和谐相处的新型发展观。

第十章 旅游经济发展方式转变的动因考察

生态外生的传统旅游经济发展方式实际上以牺牲生态环境为代价换取经济增长，以危害长远发展为代价换取当前发展，以损害全局利益为代价换取局部利益，以剥夺他人的发展资源换取自身的发展。因此失去了健全的生态基础和协调的经济关系而难以持续而使旅游经济发展不具有可持续性。转变传统的旅游经济发展方式是当前无论在理论界还是业界都必须迫切需要解决的问题。本章将对旅游经济发展方式转变的动因进行考察分析。

第一节 旅游经济发展方式转变的经济动因

一、旅游自身发展面临升级转型

经济发展与经济增长是内涵与外延完全不同的两个基本概念。具体地说，经济发展的内涵包括以下几个方面：（1）经济数量的增长，即一个国家或地区产品通过增加投入或提高效率获得更多的产出，构成经济发展的物质基础；（2）经济结构的优化，即一个国家或地区投入结构、产出结构、分配结构、消费结构等各种结构的协调和优化，是经济发展的必然环节；（3）经济质量的提高，即一个国家或地区的经济效益水平、社会和个人福利水平、居民实际生活质量的提高、经济稳定程度、自然生态改善程度以及政治、文化和人的现代化，是经济发展的最终标志。经济增长是指一个国家或地区经济量上的变化或增加，即指一定时期产品和劳务的增长。经济增长包含在经济发展之中，它是促成经济发展的基本动力和物质保障。一般而言，经济增长是手段，经济发展是目的；经济增长是经济发展的基础，经济发展是经济增长的结果。同理，生态外生型传统旅游经济发展方式作为单纯追求旅游经济增长的发展方式，实际上只是旅游经济发展的一种"过程状态"；而生态内生型可持续发展方式同时关注旅游经济数量增长、旅游经济结构优化和旅游经济质量提高，是旅游经济发展到较高层面的一种"理想状态"。

我国的旅游业经过 30 余年从弱到强的壮大发展，经历了高资源代价、高环境代价的高速增长阶段，基本达到了旅游经济发展的"过程状态"，通过其自身的自组织功能也已积蓄着较强的向旅游经济发展"理想状态"转变，实现升级转型的动能。

（一）旅游资源驱动

旅游资源是指那些凡是能够激发旅游者的旅游动机并促动其实现旅游活动，可为旅游业发展所利用，并由此产生一定的经济、社会及生态环境效益的一切自然存在和社会创造。一个国家或地区旅游资源的特色、丰度状况、利用程度及开发水平，直接影响到其旅游业经营的规模和与之相关的旅游消费水平。旅游资源既有有形的如山川、泉瀑、园林、寺塔等形态化的物质资源，也有无形的如文化、民俗等不易感知和触摸到的非物质资源。无论哪种形式的旅游资源，如果利用和保护不当，都容易遭到破坏、消失甚至永远不可再生。我国目前已有 26 个省市自治区将旅游业定位为"支柱产业"来发展，基层县、乡、镇、村开发旅游的热潮如火如荼，"旅游名镇""旅游名村"遍地开花，凡是对旅游者稍具吸引力的资源基本上都成为旅游开发的对象。尽管政府早已把提高资源利用率和转变经济增长方式作为经济社会可持续发展的主题与当务之急，但习惯于以 GDP 作为经济增长目标和考核政府官员政绩的主要指标，使以大量消耗资源和粗放经营为特征的传统发展模式得以延续，重发展速度和数量，轻发展效益和质量，重外延扩大再生产，轻内涵扩大再生产，对旅游资源重开发轻保护，加上合理开发旅游资源的技术发展滞后，以及中央政府与地方政府基于管理角色差异而导致的利益博弈造成旅游资源有效利用机制的缺失，使旅游经济增长在很大程度上主要依靠旅游资源的过度消耗和掠夺开发来实现，存在着"高投入、高消耗、高排放、不协调、难循环、低效率"的问题。因此，转变旅游经济发展方式，由旅游资源的粗放式开发转向精致化开发成为旅游经济发展的一种内在需求。

（二）旅游环境驱动

旅游与环境之间的作用关系是一个双向的交互过程，两者相互依赖且相生相克。旅游开发以旅游目的地的环境为依托，同时又以人为因素对环境的影响为代价。伴随着旅游业的蓬勃发展，旅游环境质量问题也日益突出。在旅游业为满足旅游者住、食、行、游、娱、购等需求而进行旅游产品生产的时候，必然会引起程度不统一的环境污染和生态破坏。特别是人类在开发建设风景区的时候，必然对它输入一定的物质和能量，如建筑材料、物资设备、食物、燃料等，这就对景观生态系统物质循环与能量流动产生一种很强的干扰。旅游者作为旅游产品的消费者，在旅游消费活动中又再次产生干扰或污染。例如将原始森林辟为森林公园，往往引起某些物种尤其是野生动物濒临灭绝，而络绎不绝的游人又会使许多动物远走高飞。一个显著的事实是，我国旅游地环境质量退化加剧，几乎每一个旅游地都面临着水污染、大气污染及垃圾污染等环境压力。此外，旅游环境容量问题也不容忽视，例如假日旅游"火爆"的背后是景区内的拥挤不堪、人满为患、交通紧张、食宿困难等一系列难题。可见，只有以切实保护旅游环境为前提，转变旅游经济发展方式，才能实现旅游业的可持续发展。

（三）旅游竞争力驱动

在市场经济条件下，竞争是所有企业都必须直面的挑战。随着经济全球化和信息技术的飞速发展，市场竞争也日益激烈。尤其是 2001 年中国正式加入世界贸易组织（WTO）之后，我国旅游企业所面临的外部竞争压力空前加大。实际上，在我国服务贸易的大门完全向国外打开之前，由于对国外旅游企业准入门槛的限制，国内旅游企业是在一种相对受保护的状态下进行的内部不完全竞争。在这种竞争状态下，旅游经济并非最具效率和活力；而随着《服务贸易总协定》的签订，与国外大型旅游企业集团在同一起跑线上赛跑立刻成为一种现实，国内外旅游企业将在资金、资源、人才、效率等诸多方面进行全方位比拼。此时，如果不转变旅游经济发展方式，就不能从根本上提升旅游经济的整体实力，就会直接影响我国旅游经济的国际竞争力。

二、旅游市场生态需求不断升温

世界旅游组织将 2002 年定为"国际生态旅游年"，并同联合国环境规划署（UNEP）、国际生态旅游协会（TIES）于同年 5 月在加拿大魁北克省召开的世界生态旅游峰会上发表了《魁北克生态旅游宣言》，大力推动了生态旅游在世界范围内的大发展，全球很多机构、学术团体、公司企业、政府和非政府组织都把生态旅游作为协调经济发展与环境保护的最佳选择。而早在 1999 年，我国国家旅游局就确定当年的旅游主题为"生态环境旅游年"，引发全国各地不同形式的生态旅游活动风起云涌。近年来，我国的生态旅游与自然保护区建设、森林公园管理、自然景观资源开发和生物多样性保护结合，使生态旅游事业又向前迈出了科学而坚实的一步。

由于生态旅游是通过人们喜闻乐见的形式，生动形象的宣传来展示自然科学知识，提高人们的环保意识和科学文化素养，同时还贯穿了美的欣赏、身心的愉悦和体质的增强，因而受到广大人民群众的青睐，其市场需求不断升温。据有关统计数据表明，生态旅游在旅游业中增长最快，年增长率高达 30%。

作为 21 世纪兴起的一种全新的旅游形式，生态旅游在遵循可持续发展原则的过程中，需要建立一系列相应的规范和标准来实现其对自然和社会负责的承诺。生态旅游观则在很大程度上对原来的旅游经济发展观起到了重要的修正作用。

生态旅游的自然观认为，生态旅游是"到相对没有受干扰和污染的自然界去旅游，尽情欣赏大自然风光，并感受人类文明发展的历史"，需要"带着真诚去旅游，去感受相对原始的乡村环境和乡土文化，观察和亲近野生动物，在不损害地方文化和自然资源的情况下尽情游乐"。简单地讲，生态旅游就是享受自然，并通过对大自然真实的感受和体验，唤醒人们的环境意识。

生态旅游的环保观认为，生态旅游过程中对大自然的感受、认识和改善都应谨慎从事，从而使它不会产生传统旅游可能产生的环境和社会问题。它将努力为每个旅游者树立更加清晰的环保意识，并对旅游目的地的社会经济发展和生态条件的改善做出积极的贡献。因此，生态旅游就没有必要大规模、集中性地开发，以免造成生态环境的恶化，而是应尽可能地让人们更多地接触和体验大自然的奇妙，进而认识到环境的价值并加以保护，保留那些曾经遭到破坏而加以修复的环境。

生态旅游的经济观认为，生态旅游应当是一种模式，即将自然区域作为发展旅游的基础部分，而其中的生物资源则是和社会经济密切相连的部分。通过对当地的投资和当地居民的参与，小规模渐进式发展，提供一种既能保护环境又能带动经济发展的机遇。因此，通过社区参与的方式建立和保护生态旅游区，并通过市场化加强管理，进而对旅游目的地的社会经济发展和生态条件的改善做出积极的贡献应该成为一种既发展经济又保护环境的理想化答案。

正是基于上述共识，旅游市场的生态需求日益强烈。可以说，作为旅游市场的重要组成部分，生态旅游的勃兴和逐渐走向深入，构成旅游经济发展方式转变的市场动因。

三、旅游生态补偿机制有望完善

生态补偿（Ecological Compensation）是当前生态经济学界的热点问题之一。1992 年联合国《里约环境与发展宣言》及《21 世纪议程》中将其表述为"在环境政策制定上，价格、市场和政府财政及经济政策应发挥补充性作用；环境费用应该体现在生产者和消费者的决策上；价格应反映出资源的稀缺性和全部价值，并有助于防止环境恶化。"从本质上看，生态补偿就是促进生态保护的经济手段或者说制度安排。

我们必须正视旅游开发对环境的负面影响，哪怕被普遍看作对协调旅游经济发展和环境保护具有积极作用的生态旅游，也仍然可能给环境造成某些消极影响。所以，在旅游经济发展过程中引入生态补偿机制显得尤为必要和紧迫。旅游生态补偿机制是旅游经济发展与资源环境容量有限之间矛盾运动的必然产物，它运用"资源价值论"的观念重新评价生态环境资源的实现价值，运用政府调控与市场化运作的方式让开发、利用、破坏生态环境资源的人们支付相应的经济补偿，用于生态建设和环境保护，以便为旅游发展提供可持续利用的资源基础和生存环境。旅游生态补偿机制应该存在下列模式．

（一）财政转移型旅游生态补偿机制

其实质就是政府在公平的基础上将部分财政收入进行重新再分配的过程，政府运用补贴或奖励的形式，对保护和建设生态环境中的公益劳动行为给予不完全的报酬支付，对因保护生态环境而牺牲自身利益的人们给予不完全的补给。但这种补偿机制完全依靠"外部输入性供给"，使当地生态保护和建设工作缺乏自我发展的机制，丧失了生态保护的内驱原动力和内生支撑力。而且，补偿资金是按照财政收入的一定比例支出，与实际发生的经济损失或贡献大小的关联度不强，无法对损益者所牺牲的利益进行全部性补偿，难以满足受补者对补偿强度的现实需求。

（二）反哺型旅游生态补偿机制

此种补偿机制的关键在于准确找到因为旅游开发行为而形成的经济受益者和生态环境损益者，由受益者按照适当的比例对损益者进行补偿。由于生态环境资源作为外部性的公共物品具有投入产出的外溢性，对区际环境变化与相邻地区社会增长之间内在联系的清晰显示存在一定困难，确定科学合理的补偿计算方法并对补偿机制进行操作量化是反哺型生态补偿机制能否顺利实施的关键性因素，必须在生态补偿的受益者和损益者之间找到最佳的平衡点，多方考察，联动运作，建立一套相应的生态补偿评价体系。

（三）公益型旅游生态补偿机制

此种补偿机制代表着生态补偿机制未来的发展趋势。本着"谁开发谁保护，谁破坏谁恢复，谁利用谁补偿"的原则，国家根据生产经营方式和环境保护活动等因素来增收生态环境补偿费，补偿金纳入预算管理后转为用于生态环境保护的专项费用，对因保护生态而放弃正常发展的受损者进行补偿，对生态环境的建设者进行资助。公益型生态补偿机制能够处理好地区和地区之间、近期与长期之间的生态利益关系，在法律和市场手段的共同调解下能盘活整体生态资源，为社会发展构建起环境资源支撑体系。目前，广西、江苏、福建等省区已经制定了生态环境补偿费征收管理办法，在旅游行业中征收生态环境补偿费。

显然，旅游生态补偿机制的出现本身就是旅游经济发展方式转变的一种制度尝试，随着旅游生态补偿机制的不断完善，旅游经济发展方式也将不断走向健康、科学。

四、旅游循环经济正在逐步推广

20世纪90年代以来，面对全球人口剧增、资源短缺、环境污染和生态蜕变的严峻形势，循环经济的概念及模式一经提出便被各国（无论是发达国家还是发展中国家）所重视，进而引申出建立循环社会的宏伟目标。进入21世纪后，我国明确提出了要走科学发展的道路，发展循环经济是我国未来社会经济可持续发展的最佳模式。2005年出版的《中国旅游目的地发展研究报告》中，"发展旅游循环经济是实施旅游可持续发展战略的重要载体和最佳模式，是21世纪旅游资源开发保护的战略选择"作为一项命题在国内首次提出。

旅游循环经济是循环经济理论在旅游业中的运用，是循环经济思想与可持续发展思想在旅游业中的具体体现。发展旅游循环经济是实现社会、经济和环境"共赢"的需要。传统旅游经济发展忽视了社会经济结构内部各产业之间的有机联系和共生关系，忽视了社会经济系统和自然生态系统之间的物质、能量和信息传递、迁移、循环，违背了旅游地生命周期理论等规律，形成了资源消耗型的线性经济发展模式，导致很多旅游资源遭到破坏或者枯竭，产生环境污染，造成经济社会和人民健康的损害。而旅游循环经济严格遵循"3R"原则，即减量化（Reduce）、再利用（Reuse）、再循环（Recycle），模拟自然生态系统运行方式，运用生态学规律指导一切旅游经济活动，通过预防和再利用代替"末端治理"，全方位地节约资源和保护环境，在旅游开发和旅游运营中实现旅游景区的环保性开发、旅游资源高效率利用、旅游产品的生态设计和旅游者的可持续消费，使旅游经济的发展从数量型向质量型转变，同时还拉长了旅游产业链，推动了环保产业和其他新型产业的发展，增加了就业机会，促进了社会发展。

旅游循环经济的实践涉及旅游业的各个相关层面，包括旅游目的地、旅游客源地及旅游通道等环节，需要从旅游区的规划、开发、旅游活动开展的全过程综合考虑。

可以预见，旅游循环经济代表了我国旅游业未来发展的方向，它也构成了旅游经济发展方式转变的内生动力。

第二节 旅游经济发展方式转变的社会动因

一、社会环保意识的觉醒

2009 年 12 月 7 日，在丹麦首都哥本哈根召开的全球气候变化峰会上，全世界再一次将目光聚焦于环境保护问题，各国都以较为积极的姿态参与其中，集思广益，献计献策。可以说此次会议是全人类对当前生产和生活方式的一次集体而深刻的反思。人类意识到生产和消费过程中出现的过量碳排放是形成气候问题的重要因素之一，因而要减少碳排放就要相应优化和约束某些消费和生产活动。由于"低碳生活"（Low-carbon Life）理念顺应了人类"未雨绸缪"的谨慎原则和追求完美的心理与理想，一经提出就得到广泛的认同。

所谓低碳生活，是指生活作息时尽量减少能量耗用，从而减低二氧化碳排放量的生活方式。实际上，低碳生活就是一种简约生活的态度，是每一个普通的社会个体自然而然地去节约身边各种资源的一种生活习惯。可喜的是，作为追求低碳生活方式的族群，"低碳族"已经悄然兴起，其规模不断扩大，他们不仅自己主动在衣、食、住、行等方面厉行节约，而且还积极地去影响周围的人，纠正身边的各种浪费资源的行为。尽管二氧化碳给全球带来的环境危机依然十分严重，但日益觉醒的社会环保意识却让我们看到了让地球重新恢复勃勃生机的希望和曙光。

值得一提的是，与众多其他减碳手段相比，"林业碳汇"措施因其成本低、效益高、操作易而备受青睐。林业碳汇是通过实施造林和森林经营管理、植被恢复等活动，吸收固定大气中的二氧化碳，释放氧气，从而起到减少空气中二氧化碳的作用。在北京的八达岭，一个碳汇林林场已经成型，如果想抵消掉自己的碳排放，可以来这里购买碳汇林或种树，这种减碳方式吸引了大量的环保先行者，也成为"低碳族"实现"去碳化"承诺的首选。从另外一个角度来看，林业碳汇也是环保教育与森林生态旅游完美结合的产物，是生态外生型传统旅游经济发展方式向生态内生型可持续发展方向成功转变的典型例证。

与"低碳族"类似，"乐活族"（Lifestyles of Health and Sustainability，LOHAS）也是进入 21 世纪后兴起的一个倡导环保和绿色生活理念的族群，他们崇尚义利合一、天人合一与身心灵均衡发展的价值观，树立离苦得乐、与自然和他人共乐的人生观，主动放弃违背道德、健康、环保与可持续原则的思想与理念，树立人与自然、人与社会、传统与现代、国内与国际都能和谐共生的发展观。"乐活"这个概念是美国社会学者保罗·瑞恩在 1998 年出版的《文化创意者：5000 万人如何改变世界》中首先提出的，意为"健康永续的生活方式"。形象地讲，"乐活"就是在消费时，会考虑到自己和家人的健康以及对生态环境的责任心。这个全新概念的出现，无形中给既要享受现代技术生活又要对自然环境负责的态度倾向下了定义，如同法国学者利奥塔在研究后现代的著作中思考的那样，"后现代总是隐含在现代里，启蒙、后启蒙和非启蒙呈现顺序状态，追求与自然的和谐直接将现代性引入到了后启蒙中"。

由于乐活理念顺应了社会发展的大趋势，乐活生活方式早已流行于欧美发达国家。据不完全统计，在美国每 4 人中就有一人是"乐活族"，欧洲约是 1/3。"乐活"理念传入中国时间虽不长，但已为很多人所接受，并成为一种生活趋势。在宁波举行的 2008 中国青年 LOHAS 时尚文化论坛上，共青团中央和全国学联也力推"乐活"理念，期待更多的人主动加入"乐活族"的队伍中来。

随着"乐活族"的异军突起，"乐活"市场也随之应运而生，包括持续经济（再生能源）、健康生活形态（有机食品、健康食品等）、另类疗法、个人成长（如瑜伽、健身、心灵成长等）和生态生活（二手用品、环保家具、节能汽车、生态旅游等）。从丰田到福特，所有尝试混合动力汽车和氢燃料汽车的制造商每年都要走秀上台；有机食品生产商们更是不遗余力地往 LOHAS 概念上靠拢；甚至旅行社也针对 LOHAS 认同者的增多，频繁打出绿色的自然之旅。按照美国《商业周刊》的说法，如果把所有跟 LOHAS 概念挂钩的产业都统计在一起，一夜之间美国出现了一个接近 4500 亿美元的超级消费理念市场。

不论是在"低碳族"还是在"乐活族"身上，都贴上了鲜明的环保标签，他们对环保生活方式的不懈追求与恳切要求，直接成为旅游经济发展方式转变的强大动力。

二、旅游方式的绿色转变

21 世纪，"绿色"被视为文明的标志。在人们生产生活的各个领域纷纷刮起"绿色风暴"，旅游业也不例外，"绿色旅游"方兴未艾并逐渐成为一种新的社会潮流。绿色旅游是由全球最大的非营利性环保组织、保护国际等环保机构在近年来提出的一种出游新方式，希望游客在旅游时既能放松身心又可以保护环境，并可以用简单易行的方法减少自己对环境带来的影响。以这种方式旅游的游客则被称为"绿色游客"。

绿色旅游作为一种新的旅游形态，具有观光、度假、休养、科学考察、探险和科普教育等多重功能。对旅游者来说不仅是享乐体验，而且是一种学习体验，不是单纯地利用自然环境，而是依靠自然和旅游的并行关系在对自然带有敬畏感和环保意识的基础上进行的旅游，它增加了旅游者与自然亲近的机会，深化了人们对生活的理解。

在绿色旅游的实践中要做到无污染旅行，只要在安排交通、准备饮食、设计活动时按照生态智慧的原则来进行就可以实现，国外一些"绿色游客"的做法对于绿色旅游在世界范围内向更加深入和广阔的层面来开展具有非常重要的示范意义，值得大力推广。在英国，每年大多数家庭都会安排假期，于是长途旅行每年造成了大量的二氧化碳排放，为此越来越多的旅行社和志愿组织提倡绿色出游，其中一种最受关注的方法就是让那些在无法避免的情况下需要搭乘飞机的旅客捐款植树，以此抵消旅程对环境的影响。有人倡议，从英国到冰岛旅游的旅客植树 1 棵，到厄瓜多尔的旅客植树 3 棵，以便达到保护环境的目标。而德国人在旅游的时候第一件事就是准备一个大大的旅行包，里面有筷子、勺子、牙刷、牙膏等，他们用手绢而不是纸巾擦汗，旅馆不提供任何一次性生活用品，全由客人自带。景区内看不到用野生动物制作的旅游纪念品，餐馆里也无野味可供食用，因为捕杀、食用野生动物违反法律。日本的多家旅行社为保护生态环境，推出一日游特别团。游客在观赏湖山美景之际，动手收集园林中的垃圾，以保护园林的整洁。游客只需在风景区收集垃圾 1 小时，便可免费享受温泉浴和午餐。

在我国，绿色旅游主要以森林公园、自然保护区、野生动物园和生态农业园等形态的旅游地为依托。这类地方既是旅游消费者心仪的旅游目的地，也是旅游开发者积极投资的热土。近年来，随着绿色旅游热，其数量和规模都有了较大幅度的增长。

概括来说，绿色旅游的兴起源于旅游经营者和旅游消费者基于社会发展趋势把握的理念革新。就旅游经营者而言，经济效益、社会效益与环境效益的和谐统一，引导以绿色环保为宗旨的健康消费时尚成为其终极目标。就旅游消费者而言，绿色审美理念、绿色行为理念逐渐深入人心，旅游景观中的原生形态美成为审美的最高理想；"除了脚印什么也不要留下，除了照片什么也不要带走"的口号则成为人们外出旅游的行为准则。

毫无疑问，人们旅游方式的绿色转变，也将在很大程度上推动旅游经济发展方式与时俱进，实现由生态外生型向生态内生型的转变。

第三节 旅游经济发展方式转变的自然动因

一、旅游经济发展对生态需求量和依赖度增大

（一）需求原因

在旅游资源环境存量一定的情况下，需求增长是导致其对旅游经济可持续发展约束的首要原因。

（二）利用原因

尽管政府早已把提高资源利用率和转变经济增长方式作为经济社会可持续发展的主题与当务之急，但习惯以 GDP 作为经济增长目标和考核政府官员政绩的主要指标，使以大量消耗资源和粗放经营为特征的传统发展模式得以延续，重发展速度和数量，轻发展效益和质量，重外延扩大再生产，轻内涵扩大再生产，对旅游资源重开发轻保护，加上合理开发旅游资源的技术发展滞后，以及中央政府与地方政府基于管理角色差异而导致的利益博弈造成旅游资源有效利用机制的缺失，使旅游经济增长在很大程度上主要依靠旅游资源的过度消耗和掠夺开发来实现，存在着"高投入、高消耗、高排放、不协调、难循环、低效率"的问题，成为加剧旅游资源环境对可持续发展约束的主要原因。

（三）管理原因

有效管理是节约旅游资源和保护生态环境的重要手段，然而我国资源环境管理不完善，成为资源环境对可持续发展约束的基本原因。尽管我国已颁布实施了《中华人民共和国节约能源法》《中华人民共和国矿产资源法》《中华人民共和国水法》《中华人民共和国清洁生产促进法》《中华人民共和国可再生能源法》等法律，但在资源节约和综合利用方面仍然是薄弱环节，一些法律的内容已不适应社会主义市场经济体制日臻完善的形势要求，有些法律的原则性较强、可操作性较差，各经济主体节约资源和保护环境的法律义务和责任不明确，加之法律执行力度不够，检查监督不到位，使法律法规失去本身的严肃性，难以对浪费资源和破坏环境的行为实施有效惩处，加剧了旅游资源消耗和浪费。

二、旅游经济发展对生态基础的破坏十分明显

旅游经济发展对生态资源和生态环境的破坏十分突出，造成旅游资源环境破坏与旅游环境质量下降的原因是多方面的，概括起来有以下几种。

（一）人类经济行为的不当破坏了旅游资源与环境

在经济发展过程中，工业生产排放的废物及产生的噪声污染了旅游区的自然环境，扰乱了旅游区应有的宁静。一方面，旅游区丧失了以往清新的空气、透明的水体、静谧的氛围；另一方面游客游览的兴致因环境污染而降低。例如，杭州龙井和九溪为新西湖十景之一。现在龙井上游首办起了龙井茶馆，残渣污水排入水沟，发酵发臭，污水溢出流入龙井泉，污染了龙井水源。九溪上游的龙井村，兴建了一座矿泉饮料厂，厂里排出的废水，使九溪水变色。与杭州西湖关系密切的富春江，过去被人们尊为"浙江旅游的生命线"。江水碧波荡漾，清澈见底。近年来，沿江修建了一批小化肥厂、小农药厂、小造纸厂等企业，将大量污水、废渣排入江中，江水变成一片混浊。铁锈般的水面上，漂浮着层层泡沫，使大批鱼中毒死亡。农民饮水引起腹痛、头昏等症状，以致"身在江边无水喝"，不得不从几里之外挑水。

不合理的资源利用与农业生产方式破坏旅游区的自然生态平衡，旅游资源直接受到影响，如森林政伐、过度开采地下水、开山炸石等活动造成水土流失、游览水体水位下降、奇山丽景惨遭破坏等。如黄山每年要砍伐 3 个"1000"，即基建用材 $1000m^3$，薪炭用材 $1000m^3$，被偷伐 1000。再加上游人破坏，黄山植被蓄水能力大大下降。过去降水下部沟溪要在 2 小时后才有大水流到，而且水色澄碧。如今溪水随降雨，几乎是同时暴涨暴落，并且水流混浊。几年来人字瀑半边几乎长期断水，黄山温泉水量也大量减少。又如泉城济南过去因长期过量开采深层地下水，使地下水位急剧下降，造成泉水断流、枯竭。前几年到泉城赏泉观光的中外游客，无不扫兴而归。

在经济结构、生产力布局、城市发展规划中，忽视旅游资源的存在，使得区域经济结构类型、生产力布局方式、城市发展方向与旅游业正常、持续发展对环境条件的要求不相适应。如洛阳采用爆破法打基，在著名的邙山古墓葬区建造了许多工厂，使上千座古墓被毁掉。又如北京周口店猿人洞遗址，兴建和扩建小石灰厂、水泥厂、采石场，炸石挖山，对遗址地址及环境造成了严重破坏。26 个化石点，目前只有 7 个被完整保存下来。

（二）旅游开发和建设破坏旅游区环境

在旅游资源开发利用过程中，有关设施建设与旅游区整体不协调，造成旅游资源、旅游区生态环境，特别是旅游气氛环境的破坏主要表现为古迹复原处理不当，新设项目与旅游区景观不协调，改变或破坏了旅游区所有的且应当保留的历史、文化、民族风格和气氛。例如，具体的旅游对象，其旅游价值主要表现在其本身所蕴含的独特的历史、文化、民族风格。在开发利用旅游资源时，这些无疑是应当保留且极力保护并充分予以表现的，忽视旅游区的整体协调及其所蕴含的内涵，盲目开发，只会造成景点的不伦不类，进而丧失其旅游价值，使游客的兴致减退。

城市建设破坏旅游气氛，主要表现在新建建筑与旅游城市的整体建筑不协调。使本身作为旅游对象的城市失去其本来面目。如北京天坛南面建起了成片高层楼群，使人对祭天的圜丘失去"九天之上"的感觉。西安小雁塔旁建起了13层现代化旅馆，使著名的唐代古塔变成锁在抽屉中的文物。苏州沧浪亭围墙外两座高大的现代建筑紧逼，使园林显得局限而狭小。

（三）旅游活动对旅游区环境的影响

旅游活动对旅游区环境的影响主要在于旅游过程产生的垃圾对景点环境的污染以及旅游活动本身对景点自然生态平衡及旅游意境的影响。由于旅游区本身设施的不完善和游客素养不高，随着旅游活动规模的扩大，景点垃圾遗弃量日益增加。旅游区内大量垃圾随意抛撒堆积，破坏了自然景观，污染了景点水体，使旅游区水体富营养化。我国许多旅游区水体都遭到了不同程度的污染，其中相当一部分旅游水体的透明度、色度、嗅味等指标均超过国家规定的旅游水体标准，漂浮物、悬浮物、油迹污染物已经影响游客感官，使其旅游兴致降低。

超过景点容纳客量的超规模接待破坏了旅游区自然生态系统平衡。构成自然景观的生态系统对旅游活动本身存在一定的承载能力，这种承载能力由生态系统的结构所确定，超过其承载能力的旅游活动将使旅游区生态系统结构发生变化，旅游区旅游功能丧失。主要表现在大量游人将旅游区土地踏实，使土壤板结、树木死亡；大量游人在山地爬山蹬踏，破坏了自然条件下长期形成的稳定落叶层和腐殖层，造成水土流失，树木根系裸露，山草倒伏，从而对旅游区生态系统带来危害……如苏州在游览旺季，每天平均接待20万人次，超过了可容量的3倍，其中拙政园超过可容量的5倍，狮子林超过11倍。如废罐公害问题，日本每年有10亿个废罐头瓶被抛到旅游区一带。仅国立公园废罐处理费用，1年就用去3亿日元以上。

不当的旅游活动本身所带来的问题是严重的，忽视这种影响，只注重短期效益，盲目扩大规模，无限制地接待游客，将对旅游业的可持续发展带来严重损害。

第十一章 旅游经济发展方式转变的路径研究

　　2009 年，国家再次明确了旅游业的战略性支柱产业地位，与此同时，关于转变经济发展方式的议题也成为研究重点。为此，旅游经济发展方式的转变成为政界、业界和学界共同关注的问题。在旅游经济发展的初始阶段，在单一经济目标的推动下，我国旅游经济的发展取得了有目共睹的成就，尤其是在经济效益方面，旅游经济已经成为许多地方发展的经济支柱。然而，旅游经济的高速发展也带来了一系列的负面问题，使旅游经济自身走到了发展的十字路口，面临着是向非持续反生态式的发展轨迹坠落还是向可持续生态友好型的发展轨迹优化的艰难转折。综合前文所述观点，旅游经济发展方式的转变应该建立在生态内因论的基础之上，从理论路径、技术路径和市场路径方面谋求突破和转型，以新经济学理论的生态重构取代传统经济学理论的生态缺失，以旅游生态经济系统的复合承载力取代旅游生态系统的单向承载力，以旅游市场主体的社会生态经济人假设取代经济人假设，以旅游经济发展方式的经济理性、社会理性和生态理性取代传统旅游经济发展方式的单一经济理性，通过政策保障、法制保障、社会保障实现旅游经济可持续发展的理想目标。

第一节 旅游经济发展方式转变的理论路径

一、从"空的世界"到"满的世界"的经济理论变革

　　传统西方经济学的理论基本上排除了旅游经济系统对生态系统和社会系统的依赖，割裂了三大系统之间的内在联系，如我国著名的生态哲学家余谋昌先生指出："在'自然—经济—社会统一系统'的三大要素中，经济主义只追求一个目标——经济增长。经济主义模式按照还原论方法，只关注一个变量——经济增长，排除也是十分重要的——社会（公平）和自然（环境与资

源）这两个变量。这样就形成了它的反社会和反自然的性质。"既然在这种经济理论指导之下的发展观本身就具有反生态的性质，那么其理所当然地无法承担正确引导将保护生态作为重要职能的旅游经济健康发展的重任。

现在我们已经进入了以生态经济和知识经济为特征的生态文明时代，要真正实现和谐社会的发展目标，要从根本上消除旅游经济乃至整个国民经济不可持续发展的生态环境危机，首先就必须对传统西方经济学的思想根源进行全面的变革与创新。也就是说，我们的经济发展观必须从"空的世界"走向"满的世界"。

传统经济学提出的"空的世界"的理论形态，是工业文明时代的产物，也是工业文明时代经济发展的理论表现，旅游业发展过程中的大众旅游发展阶段正是这种经济理论的具体体现。当我们面临着旅游经济不可持续发展的困境和危机时，由于指导理论的错误，使这一极具特色的绿色产业也面临着严峻的现实考验，旅游经济发展的现实状况实际上已经与其初衷发生了背离。所以，旅游经济的发展，必须建立在全新的以生态经济、可持续发展理论和循环经济为指导的新经济学平台之上。

"满的世界"经济学发展观的核心理念就是生态文明时代的经济发展绝对不能超越地球或本国、本地区生态系统承载力极限的发展。旅游经济的发展，毫无疑问应该以生态文明时代的新兴经济学为理论指导。其对于旅游经济持续发展的指导意义主要体现在以下几点。第一，将生态因素从旅游经济发展的外生变量转化为内生变量，有利于促成对脆弱的生态旅游资源的保护及独具特色的文化的传承。第二，揭示了经济发展与可持续性的内在统一。旅游经济的发展与可持续性之间确实是存在矛盾的，但是，只要旅游经济系统的开发、经营和管理活动，对旅游资源的利用强度不超过自然生态系统的再生能力，不排放污染或排放量在自然生态系统的自净能力范围之内，旅游经济的发展完全能够达成生态效益和经济效益的统一。第三，旅游经济的可持续发展有赖于市场原则、技术原则和生态原则的紧密结合与成功协调。市场机制和技术进步有助于解决在旅游经济发展过程中某些具体的资源和环境问题，却无法解决地球资源环境本身的有限性这一客观问题，只有将它们与生态原则结合在一起，发挥协同作用，才有可能完成环境修复或生态恢复，保证旅游经济的持续发展。

二、从"生态缺失"到"生态重构"的经济增长模型演进

（一）传统经济理论视野下的生态缺失

对现代增长理论的回顾可知，无论是现代经济增长的先驱理论——哈罗

德·多马理论，还是最新兴起的新增长理论，其对经济增长中的自然资源与环境因素的忽略与轻视都是惊人的。这一思想特性的形成源于新古典经济学的兴起。从经济学史的角度来说，它既表现为对古典学派生态思想的背弃，也不外乎对新古典思想的（对经济增长的生态代价而言）某种不幸的发扬光大。

与现代经济增长一并而来的是人类赖以生存的自然资源的枯竭与生态环境的日益恶化。"自 18 世纪中期起，自然界受到的损害比整个史前时代造成的损害还要大……人类文明赖以创造经济繁荣的自然资本却正在减少，而这种损失的速率正与物质福利增长成正比例地增长。"在诸多经济增长理论指导下的各个经济体的增长实践都或早或晚地、程度不同地遭遇了以上经济增长的困境。

索洛在模型中引入了技术因素变量，技术进步是长期经济增长的决定因素，经济增长不仅取决于资本增长率、劳动者增长率、资本和劳动对产量增长的相对作用的权数，而且还取决于技术进步。技术进步可以体现于物质资本（资本存量）之上，也可以体现于劳动者的技术水平的提高。只要技术进步是正数，它对经济增长率总是有利的。

索洛模型突破了以往人们一致认为的资本积累是经济增长最主要因素的观点，突出强调技术进步是经济增长的决定性因素，但是仍然假设技术是一种外生变量而将它排除在考虑之外，由于技术是外生的，因此技术进步也就带有很大的偶然性，对技术的使用不需要付出成本。于是，作为外生变量的技术与作为经济增长主要动力的技术之间的关系难以协调。

内生经济增长理论模型。内生增长模型的基本观点是经济增长的长期驱动力是知识的积累，罗默的模型中，除了列入资本和劳动这两个生产要素以外，还有人力资本和技术水平。罗默模型使技术进步因素内生化于生产函数中，并且阐述了技术进步与人力资本的相互关系，提高了模型对现实经济现象的解释力。技术进步是推动经济增长的决定力量，而且技术进步本身是由经济系统内生决定的，技术的进步取决于知识资本或人力资本的积累和溢出。

凸性内生增长模型强调经济增长的因素关键是资本积累（包括物质资本积累和人力资本积累）而不是技术进步。这类模型认为，资源约束并不构成经济增长的限制条件，而且自然资本与人为资本具有完全的替代弹性。即便自然资本为零，产量仍然可以保持不变，因为人为资本可进行相应的补偿。所以，由于人们可以创造出人为资本替代自然资本，即使自然资本被完全消耗殆尽，也不会对经济发展造成威胁，从而实现经济可以永远保持持续性的增长。

在上述这些经济增长模型中，资本、劳动、技术作为传统的要素得到研究者的重视，经济社会的发展基本是依靠上述要素的投入来获取，在这些因素的驱动和作用下，经济发展取得了前所未有的成就，社会经济系统的规模也日趋庞大，与之对应的是生态系统的破坏、环境的污染和资源的耗竭，而这种危机和退化反作用于社会经济系统，必然对社会经济产生制约和阻滞。

（二）可持续发展经济理论视野下的生态重构

1. 生态约束的经济增长模型

王海建（1999）将耗竭性资源纳入生产函数，并考虑环境外在性对跨时效用的影响，讨论了资源利用、人均消费与环境质量在长期增长过程中的相互关系以及模型的稳态增长解。即假定社会在消耗其耗竭性资源存量的时间长河里，在环境污染并存的条件下要求维持可持续的人均消费，生产过程的耗竭性资源投入与人口增长率的比值应小于劳动力产出弹性与资源的产出弹性之比。

彭水军、包群（2006）通过将存量有限且不可再生的自然资源引入生产函数，构建了一个内生增长模型，探讨人口增长、自然资源不断耗竭、研发创新与经济可持续增长的内在机理。指出如果缺乏有效的技术创新和合理的资源保护与利用，则可能出现负的稳态增长率，即在不可再生自然资源条件下无限制地增长是不可持续的。制约通过政府的宏观干预来扶持人力资本积累和有效提高研发产出效率，依靠科学技术进步和智力资本开发，使用更环保（资源密集度低）的生产活动来替代能源、资源和污染密集型生产活动，才能维持较高的、稳定的、具有可持续意义的经济增长。

于渤（2006）建立了基于R&D，同时考虑能源、资源耗竭、环境阈值限制与环境治理成本的可持续增长模型；探讨了可持续发展的必要条件，即能源资源耗竭速率、污染治理的投入比例与经济增长之间应该满足动态关系。

2. 生态要素是旅游经济可持续发展的内生要素

从上述经济模型的演变中，我们可以看到人们对于推动经济发展尤其是可持续发展的要素的认识在不断深化，经济可持续发展的要素经历了一个从最初对资本积累的完全依赖，到开始注意到人力资本和技术水平的能动作用，将技术进步作为推动经济发展的关键因素；再到制度学派认为"不涉及制度就不可能解释经济增长率上的持续差异"的演变过程，资本、劳动、技术进步、人力资本、制度创新等因素不断被纳入经济发展的体系。诚然，这些要素对于经济的发展功不可没，可是，在承认这些要素的同时，人们却忽略掉了最基本的生态要素——自然资源和生态环境对于经济发展的制约，没有这个基本前提的存在、资本、劳动、技术、制度等要素就无法发挥功能。

刘思华教授在《生态马克思主义经济学原理》一书中指出，传统经济学一般都是将自然生态环境置于市场经济体系和绿济学理论框架之外，只是当作人类物质生产实践活动的外部条件即外部环境，是社会经济运行与发展的外在要素。自然生态环境排斥在劳动生产力构成要素之外，只是社会经济发展的外在因素。传统经济学是生态与经济相脱离的理论，这种人与自然、社会经济与生态环境相分离的内在理论缺陷，不仅把自然界视为一个不变因素，而且把经济看成是一个不依赖外部环境的孤立系统，完全否定了自然生态系统和社会经济系统之间的物质能量以及信息的交换这个劳动过程的本质特征，无法使自然生态环境成为作为劳动过程的生产过程的构成要素，同时也否定了在劳动过程中"外部自然条件"随时随地转化为"内在自然要素"。

因此，自然生态要素对于旅游经济增长的影响不容忽视，在"可持续发展"已经成为人类共识的时代背景下，将自然生态要素纳入经济长期持续增长的分析框架更是必然。

三、旅游经济发展方式转变的核心理论

（一）基于生态内因论的生态经济价值

最早应用可持续发展原理评估环境资源价值的经济学家是克鲁梯拉。克鲁梯拉认为，当代人直接或间接利用舒适型资源获得的经济效益是其"使用价值"，当代人为了保护后代人能够利用而做出的支付和后代人因此而获得的效益是其"选择价值"；人类不是出于任何功利的考虑，只是因为舒适型资源的存在而表现出的支付意愿，是其"存在价值"。这一理论为后来研究舒适型资源的经济价值奠定了理论基础。

20世纪80年代以后，随着可持续发展思想的广泛传播，越来越多的环境经济学家遵循克鲁梯拉的研究思路，对环境资源的经济价值进行了深入探讨，提出了许多环境资源价值的新概念。比较有代表性的是生态要素的总经济价值由使用价值和非使用价值构成。

使用价值是当资源环境被使用或消费时，满足人们某种需要和偏好的能力，使用价值又分为直接使用价值、间接使用价值和选择价值。直接使用价值是指环境资源直接满足人们生产和消费需求的能力；间接使用价值是指人们从环境所提供的用来支持生产和消费活动的各种功能中间接获得的效益；选择价值是指当代人现在愿意为某一环境资源的使用所做出的支付意愿，这取决于环境资源供应和需求的不确定性以及人们对生态风险的态度，实际上包括未来的直接和间接使用价值。

非使用价值是指由环境资源内在属性所决定的固有效用，它与环境资源的使用与否及其方式无关，又分为存在价值和遗赠价值。存在价值指人类为

确保资源环境的存在而体现出的支付意愿，即存在价值是人们对资源价值的一种道德上的评判，资源越特殊稀有，其存在价值越突出。遗赠价值指人们为了保护某种资源而愿意进行支付，这种支付不是为了自己，而是为了把它留给后代人来进行享受其利用价值和非利用价值。遗赠价值是为了保障后代消费资源环境的权利而进行的支付，是人类要通过各种实践活动，如对资源环境的研究、开发和保护，投入到生态系统中的劳动所创造的那部分价值。

刘思华教授提出的生态经济价值论认为，商品价值是物化在经济系统的某个商品中的社会必要劳动的表现，这是经济系统通过耗费活劳动和物化劳动在从生态系统中取走自然物质，并将它加工成经济物质的过程中凝结的社会必要劳动。生态价值是物化在生态系统的某种物品中的社会必要劳动的表现，这是通过在经济系统耗费活劳动和物化劳动而输入到生态系统中来，使生态系统的自然物质（包括自然资源和自然环境）具有符合人类生存和经济社会发展所需要的使用价值过程中凝结的社会必要劳动。生态经济价值就是物化在生态经济系统某种自然物质和经济物质中的社会必要劳动的表现，是商品价值和生态价值的辩证统一体，任何将生态系统自然属性决定的生态价值和其资源属性决定的生态价值割裂的做法都是错误的。人类只有合乎自然规律地顺应生态系统的自然属性所表现出来的天然价值，才能求得经济规律顺应生态系统物质属性决定的经济价值，才能达到社会再生产与自然再生产相互关联，社会生产力与自然生产力相互协调，经济系统与生态系统相互耦合，最终实现人与自然和谐发展。旅游经济复合系统中的生态要素，其价值的形成与量化也反映了人与自然、生态与经济之间的关系。

由于旅游资源与自然生态环境的稀缺性和再生的困难性，人们必须不断地投入劳动，以获取、保护、改善旅游资源和环境，人类在利用生态环境创造生态价值的同时，也生产出具有适应价值的旅游产品，创造经济系统的商品价值。因此，投入补偿、保护和建设具有一定使用价值的生态环境和旅游资源的全部劳动所形成的价值量就是生态经济价值量，正是由于耗费了劳动，才使旅游生态经济复合系统中的生态要素具有"生态经济价值"，当然，人类劳动在社会经济系统生产旅游产品的过程中，投入一定量的劳动创造商品价值的同时，也会创造生态价值，还会产生生态环境的负价值，给自然生态系统带来破坏性的影响，威胁旅游经济发展的自然基础。所以，正确处理人与自然、生态与经济之间的关系，使生态要素产生价值增值，避免出现商品价值为正而生态价值为负的现象，使生态价值量成为两者的总和而不是相互消长，是保证旅游经济可持续发展的前提。

（二）基于生态内因论的生态内生化

生态环境内生化理论，实质上就是要求人们承认与坚持地球资源环境有限论，树立旅游经济发展的可持续性边界理论的新理念。这是当代经济思想与理论的生态革命的基本理念，即是可持续发展经济学范式的基本理念。当代人类对地球存在极限的认识及其他将如何影响人类经济社会发展乃至整个人类文明进化的认识，即是人类认识到自己利用与改造自然的经济社会活动，是被"自然界整体动态结构的生态极限所束缚的"，从而发现了地球资源环境有限性的客观规律：人类经济社会活动必须建立在生态系统完整、资源持续供给和环境容量持续供给的基础之上，才能保证经济系统在生态限值内健康运行与协调发展，这样的经济发展才具有可持续性。

刘思华教授 1994 年在《当代中国的绿色道路》一书中论述了"生态内因论"的内容：健全的生态条件和优良的环境质量就是直接作为生态经济再生产过程的必要组成部分而存在，它不仅是现代生产力运行的外部环境，而且是现代生产力发展的内在因素，成为现代生产力的基本要素，就应该包括在现代生产力系统之中。生态环境内因论鲜明地揭示了现代生产力是生态经济生产力，如实反映了现代生产力运行的全过程。

自然生态环境不仅对人、社会具有优先地位，而且是作为一种内在要素存在于人类社会经济之中。作为劳动过程的生产过程永远是人与自然之间的物质变换过程，这就是说，一切经济过程，首先是人与自然之间的物质变换过程，自然生态环境是人类物质生产、劳动过程的一个构成要素。自然生态环境，不仅是人类社会存在和经济发展的自然基础，而且首先的主要表现为已经进入人类物质生产实践的自然形式、自然要素，是社会经济运行与发展的内在要素的自然生态环境。

当今世界，自然生态环境优劣已经成为决定现代经济增长与发展的快慢和当代社会经济可持续发展的关键所在。当代经济运行与发展的实践已经充分证明：良好的生态环境确实是当今人类生存和现代社会经济发展高度短缺的生活要素和生产要素，它越来越由"外部自然条件"转化成为"内部自然要素"，呈现现代经济运行与发展的内在因素和外在因素的有机结合与高度融合的新趋势。

旅游经济的产生源于良好的自然生态条件，旅游经济的发展也必须凭借和依赖生态系统。旅游经济运行所需的物质和能量，归根结底需要自然生态系统来提供。生态系统的旅游资源和生态环境是保证旅游经济循环运动的物质基础和基本前提，良好的旅游环境和高品位的旅游资源是推动旅游经济良性循环和向前发展的依托所在。

第二节 旅游经济发展方式转变的技术路径

一、旅游经济发展的生态环境承载力控制

（一）旅游环境承载力构成模型

从旅游者的角度来分析，旅游环境承载力代表着在旅游者感知质量保持恒定时所能承受的旅游者最大值，可用旅游环境承载力（TECC）来表示。一直以来，人们都把生态环境承载力作为确定合理游客人数，限制对旅游景区过度利用的重要手段。

（二）旅游环境承载力指数测算

崔凤军把旅游承载力指数 TBCI（Tourism Bearing Capacity Index）界定为：在不对旅游地社会、经济、自然环境、公共设施产生不利影响的前提下，某一旅游区所能承纳的旅游活动强度的无量纲表示值，这种强度体系包括游客密度、旅游用地强度、旅游收益强度。

1. 游客密度指数 VDI：（Visitor Density Index）。不同的旅游地有不同的值，即不同的游客密度对旅游地的影响（正面的和负面的）程度和范围是不同的。

VDI=visitor density/resident density，亦为游客人数与旅游地居民人数的比值。TBCI 与 VDI 成反比例关系，它表明旅游地接受的旅游活动强度随着游客密度指数的增加而降低。

2. 旅游经济收益指数 EII：（Economic Income Index）。旅游经济承载量为当旅游地居民和政府的旅游经济收益（等于收入减去漏损）达到某一临界值时所能容纳的游客数量。

（三）旅游环境承载负荷度

综合供给与需求两方面，旅游环境承载力（TECC）重在描述供给，实际游客量 AVQ（Actual Visitor Quantity）重在描述需求，为体现两者之间的平衡，可引入衡量旅游环境容量评价的绝对指标旅游环境承载负荷度（TECR）。

旅游环境承载负荷度（TECR）是描述承载力的利用状况或承载力与承载量是否平衡的重要指标，可表示为：

$$TECR=AVQ/TECC$$

旅游环境可持续承载动态模型包括旅游环境可持续承载的状态模型和发展模型，其中，状态模型用于评价旅游可持续发展的基础指标，反映当前的状态水平；发展模型反映旅游景区环境承载力的变化趋势。要维持旅游生态环境供给与需求的平衡，在短期内主要通过调节实际游客量（AVQ）来达到目的，在长期则可以通过对旅游环境承载力（TECC）的控制来实现旅游地的可持续承载。

1.旅游环境可持续承载的状态模型。

旅游者的增长会受到旅游环境的阻力，根据旅游地的生命周期原理，旅游地开发初期，旅游者增长速度缓慢，接着增长率加快，当进入旅游地成熟期后，旅游者的增长速度逐渐减慢，一段时期内 AVQ 的增长在一段程度上服从 Logisitic 规律。当旅游者规模增大时，每个旅游者所占的个人空间相对减少，必然导致旅游审美感知的相对下降；同时对旅游环境系统造成损害，长此以往将导致旅游环境系统退化或衰亡。

2.旅游环境可持续发展模型的构建。

TECC 的状态模型是评价旅游环境可持续发展的基础，但状态指标的高低只能反映 TECC 目前的状态水平，而不能反映 TECC 的发展变化，也不能反映其发展变化的态势，而 TECC 的发展模型反映 TECC 长时期随 r 变化的趋势，可更直观地显示长期内旅游环境是否可持续承载。由于长期内 TECC 是变化的，通过监测各阶段到冷阶段相同时期 TECR 的相应变化，推断长期利益环境系统是否处于可持续承载状态。

二、旅游经济发展的生态足迹影响评估

旅游活动的开展必然导致区域旅游资源、旅游设施与旅游服务的占用、耗费与消费，进而对区域生态系统和区域旅游的可持续发展产生影响，对于旅游业这样一个在很大程度上依赖资源和环境的行业来说，能否实现可持续发展是关系到旅游业生存与发展的关键性问题，以实现应对性地采取各种措施使旅游业的发展不偏离可持续发展的轨道，旅游生态足迹正是满足这一需要的重要工具和方法之一。

旅游生态足迹是生态足迹在旅游研究中的应用，是指在一定时空范围内，与旅游活动有关的各种资源消耗和废弃物吸收所必需的生物生产土地面积，即把旅游过程中旅游者消耗的各种资源和废弃物吸收用被人容易感知的面积观念进行表述，这种面积是全球统一的、没有区域特性的，具有直接的可比较性。

不可否认旅游生态足迹分析法是一个正日益引起重视并将逐步完善的方

法，已被应用到旅游可持续开发、旅游环境承载力评价、旅游地潜力评价等多个领域中去，且随着这些理论成果和成功实践的示范和带动效应、旅游生态足迹这一理论本身的适用性，旅游生态足迹将在以下方面广泛地得到运用，如旅游产业生态足迹、单个行业生态足迹、旅游产品生态足迹、目的地旅游生态足迹、瞬时旅游生态足迹、旅游企业生态足迹等。

（一）旅游生态足迹的计算方法

旅游生态足迹是将生态足迹的理论运用到旅游业中的一种旨在测量一定区域内旅游活动对各种资源生态消费的需求（旅游生态足迹）与自然所能提供的旅游生态供给（旅游生态承载力）之间的差距的方法，它的计算方法是在生态足迹的计算模型上，结合旅游业自身的特点所提出的。目前我国旅游界的专家学者借用生态足迹较为成熟的方法，已经建立了旅游生态足迹的计算方法。

1. 生态足迹的计算方法

生态足迹的计算主要基于以下两个事实：一是人类能够估计自身消费的大多数资源、能源及其所产生的废弃物数量，二是这些资源和废弃物流能折算成生产和消纳这些资源和废弃物流的生态生产性面积。

2. 旅游生态足迹的计算方法

现有的文献中对旅游生态足迹模型及计算主要运用了 3 种方法：（1）以章锦河和张捷为代表的，依据旅游消费的构成，提出了旅游交通、旅游住宿、旅游餐饮、旅游购物、旅游娱乐以及游览观光生态足迹等 6 个子计算模型，旅游生态足迹即为该 6 个子模型计算结果的总和；（2）以王辉、林建国为代表的，用旅游业对国民经济的贡献率来表示旅游生态足迹在整个地区国民生产总值所需要的生产性土地面积的比重，从而计算出旅游业所需要的生产性土地面积的数量即旅游生态足迹；（3）以曹新向为代表的，借用生态足迹的成熟方法，通过均衡因子把各类生物生产性土地面积转换成等价生产力的土地面积，最后将其汇总、加和计算出人均生态足迹面积。

（二）旅游生态足迹的功能与影响

旅游生态足迹能够准确地对旅游发展的状态做出定量分析和评价，为我们正确地把握旅游发展方向提供科学的依据，它具有旅游生态足迹测度旅游业、评价旅游产品、测度旅游目的地、评价旅游企业、教育旅游者、评价大众旅游、衡量旅游目的地消耗、旅游业的生态效益等功能。根据不同的情况和旅游活动的特点，可归纳为对旅游地生态有效规划与管理、区域旅游可持续发展以及旅游业整体水平提升的推动作用。

1. 为旅游地生态规划与管理提供定量依据

旅游生态足迹将旅游者的资源和能源消费及废物排放转换为生物生产性土地面积，并同旅游目的地的生态足迹需求比较和叠加，可为旅游地决策与管理部门的规划与管理提供定量依据。章锦河等以九寨沟自然保护区、漳扎镇为例，测度旅游产业发展对九寨沟自然资源生态环境的影响及其程度，探索基于生态足迹方法对当地居民进行生态补偿的机制与标准，为其他自然保护区的生态开发与管理提供借鉴。王辉等运用生态足迹模型对中国各地方的旅游生态足迹和生态环境承载力进行了计算分析，杨桂华等认为旅游生态足迹可评测不同类型旅游企业的生态需求，程春旺等通过生态足迹与生态容量的计算来定量描述旅游者活动对旅游地生态环境的影响及旅游地生态环境状况，从而为旅游地的生态规划与管理决策提供科学的参考依据。

2. 定量地为旅游经济的可持续发展提供依据

旅游生态足迹是一种定量评价旅游业可持续发展的新方法，根据研究的范围不同，旅游生态足迹可以在旅游产业、旅游产品、旅游目的地、企业生态、旅游者及大众旅游等方面发挥其测度可持续性的功能。鲁丰先等根据嵩山2005年"五一"期间的旅游生态足迹分析结果，得出采取有效技术或措施调控相关因子，倡导生态旅游、民俗旅游、农业观光等旅游方式，是减少旅游生态足迹的重要途径；符国基、窦蕾、蒋依依、杜旭东等通过旅游生态足迹理论与方法的实证研究，指明了旅游者的生态影响及其主要因素和旅游产业结构的效益，有助于明确旅游产业结构调整和优化的方向，为旅游业可持续发展提供定量参考依据。

3. 测度旅游业整体发展水平及其经济效益

旅游生态足迹模型通过引入生物生产性面积的指标，为旅游产业结构的效益分析，旅游活动对目的地的资源和能源消耗的影响、旅游产业与其他产业的比较等提供了一种简单框架，生态产业赤字、盈余等定量化地反映地区旅游产业的发展现状，通过盈余情况可判断旅游业内部流程需调整的部分和成长维度的状况。李金平等分析出澳门每平方千米生态足迹可产生4202美元的产值，是世界平均水平的3.8倍。游客每平方千米生态足迹的产值是15258美元，是世界平均水平的13.8倍，得出澳门是一个以旅游为主的城市，澳门旅游业具有经济高效性；符国基对海南省外来旅游者生态进行测评研究表明，海南生态足迹单位产值是其本地单位生态足迹差值的1.56倍，认为海南旅游业比当地各行业平均水平有较高的经济效益。

第三节 旅游经济发展方式转变的市场路径

一、旅游市场供给的生态化

（一）旅游企业管理理念的生态化

1. 社会生态经济人的理性回归

对科技作用的盲目夸大，对经济利益的无尽追逐，使传统管理理论埋下的隐患逐渐暴露。人与自然之间的紧张对立关系，人与人之间的冷漠怀疑关系，人与自身之间的背离关系，使生态危机、人态危机、心态危机不断显现且渐趋恶化，虽然在物态方面获得了极大的繁荣和增长，却始终无法掩盖隐藏在此背后的人与自然、生态和自身关系失衡的苍白。因此，当人类迈入以知识经济和生态经济为特征的新经济时代，人类开始对以往处理人与自然、人与自身、人与人关系的发展观念、经济理论和管理实践都开始进行反思，寻找造成生态危机、人态危机和心态危机的根源，谋求重构在生态文明时代新的管理理论——绿色管理理论。

对科技作用的过度崇拜已经使人类陷入了人与自然紧张对立关系的深渊，人类要摆脱生态危机，首先要寻求人与自然之间的和谐关系，而这一点几乎是以往所有管理理论都没有涉及的。人的物质需要和社会需要，在以往那些管理理论中都已经有所体现，可是作为人最基本的生态需要一直都被忽略，而生态需要是人类所有其他需要的基础，没有生态需要的满足，就谈不上物质财富和精神财富的创造。所以，绿色管理理论的基础首先是重新认识人与自然之间的关系，实现人与自然的和谐发展。人首先应该是作为"生态人"而存在，人既不是自然的中心，也不是自然的主宰，人的需要和利益的满足必须建立在充分尊重自然规律的基础之上，不以损害自然生态为前提，尽量维持自然资源和生态环境的非减性。人与自然的和谐，是实现人与自身、人与人协调关系的基础条件。

人与自然的和谐不可能孤立实现，人类除了要正确认识和处理与自然的关系之外，还需思考以何种方式来处理人与自身的关系以及人与人的关系。人与人的关系其实是一种社会生态，人与自身的关系实际上是一种心理生态。社会生态和心理生态的和谐状态，是由自然生态的和谐发展所推动的，人对自然的重新认识，对处理与自然关系的态度变化，标志着人类世界观、价值观和文化精神的深刻变革，意味着人类文明的新进步，也为促进人态和谐和心态和谐提供了动力，人态和谐和心态和谐，反过来又为持久的生态和谐创造了社会人文条件和心理基础。所以，绿色管理所定义的人，不仅是追逐利益的经济人，不仅是寻求归属的社会人，不仅是回归自然的生态人，而是三者综合一体的生态社会经济人，追求生态、人态、心态和物态的全面和谐，共同发展。

2. 管理理念的绿色革命

为了适应快速增长的生态旅游消费需求，在旅游活动中，在旅游经济的各个环节上，旅游经济的利益相关主体尤其是从事旅游经营的企业，应该重视对能源、产品和环境的管理，尽量降低污染，减少和处理好废弃物、有害物，节约资源，进行绿色设计、清洁生产，开展绿色营销，实现经济效益、社会效益和生态效益的统一。

旅游企业应该强调对自然生态和资源环境的保护，并引导游客的消费活动，实现生态和谐；旅游企业应该重视企业内部和企业外部各种人际关系的处理，注重员工的全面发展，营造绿色企业文化和氛围，实现人态和谐和心态和谐；旅游企业还要充分实现自然生态以及旅游资源的价值，发挥其观赏体验和教育等功能，以满足日益扩大的旅游市场需求，获得经济效益，实现物态和谐，为生态和谐、人态和谐和心态和谐提供现实的物质基础。

旅游企业的绿色管理还要承担一定的社会责任，这种社会责任主要体现在以下方面，即提供一定数量的就业机会，促进特色文化的保护，使社区居民从中受益，自觉维护生态环境和保护旅游资源，塑造绿色旅游企业形象，引导健康持续的旅游消费方式，使企业管理的职能不仅在物质层面上得到体现，也在精神层面上得到体现；不仅促进物质财富的增长，也促进精神财富的增长，使人类与外在自然和内在自然都能取得协调关系。

旅游经济涉及众多的利益主体，它们都有各自要求实现的目标，作为利益主体之一的旅游企业，在追求自身目标实现的时候，也要综合考虑旅游经济发展的整体性，将自身的发展置于旅游经济可持续发展的大前提之下，积极处理和其他利益主体之间的利害关系，衡量生态、物态、人态和心态的价值取向，获得与其他利益主体目标的共生发展。

（二）旅游企业管理方法的生态化

1. 强化旅游生态经济关系

（1）处理与自然的关系

旅游企业与自然的关系十分密切，良好的生态环境和多样性的自然资源构成了对顾客的吸引力所在，旅游企业是连接消费者和旅游资源的媒体，旅游资源不仅是旅游企业利用的对象，更是要大力加以保护的资源，旅游企业和旅游资源之间的关系并非是利用与被利用的关系，还存在维护、投入、改善的关系。否则，旅游企业将会失去持久的竞争优势和持续发展的基础。在将旅游资源加工成旅游产品并向市场出售的过程中，必须要坚持保护的原则，将对生态环境和自然资源的破坏程度降低到最小。

（2）处理与物质的关系

企业本来就是逐利的经济主体，对利益的追逐是企业管理的主要任务之一，也是企业为了长期的生存和发展获得资金支持的主要来源，而且企业想要对生态和环境的保护投入资金，也需要依靠在经济利益上的收入和利润来得到。所以，企业应该努力提高对生态旅游资源的利用效率，减少使用成本，增大收益。但是，旅游企业经济系统的运转毕竟是建立在生态系统的基础之上的，因此在衡量企业的成本和收益的时候，应该将生态成本和环境代价考虑在内，这样才能真实反映企业的盈利情况。否则，如果企业的盈利无法弥补由此而带来的对生态环境和自然资源的损耗，那么，旅游企业仍然无法实现可持续发展的目标。所以，企业对经济利润的追求应该是适度的，而不是毫无止境的，不能脱离生态系统和环境的容量和承载力，单一追求经济指标的增长。

（3）处理与社会的关系

企业生存在一定的社会环境之下，与社会中的其他成员发生着各种各样的社会关系，理应承担相应的社会责任，促进社会文明的进步，社会的发展反过来又会为企业的长远发展创造良好的条件。如果企业能够建立和谐的社会关系网络，就会拥有给企业带来无形利益的社会资本，提高企业的管理效率。

企业的社会资本，既来源于自身先天的历史积累，也得益于后天的自我创造和再生。企业的社会关系，既存在企业与外部的交流中，也存在企业与内部的沟通中。企业可以通过外部广泛的网络联系换取社会资源，通过内部和谐的关系使社会资源得以转化成资本。旅游业本来就是综合性很强的产业，作为旅游企业，也和社会的其他个体发生着广泛的交换和联系，处理好社会关系，争取社会资本的积累对生态旅游企业显得十分重要。

（4）处理与人的关系

企业与员工。员工是宝贵的人力资本，是使其他资源的价值得以充分体现的主观能动因素，生态旅游企业对人的管理不仅在于激发其潜能，还要关心人的全面发展，包括生理和心态，包括经济利益与人格塑造。人力资本的效率实际上是与人的发展状态和水平密切相关的，只有在对人力资本的激发和培养中才能真正实现人的价值，实现人的持续发展，从而促进企业的持续发展。

企业与游客。游客是旅游企业要为之服务的对象，也是企业获得利润的主要人文基础。企业要通过满足游客的需求来实现自身的经济目标，但是企业对游客需求的满足应该是全方位的，除了传统的对他们物质和心理需求的研究之外，还应该认识到游客也是具有生态需要的个体，其他需求的满足都必须建立在这个自然基础之上，企业的绿色文化不仅体现在对内部员工行为的约束和规范上，还要对游客的行为起到积极的引导作用，并与游客之间保持持久稳定的关系，使企业能够保证长期的利润和发展。

企业与竞争者。旅游市场的竞争也是日益激烈，竞争的存在能够促使这些企业提高服务质量和水平，完善市场秩序。在发展大旅游的前提条件下，旅游企业对和竞争者关系的认识应该也有新的看法，可以变过去"你死我活"的单赢局面为个体发展的"双赢"。企业之间可以联合起来，通过共同的市场调研、宣传和引导，扩大生态旅游市场的规模，分享某些资源，提高资源的利用效率，节约成本，齐心协力地为生态旅游市场和旅游者服务，最后都能从中分享利益。

2. 制定绿色管理制度

（1）绿色资源管理

旅游企业对自然和生态价值的尊重，只有通过建立绿色的资源管理制度才能得以体现。在企业内部，应该营造生态意识和环境保护的氛围，每个员工都应该充分认识生态环境和资源的脆弱性和不易修复，理解企业所承担的生态使命和环境责任，在每道工序和每个环节上节能降耗，以自身的实际行动促成对有限的生态旅游资源的保护。

企业应该积极采用绿色生产技术、绿色工艺和绿色设计，在向市场提供旅游产品的过程中，降低和减轻生产加工过程对资源的过度使用，减少旅游获得对环境和生态造成的干扰和破坏。

（2）绿色财务管理

为了准确评价企业"生态—经济—社会"复合系统的发展和运行状态，传统的核算和会计制度也应该适当变革，引入新的变量和评估指标，实行绿色的财务管理。其中最主要的就是实施绿色会计和绿色审计制度，将自然资源和生态环境成本纳入企业的核算体系，以便真实地反映企业的盈利状况和对生态环境的保护程度。

绿色会计是以货币为主要计量尺度，以有关环保法规为依据研究旅游企业发展与环境保护的关系，计量、记录旅游企业污染、环境防治、开发、利用的成本、费用，以评估企业环境绩效及环境活动对企业财务成本的影响。绿色审计是审计机构和审计人员依法对旅游企业的环境管理及其有关经济活动的真实性、合法性和效益性等情况进行审查，以评价旅游企业环境管理责任，促进旅游企业加强环境管理，实现可持续发展战略的具有独立性的系统监督活动。

（3）绿色人力管理

企业管理不是冷冰冰的技术管理和人机关系的体现，"人"也不是作为毫无感情的"经济人"而存在，企业管理从传统管理向绿色管理的转化，除了要依靠企业与自然及企业与社会的和谐关系来实现之外，还要建立人与人的和谐关系。

旅游企业应当将员工看作具有不同动机和复杂需要的有机个体，努力创造良好的人际关系和入境关系，使员工的潜能和积极性能得到最大程度的激发。此外，企业还应关心员工的身心健康，通过企业与自然和社会的和谐来塑造员工的和谐人格，使他们能将工作看作使命而不是任务，将企业的命运与自身的发展紧密相连，并将良好的心态和优质的服务传递给游客和外部公众，实现人与人之间的和谐。

（三）旅游企业生产方式的低碳化

发展低碳经济已经成为全球共识，向低碳经济转型已经成为世界经济发展的大趋势。著名学者林辉称为"第五次全球产业浪潮"，低碳经济几乎涵盖了所有的产业的领域也包括了旅游产业，通过低碳经济模式与低碳生活方式，实现可持续发展。旅游企业应该是发展低碳旅游的重要实践者，他们主要是通过低碳旅游企业行为来实现低碳经济下的旅游生产方式的变革，达到"发展低碳旅游，培育低碳生活"的目标。低碳旅游企业行为主要包括以下几个。

1. 旅游景区及交通的低碳旅游企业行为

旅游景区应做到在保证山清水秀的同时不过度开发和建设，并在景区设计中注重环保新型材料的使用，在景区内活动的设计中也要考虑环保因素。旅游交通中倡导公共交通和混合动力汽车、电动车、自行车等低碳或无碳方式。如果必须乘坐飞机，应当尽量选择采用新型燃料、节能的机型。另外，飞机在起飞、降落时能源消耗和有毒物质的排放非常大，因此最好选择直达航班，避免不必要转机造成的资源浪费和对环境的破坏。乘坐火车是比较环保的方式。对于一些超短途或者旅途中间的某一个部分线路，可以适当地选择徒步、自行车这两种方式，因为这是最环保的旅游方式。实际上，为了保护景区环境，多年前在九寨沟等旅游景区，就禁止机动车进入，改以电瓶车代替，来减少二氧化碳排放量。

2. 旅游酒店的低碳旅游企业行为

旅游业发展中，旅游酒店是碳排放的大户。应将愈演愈烈的酒店强调奢华之风转化为强调酒店的方便、舒适。要继续实施绿色饭店行业标准。旅游住宿除了要提供安全的房间和健康的食品外，还要强调以节约能源、与环境友好的方式经营。目前，我国已经提出"5年内将星级饭店、A级景区用水用电降低20%"，国家对各地节能降耗的指标要求是每年达到4%。《国务院关于加快发展旅游业的意见》中也要求五年降20%，每年降4%。要鼓励建造绿色和碳中和的酒店，少排碳甚至不排碳。如中国首座太阳能大厦——河北保定的中国电谷锦江国际酒店。

3. 旅行社的低碳旅游企业行为

各旅行机构要多推出一些有关环保低碳产品和低碳旅游线路。应注意旅行社的声誉及在低碳旅游方面的关注程度，优先考虑环保标准和口碑。不要只单纯重视经济利润，而要注意保护旅游目的地乃至支持整个旅游业的健康和可持续发展，支持并参与低碳旅游计划，引导游客热爱、保护旅游目的地的自然和人文环境，以资源节约型、环境友好型的旅游景区景点为重点设计低碳旅游项目和线路。

综上所述，绿色资源管理促进企业与自然之间关系的协调发展，并使企业得以从中分享由于生态和谐而带来的经济利益回报；绿色财务管理使企业能够清楚认识生态和资源的价值所在，促进对资源的合理使用及对自然环境的保护；绿色人力管理使人的经济作用得以发挥，能够主动追求与自然之间的和谐关系，自觉调整心理状态，共同努力创造和谐的社会大环境，提升企业的社会资本，而企业又可从日益增加的社会资本及日益和谐的"人地"关系中获益。

二、旅游市场消费的绿色化

随着我国经济社会的发展和国民生活水平的提高，旅游消费在居民消费支出与社会消费总额中的占比不断扩大。旅游消费已经成为一个极为重要的消费领域和推动消费升级的主渠道之一，对整个国民经济与社会生活日益产生着深远影响。

旅游消费有不同于普通消费的独特功能，是一种可持续消费。旅游消费作为一种以精神享受为主的消费，是一种环境友好型、资源节约型的生态化消费，具有多次消费、重复消费、绿色消费等多重特性，因而是一种不受资源与环境太大制约的可持续性消费，具有长期增长的现实可能。中国旅游经济可持续发展的实现最终将依赖于社会生产对旅游资源消费方式的转变和旅游消费者生活方式的改变。

（一）旅游消费需求的生态化

中国生态道德教育促进会和北京大学生态文明研究中心委托国内知名市场调查公司——北京奥丁市场调查有限公司，在全国 680 个城市和地区中，选取 5 个具有区域和生态环境特点的城市，采用科学的抽样方法和调查方法，设计样本 1500 个，实际有效样本 1534 个，在 2008 年 3 月形成了《中国城市居民生态需求调查报告》。通过调查发现，关注生态环境的城市居民总体比例为 75%；究其原因，主要是城市居民越来越感受到身边的生态环境变化。

呈指数增长的生态需求与环境负荷之间的矛盾日益尖锐的现实，令越来越多的人产生忧虑。生态需求在生态经济复合系统之中具有负向反馈的机能。也就是说，由于生态需求的出现与增长，导致了人类有意识地在生态经济系统动态发展过程中，调节其平衡。

人类社会越文明进步，人类各种需求满足的程度就越高。生态需求是现代人类的最基本的需求，它是随着现代社会文明进步而变化的自然需求，其本质上是一种社会需求，是对现代人类创造的物质文明、精神文明和生态系统完善的优美环境的一种渴求。人类社会的文明进步是与人类的生态需求密不可分的。生态需求是在人类需求发展的高级阶段出现的。它反映人的生理、物质和精神文化需要的统一趋势。

人类的旅游消费需求可以划分为 4 个层次：第一层次是物质需求，满足基本的衣食温饱问题；第二层次是享受需求，主要是吃住行条件的改善；第三层次是人文需求，对文化等非物质产品的精神需求以及对个人社会地位、集体利益等的社会需求；第四层次是生态需求，人对良好的旅游环境质量和健全的旅游生态结构的需求。

人类的旅游消费需求也越来越呈现出生态化的趋势即旅游生态消费的出现。旅游生态消费是对在可持续发展理论与消费生态学思想引导下掀起的一种新兴生态型消费行为的高度概括，它与可持续旅游发展理论都源于国际公认的可持续发展观念。在旅游生态消费过程中，消费者通过与自然、历史、社会文化的"交换"而满足自己生态需要、物质需要和精神需要。

（二）旅游消费行为的生态化

1.可持续旅游消费模式的建立

可持续旅游消费是目前最为先进、最为科学、最为全面的旅游消费观，在理论渊源上，它主要源于可持续消费理论，在宗旨与功能上，它直接面向并服务于可持续旅游发展的实现。

（1）科学把握可持续旅游消费的内涵和实质

可持续旅游消费是指既能满足当代人旅游消费发展需要而又不对后代人满足其旅游消费发展需要的能力构成危害的旅游消费。它是新型消费观——可持续消费观在旅游消费领域的反映和体现，是在对传统掠夺式、占有式旅游消费观进行反思、对各种积极的旅游消费理念进行整合之后形成的理论成果。它是可持续消费理论与可持续旅游发展理论、旅游业发展实践有机结合的产物。它强调的是，不论是对旅游资源、旅游环境、旅游设施、旅游服务、公共产品的消费，还是对旅游消费观念、旅游消费模式、旅游消费政策的选择，都必须有强烈的生态环境意识和可持续发展思想。

应该说，可持续旅游消费是一个全新旅游消费行为模式，它将把整个旅游消费活动置身于一个时空长河中，看作一个可持续的发展过程：一是要突破以旅游者个人的效用最大化为目标的传统消费观，将旅游消费置于"自然—社会—经济"的多维空间内，以减少资源使用和不污染环境为前提，提高人们的旅游质量和生活享受；二是要建立起理性地处理和协调资源环境、旅游消费者的物质与精神需求、旅游经济的持续效益以及社会的公平合理等相互之间关系的创新机制。

因为旅游可持续消费是一种通过选择不危害环境，又不损害未来各代人的旅游产品与旅游服务来满足人们的生活需要的一种理性消费方式。旅游可持续消费既充分尊重了地球生态系统的极限，又保证了未来各代人和当代人拥有同样选择机会，是一种科学的旅游消费方式。它不是介于因贫困引起的消费不足和因富裕引起的过度消费之间的折中，而是一种新的、先进的、合理的消费方式，是一种直接服从于全球可持续发展目标的消费形式。

（2）科学制定和实施可持续旅游消费发展战略

可持续旅游消费不仅是一种新型的旅游消费观，更是一种新型的旅游消费行为方式。明确可持续旅游消费的历史任务，牢固地把握以市场需求为导向，以旅游消费者为中心，整合各类消费要素，推出适应于旅游可持续发展的旅游产品和旅游服务，合理刺激和引导旅游消费，有序发展旅游经济，满足国家和人民群众在新时期提升旅游消费环境，实现旅游可持续发展的需要。

明确其科学内涵，就为制定科学的可持续旅游消费发展战略及其在旅游产业发展实践中的有效实施奠定了理论基础，可持续旅游消费发展战略的有效实施，则直接推动着可持续旅游发展的全面实现。

现代的旅游可持续消费，是一种科学的旅游消费方式，它不是介于因贫困引起的消费不足和因富裕引起的过度消费的折中，而是一种全新的、先进的、合理的消费方式，是一种直接服从于全球可持续发展目标的消费形式。

它以公众都接受的理念，围绕维护和提高旅游消费群体的旅游环境质量，最终将社会生产对旅游消费方式的转变和旅游消费者生活方式的改变结合起来，以实现旅游的可持续消费。这种进化和转变是对传统的"大众旅游消费"的创新，从本质上反映了人类理性的复归。可以预计，随着全球性旅游消费生态化、文化化、社会化的协调发展，旅游消费必将步入"旅游者个体约束条件增多—效用下降、消费者剩余减少—技术与市场创新——旅游资源存量与增量增多—约束条件减少—消费总量上升—旅游产业的可持续发展"这一良性循环、可持续发展的轨道。

2. 低碳旅游消费方式的选择

所谓低碳旅游经济，是指以低能耗、低污染、低排放为基础的旅游经济发展模式。为满足可持续旅游消费的增长需求，为节能减排、发展循环经济、构建和谐社会提供了操作性诠释，是落实科学发展观、建设节约型社会的旅游创新与实践，完全符合党的十七大报告提出的发展思路，是不可逆转的划时代潮流，是一场涉及旅游生产方式、旅游生活方式和旅游价值观念的革命。

（1）强化低碳旅游发展优势

中国旅游发展已经奠定了比较好的低碳发展基础。10 年间，开发绿色旅游资源，建设绿色旅游产品，开展绿色旅游经营，实行绿色旅游管理，培育绿色旅游消费，已经成为行业和市场的共识。在这个过程中，旅游的优势充分凸显，也会构成中国旅游发展的长期重大机遇。首先，旅游业作为服务产业的重要组成部分，占用资源少，而且很多资源可以永续利用，由此自然形成碳排放少的突出优势。其次，多年的实践证明，旅游发展与环境密切相关，而且会促进环境的改善，这就有助于承担我们的碳责任，减少碳债务。按照碳成本来说，如果旅游一年减排 1 亿吨，就是创造 30 亿美元的财富。因此，低碳经济是人类的未来，低碳旅游是旅游的未来。

发展低碳旅游，培育低碳生活，构筑低碳旅游发展战略主要关注 3 个重点。一是转变现有旅游发展模式，打破"注重硬开发，忽视软开发，把旅游模式等同于工业开发模式"的局面。同时积极倡导公共交通和混合动力汽车、电动车、自行车等低碳或无碳方式，增加低碳旅游项目。二是扭转旅游奢华之风，尤其在交通和饭店方面，能耗问题突出，要降低碳排放。同时在旅游产品开发和旅游服务方面，强化旅游设施方便、舒适的功能性，提升文化的品牌性；改变旅游消费中的浪费现象，如温泉的使用、食品的浪费。三是加强旅游智能化发展，提高运行效率，同时及时全面引进节能减排技术，降低碳消耗，减少运营成本，最终形成全产业链的循环经济模式。

（2）低碳旅游消费者的培养

随着环保意识的增强，每一位旅游者都可以为"低碳旅游"做贡献。对于广大的旅游者来说，可以通过下列低碳游客行为来实现低碳经济下的旅游消费方式的变革。

主动减少碳排放量的主要方式有以下几种：不乘或少乘飞机，乘飞机少带行李；减少自驾游，或者和朋友拼一部车来减少碳排放量，尽量使用小排量汽车；增加步行、自行车在旅游生活中的使用；住宿时挑选不提供一次性用品的酒店，自备牙刷、牙膏和拖鞋等旅游物品；选择淋浴、洗衣服自然晾干不用洗衣机甩干；旅途中少使用空调、不用一次性餐具；自觉捡拾遗弃垃圾及维护景区卫生；不购买过度包装的旅游纪念品等。

主动做好"碳补偿"：除了旅途中尽量选择用低碳的方式旅行外，还可以在行程结束后计算自己的碳排放，通过植树等措施进行"碳补偿"来减缓气候变化，降低地球负担。"碳补偿"即人们计算自己旅游活动直接或间接制造的二氧化碳排放量，并计算抵消这些二氧化破所需的经济成本，然后个人付款给专门企业或机构，或者通过义工旅行、特定组织，参与到减碳活动，如自己亲身参与或者通过第三方植树造林，参与其他环保项目来抵消大气中相应的二氧化碳量。

第四节 旅游经济发展方式转变路径的保障措施

一、旅游经济发展方式转变路径的政策保障

（一）旅游经济发展政策

政府要制定有效的财政货币政策对旅游开发经营进行直接或间接的干预。运用中央和地方财政手段引导和控制旅游建设项目投资资金流向，促进旅游产业结构调整和合理发展；通过国际组织贷款、政府贷款、外商直接投资、项目融资和创建境外旅游产业基金融资等多元融资方式，积极利用外资开发专项旅游产品、保护旅游资源；借鉴国外经验，开辟旅游税和旅游资源税，所得款项专门用于旅游基础设施建设、旅游资源开发与生态环境保护，实现环境效益与经济、社会效益的有机统一。国家财政要将对生态环境和旅游资源的保护纳入财政预算，各级政府对生态环境和旅游资源保护的投入要作为财政支出的重点并逐年增加。在旅游项目规划上，支持发展环境友好型和资源节约型的生态旅游项目，旅游开发单位必须向环境保护主管部门缴纳一定数额的保证金，作为对不破坏以自然环境、生物多样性和传统文化为代表的

生态旅游资源的经济约束，如果在规划和开发中出现了破坏生态旅游资源的行为，要接受相应的经济制裁和处罚。

在旅游经营上，充分利用税收和价格杠杆，反映资源环境的真实成本，切实让资源使用者和污染排放者承担相应费用，从而减少资源浪费和环境破坏，建立生态环境补偿制度，加快研究实施环境税，通过以景区门票、饭店客房租金等为税基，开征旅游环境调节税，约束旅游者和旅游厂商的行为，使之共同分担维护景观资源价值的成本，从而使当地社区居民也成为生态旅游业的受益者，促进经济、社会和生态的共同可持续发展。

在旅游核算上，传统的旅游经济核算只注重旅游经济增长的考核和计量，而不考虑旅游活动中所造成的资源环境的损失。其结果往往反映的是一种虚假的增长现象，没有将生态和环境成本考虑在内，虚增了旅游经济利益，夸大了其经济功能和作用，使政府决策者和旅游开发经营者只重视眼前的经济收入，而忽视资源环境的破坏情况，对旅游经济的持续发展不利。因此，应在旅游业广泛推广绿色核算，将旅游经济增长状况和生态旅游资源及环境状况纳入统一的核算体系，尽可能以最少的旅游资源环境成本换取旅游的产值增长。

在旅游收益分配上，正确认识旅游资源保护、培育与旅游经济发展之间的相互关系，制定政策，保证因旅游资源开发取得的收益在资源培育、管理和开发等几个方面做到公正、科学、合理地分配，促进旅游资源保护、培育与开发的可持续发展。

在旅游消费上，促使传统旅游消费向绿色旅游消费转变。绿色旅游消费能够促进旅游经济的进一步增长，而绿色消费政策的完善和消费法规的落实是提高旅游者绿色旅游消费质量的有力措施。

（二）旅游资源补偿机制

第一，建立旅游资源经济补偿机制。经济补偿机制在旅游资源开发中体现为，社会或旅游开发的受益者必须付出足够的劳动，专门用于旅游资源和生态环境的保护和建设。社会或旅游开发的受益者用于保护和建设旅游资源和生态环境的劳动量的最低标准是，要能制止旅游资源和生态环境的进一步恶化。主要的手段有：征收生态环境补偿税，建立生态环境保护基金，体现"谁开发谁保护，谁破坏谁恢复，谁利用谁补偿"的原则，而后有计划地集中使用这部分资金，落实各项环境建设工程。设立区域生态示范工程，逐步恢复和改善被破坏的生态环境，进而调节经济与环境的发展。收取的资源税设立财政专项账户，专门用于对旅游区资源保护的投资。如果资源环境保护的责任由管理机构承担，这笔资金拨付给管理机构，如果经营者承担了资源环境保护的责任，这笔资金可以返还给经营者内部补偿。

第二，建立旅游资源生态补偿机制。借鉴美国、英国、德国建立的矿区补偿保证金制度，云南腾冲曾尝试在旅游产业部门推广。主要的生态补偿措施一是植被还原。植被补偿的途径有原地补偿和移位补偿两种。原地补偿是指充分利用"创伤面"进行屋顶、墙面、阳台种植，空地绿化、立体种植或交叉利用。而移位补偿是指强化附近地段的植被，通过这种形式来实现旅游地环境绿化。二是旅游开发建设就地取材。在材料的选取上，应充分利用旅游地自身资源，减少外界物质的输入，实现物质循环和输入输出平衡，减少交通运输过程中的道路破坏和噪声污染，减少空调的使用，使人工建筑与自然环境形成一个良性循环系统。

第三，建立旅游资源政策补偿机制。政策补偿，是指中央政府对省级政府、省级政府对地方政府的权力和机会补偿。通过规划引导、项目支持等方式，扶持和培育生态脆弱、经济欠发达地区新的旅游环境保护的实施，通过政策倾斜和实施差别待遇，激发这些地区保护资源环境的主动性和积极性。继续实施生态移民、异地开发等现有的行之有效的补偿方式，进一步从体制上、政策上加大对异地开发、生态移民等的支持力度。

（三）生态环境政策

目前在一些地区，由旅游开发和旅游行为带来的旅游性污染与环境损害已较严重，有的甚至已经影响了旅游资源的开发与利用。要改变这种状况，还需依靠有效的环境政策对旅游区域的环境状况加以保护。政府要采取积极有效的干预措施，既要考虑旅游资源开发建设、合理布局设施和维护生态平衡等，又要紧密与区域所在地的重点发展项目、相关行业配套，减少实施中的盲目性、局限性和短期性造成的不必要损失，努力消除旅游业发展过程中的外部不经济，承担保护生态环境和旅游资源的责任。

环境保护部门要对旅游区已经存在、在建、拟建的每一个项目进行严格的环境影响评价，不符合环境标准的项目，坚决予以取缔。对于正在建设或运营的项目，应根据国家或地方的有关环境法规，征收"环境税"或颁发"无污染奖金"，将环境影响降到最低限度。对于正在建设或运营的项目，应根据国家或地方的有关环境法规，进行微观管制；严格控制人工景点的建设，以保持维护景区的自然生态和本真氛围；通过限制旅游者的自由的方法（如只允许待在加固的观光工具里），以保证野生动物保持区内野生动物在不受人为干扰的环境下生存。

通过低碳旅游政策的制定来实现旅游环境保护。低碳旅游的形成一方面依赖于旅游从业者的传播推广及游客的自觉主动行为，另一方面，有关政府部门要大力推动低碳旅游政策的制定。如进一步发展壮大绿色环保企业，制定政策支持宾馆饭店、旅游景点等旅游企业利用新能源、新材料，及时全面引进节能减排技术，减少温室气体排放，降低碳消耗，最终形成全产业链的循环经济模式。旅游政策制定中还应注重旅游业的可持续发展，扩大生态旅游、农业旅游的比重，通过积极引入低碳旅游指标考核及管理等，来达到旅游环境保护的目的。

（四）旅游资源绿色产权制度

在资源产权界定上，产权模糊或产权代理人的现实缺位都会使自然资源和文化传统处于无人看守的状态，并最终导致"公地的悲剧"，因此，要通过绿色产权制度的建设遏制这种现象的进一步恶化。

目前我国旅游资源产权制度安排具有三大基本特征，即旅游资源的所有权主体只有国家、政府代表国家支配旅游资源和旅游资源的行政管理代替旅游资源的产权管理。这种制度的弊端在于：由于行政权与资源产权的粘连，设租与寻租行为不可避免，难以确保获得开发利用旅游资源权利的公平与旅游资源的有效配置。因此，在目前的旅游资源产权制度安排下，旅游开发过程中资源浪费和破坏，资源的低效率利用成为必然。

建立现代产权制度的要求是归属清晰、责权明确、保护严格、流转顺畅，而对绿色产权的进一步规定应是追求资源效益、生态平衡，即强调资源的有效利用，生态的维护平衡，以有利于全社会经济的持续性生存发展。绿色产权制度是适应循环持续经济发展建立的市场基础制度框架。其实质是建立生态环境政策与经济政策一体化的经济制度，把自然资源和生态环境成本纳入规范经济行为和考核经济绩效中去，从而促进经济与资源环境协调发展，从生态环境和经济绩效方面，对各种经济行为进行约束与规范，促进生态环境资源和经济资源在生产、交换、分配、消费各领域实现有效配置；从物质利益上激励经济主体对生态环境资源的保护和合理利用，促进资源向无污染或少污染、高效益的产业和项目转移，从而为旅游经济的持续发展提供动力机制和有效的制度保障。

二、旅游经济发展方式转变路径的法制保障

从美国、日本等世界上市场化程度较高、法制较为完善的国家发展生态旅游业的经验来看，这些国家大都拥有确定旅游资源保护基本原则和基本制度的旅游基本法。在此基础上，针对不同旅游资源的特性，还制定了单项的旅游资源保护法规和条例。我国现行的旅游资源法规主要由有关旅游资源污染防治和环境保护方面的法律法规及有关旅游资源保护和开发利用方面的法

律法规两个部分组成。这些法律法规在旅游资源的开发利用和保护实践中，提供了切实的法律保障，发挥了十分重要的作用。但是，这些法律法规缺乏专门针对旅游活动中的环境问题所进行的特别规定，加之旅游基本法的长期缺位，使得旅游资源的立法没有统一的规划和指导。在有关旅游资源的法律体系中，各部门各自为政，令出多头，难免会引起冲突和矛盾，在执法实践中无所适从。另外，对单项旅游资源和旅游环境的立法还远远不够，使很多情况无法可依。旅游开发经营者的行为由于缺乏法律法规的规范和约束而变得任意和随性，体现在生态旅游方面的问题尤为突出。

旅游业是一个复合交叉型产业，需要完备的法律法规来进行规范。现行《自然保护区条例》《环境保护法》《森林法》等已不能满足其发展要求，为此，必须制定综合完善、具有层次性的各级各类法规，全面保障旅游业的可持续发展。

（一）旅游基本法

旅游基本法主要明确旅游业的功能、地位、属性和发展目标，在可持续发展战略思想的指引下，规范旅游资源的保护及合理的开发利用，保障旅游业的永续发展。

（二）与旅游资源相关的法律

鉴于旅游业的特殊功能及其在实现旅游业可持续发展战略目标中的重要地位，尤其是对于那些列入重点保护对象的、不可再生的、宝贵的、脆弱的生态旅游资源，要通过法律来实施严格的保护制度，不仅注重旅游资源的经济价值，还应对旅游资源的生态价值和社会价值引起足够重视，平衡地方政府和旅游开发经营者在旅游经济发展过程中的经济导向、生态导向和社会导向。

（三）与旅游区直接相关的法律

比如通过对生态旅游区环境的立法，加强对环境的监测评估以及环境影响评价等工作，制定生态旅游环境标准，为生态旅游环境的管理与评估工作提供具有法律意义的评价标准和技术依据。通过对自然保护区旅游开发的立法，使自然保护区旅游开发从长远利益出发，立足生态环境承受力和旅游资源永续利用，在保护前提下进行适度开发与建设。把严格保护、合理开发和科学管理纳入法制化轨道，积极探寻旅游业与社会文化、生态环境协调发展的模式，促进人与自然之间和谐共进。

三、旅游经济发展方式转变路径的社会保障

（一）生态伦理意识教育

可持续发展的生态经济伦理教育是建立良好的社会经济秩序的重要手段，

在市场经济体制下，加强可持续发展的经济伦理教育，有利于在全社会的范围内形成公开、公平、公正与和谐的市场经济伦理，防止生态旅游活动过程中不良的经济秩序和个人表现的不良作风，实现生态旅游业的可持续发展。

可持续发展的生态经济伦理教育是一项具有综合性、广泛性和长期性的系统工程，应做到以下几点：第一，针对旅游地的政府官员、开发商、旅游管理人员和从业人员进行培训，使他们在生态旅游开发经营中自觉运用生态学原理，推出真正的生态旅游产品，满足生态旅游市场需求；第二，提高游客的生态意识、环境意识和可持续发展意识，使他们自觉用生态学原则指导旅游活动，成为负责任的生态旅游者；第三，对当地居民进行生态和环保意识教育，促成他们放弃不利生态环境保护的生产方式和生活习惯，支持生态旅游业的发展，积极参与生态旅游开发和经营；第四，对全体社会公众进行宣传，通过标本、图片、影视、录像及宣传资料普及生态旅游知识，使生态旅游活动真正成为促成人与自然和谐统一的桥梁，起到提高公众生态意识和环保观念的作用，促进生态旅游产业的可持续发展。

（二）可持续发展观念教育

通过宣传教育提高公众对可持续发展的认识，这是一个长期的过程。可持续发展观念的培训可以针对不同人群展开，主要内容是生态意识和环保观念。

对当地社区居民的培训不仅针对那些直接或间接从事生态旅游活动的社区居民，更要从学生开始，在当地的中小学中专门开设关于环境与资源保护的课程，或在学校中专门开设专题讲座，从而使受教育后的居民主动地、自觉地形成保护环境的观念，使学生从小就树立珍惜生态的意识。

对旅游开发经营者的培训包括对管理者和员工的培训，旅游管理者的生态素质是决定企业管理价值取向的重要因素，要采取多种形式（如讲座、在职培训、讨论等）提高管理者对生态和环境的关注。对员工进行的环境教育培训可将环境生态问题融入生态旅游产品生产经营实体的基础教育与职业教育中，提高员工旅游环境一体化观念。

通过对社区居民和旅游开发经营者的生态意识和环保观念的教育培训，还可发挥他们在旅游活动中的引导和规范作用，帮助旅游者纠正不良的旅游习惯和不文明的旅游行为，使其自觉履行在旅游过程中的生态责任和环境义务，成长为严格意义上的、负仅仅责任的旅游者。

参考文献

[1] 赖懿, 毛端谦. 大学生低碳旅游素养研究——以江西师范大学为例 [J]. 旅游研究, 2017(6):79-90.

[2] 张宏, 黄震方, 琚胜利. 水乡古镇旅游者低碳旅游行为影响因素分析——以昆山市周庄、锦溪、千灯古镇为例 [J]. 旅游科学, 2017(5):46-64.

[3] 王立国, Guangyu Wang, 陈美球. 基于循环经济的低碳旅游模式构想——以江西省为例 [J]. 企业经济, 2017(10):15-20.

[4] 邓君. 低碳旅游行为认知及可持续发展 [J]. 湖北广播电视大学学报, 2017(5):56-59.

[5] 韩慧, 王泽宇, 赵国浩. 国际低碳旅游研究进展及启示——基于科学知识图谱可视化方法分析 [J]. 经济问题, 2017(10):102-108.

[6] 张宏, 黄震方, 琚胜利, 王莉丽. 苏南古镇旅游者低碳旅游行为优化对策研究——以昆山市周庄、锦溪、千灯古镇为例 [J]. 生态经济, 2017(9):96-100.

[7] 谢红, 叶知秋, 谢秀琴, 周涛. 基于 SWOT 分析的武汉市低碳旅游景区的开发现状及策略 [J]. 价值工程, 2017(18):1-5.

[8] 刘小兰, 李洁云. 政府、旅游企业和旅游消费者的演化博弈分析——基于低碳视角 [J]. 会计与经济研究, 2017(3):117-127.

[9] 尹芳. 低碳旅游视角下的农村生态旅游发展路径研究 [J]. 中国农业资源与区划, 2017(4):228-231.

[10] 秦志红. 北京低碳旅游发展对策研究 [J]. 北京农业职业学院学报, 2017(2):54-58.

[11] 黄利剑. 新低碳经济下漳州市生态旅游开发研究 [J]. 漳州职业技术学院学报, 2017(1):50-54.

[12] 张洪, 司家慧, 孙雨茜. 当地政府与旅游企业的演化博弈分析——基于低碳旅游视角 [J]. 北京化工大学学报 (社会科学版),2017(1):20-24.

[13] 宋杨, 陆菊. 城市生态文明建设与低碳旅游发展协调度研究——以山东省青岛市为例 [J]. 无锡商业职业技术学院学报, 2017(1):49-55.

[14] 刘庆 , 刘亚萍 . 城市居民低碳旅游认知、意愿与对策研究——以南宁市为例 [J]. 沿海企业与科技 ,2017(1):9-12.

[15] 党聪 , 周伟伟 . 基于"特色小镇 +"西安市长安区东大镇低碳旅游开发研究 [J]. 科技视界 ,2017(4):93-99.

[16] 许源 , 纪小美 , 申鹏鹏 . 气候变化与旅游研究综述 [J]. 广西经济管理干部学院学报 ,2017(1):58-64.

[17] 鲍黎丝 , 钟宇平 . 国际"慢"旅游视角下低碳旅游休闲产品研究 [J]. 四川旅游学院学报 ,2016(6):62-64.

[18] 谢园方 . 我国低碳旅游发展现状与实践途径探讨 [J]. 旅游纵览 (下半月),2016(9):218-220.

[19] 查建平 . 中国低碳旅游发展效率、减排潜力及减排路径 [J]. 旅游学刊 ,2016(9):101-112.

[20] 秦志红 . 乡村低碳旅游发展的瓶颈及其突破策略 [J]. 农业经济 ,2016(8):41-43.

[21] 张振家 . 新常态下辽宁沿海经济带旅游碳足迹测算与低碳旅游开发 [J]. 生态经济 ,2016(8):144-147.

[22] 王化杰 , 杨平恒 . 煤炭资源枯竭型城市公众低碳旅游动机细分研究——以淮北市为例 [J]. 西南大学学报 (自然科学版),2016(7):158-166.

[23] 张玲玲 , 黄杰龙 , 曹辉 . 游客低碳旅游认知、意愿和行为特征分析——以厦门鼓浪屿为例 [J]. 环境保护科学 ,2016(3):58-64.

[24] 郑涛 , 王文轲 , 陈曾洁 . 低碳旅游相关利益主体演化博弈研究 [J]. 四川师范大学学报 (自然科学版),2016(3):450-455.

[25] 潘植强 , 梁保尔 . 国外低碳旅游研究领域知识图谱——基于文献共词分析的计量研究 [J]. 地域研究与开发 ,2016(2):84-90.

[26] 杜鹏 , 杨蕾 . 基于终端消费的旅游碳足迹测算与低碳旅游发展策略研究 [J]. 生态经济 ,2016(3):117-122.

[27] 黄文胜 . 绿道建设促进低碳旅游发展 [J]. 科技广场 ,2016(2):150-156.

[28] 李晓琴 . 基于"产业融合"理论的低碳旅游业态创新路径研究 [J]. 西南民族大学学报 (人文社科版),2016(2):126-130.

[29] 周书文 . 低碳旅游景区的创建与管理思考 [J]. 开封教育学院学报 ,2016(1):278-279.

[30] 丁金华 , 陈雅珺 , 胡中慧 , 韩雨薇 . 低碳旅游需求视角下的乡村景观更新规划——以黎里镇朱家湾村为例 [J]. 规划师 ,2016(1):51-56.

[31] 朱东国 , 周媛 . 国家历史文化名镇低碳旅游开发效益提升策略研究——以

里耶镇为例 [J]. 湖南财政经济学院学报 ,2015(6):98-104.

[32] 张玉改 , 兰贵秋 , 李雪 . 辽宁省低碳旅游发展模式研究 [J]. 渤海大学学报 (哲学社会科学版),2015(6):65-69.

[33] 陈丽红 , 武法东 , 王彦洁 . 干旱半干旱区地质公园低碳旅游开发研究—— 以巴彦淖尔国家地质公园为例 [J]. 生态经济 ,2015(9):137-140.

[34] 郝雅玲 , 师谦友 . 西安市低碳旅游发展现状及策略研究 [J]. 河南科 学 ,2015(6):1025-1031.

[35] 张瑞英 , 席建超 , 葛全胜 . 基于生命周期理论的旅游者碳足迹分析 : 一种 "低碳旅游" 测度框架及其实证研究 [J]. 干旱区资源与环境 ,2015(6):169- 175.

[36] 刘佳雪 . 基于利益相关者理论的低碳旅游发展研究 [J]. 南京晓庄学院学 报 ,2015(3):91-95.

[37] 胡雪峰 . 低碳旅游视角下的乡村生态旅游发展路径研究 [J]. 农业经 济 ,2015(5):63-64.

[38] 黄晨 . 大学生低碳旅游认知、满意度与行为意向研究 [J]. 四川旅游学院学 报 ,2015(3):45-48.

[39] 包亚芳 , 孙治 , 薛群慧 , 刘敬 , 杨德合 . 居民地方感对西湖世界遗产地低碳 旅游支持度影响——环境态度的中介作用 [J]. 旅游研究 ,2015(2):13-20.

[40] 马勇 , 杨洋 . 低碳旅游价值解读及发展模式重构 [J]. 生态经济 ,2015(3):122- 125.

[41] 廖元琨 , 陆志波 , 杨海真 , 李玉娇 . 上海国际旅游度假区低碳旅游评价指 标体系及实施路径分析 [J]. 四川环境 ,2015(1):85-92.

[42] 余佳华 , 杨本俊 . 皖西大别山低碳旅游景区建设研究 [J]. 蚌埠学院学 报 ,2015(1):156-159.

[43] 肖岚 . 系统动力学的低碳旅游系统研究 [J]. 经济问题 ,2015(2):126-129.

[44] 伊力亚斯·加拉力 , 普拉提·莫合塔尔 . 基于碳足迹的新疆旅游业低碳化 发展水平评价 [J]. 黑龙江民族丛刊 ,2015(1):47-51.

[45] 赵黎明 , 张海波 , 孙健慧 . 旅游情境下公众低碳旅游行为影响因素研究—— 以三亚游客为例 [J]. 资源科学 ,2015(1):201-210.

[46] 马勇 , 王佩佩 . 旅游者低碳旅游消费倾向影响因素研究 [J]. 旅游研 究 ,2015(1):1-6.

[47] 杨俊 . 低碳旅游开发模式研究 [J]. 当代经济 ,2015(1):88-90.

[48] 赵黎明 , 陈喆芝 , 刘嘉玥 . 低碳经济下地方政府和旅游企业的演化博弈 [J]. 旅游学刊 ,2015(1):72-82.

[49] 庄惠,龚有坤,陈贵松.福州国家森林公园低碳旅游发展动力机制探讨 [J].
林业经济问题,2014(6):558-562.

[50] 王丹彤,明庆忠.低碳旅游:旅游产业生态化的路径分析 [J].林业建
设,2014(6):52-56.

[51] 罗红,陈晓,何忠伟.低碳视角下乡村旅游决策行为实证研究——基于北
京市 300 位游客的调查数据 [J].中国农学通报,2014(34):294-302.

[52] 谭虹.低碳旅游视角下黑龙江低碳冰雪旅游发展路径与对策研究 [J].冰雪
运动,2014(6):46-49.

[53] 刘培松.基于旅游者偏好的低碳旅游发展策略研究 [J].经济管
理,2014(10):128-135.

[54] 汪娟,龙勤.云南低碳旅游发展模式研究综述 [J].中国林业经
济,2014(5):59-61.

[55] 李晓琴,银元.低碳旅游产品生命周期管理内涵探析 [J].西南民族大学学
报 (人文社会科学版),2014(9):130-133.

[56] 唐明方,曹慧明,沈园,吴钢,邓红兵.游客对低碳旅游的认知和意愿——
以丽江市为例 [J].生态学报,2014(17):5096-5102.

[57] 胡兵,傅云新,熊元斌.旅游者参与低碳旅游意愿的驱动因素与形成机制:
基于计划行为理论的解释 [J].商业经济与管理,2014(8):64-72.

[58] 王晓洋,卜燕红.基于低碳旅游理念的酒店管理模式研究 [J].中南林业科
技大学学报 (社会科学版),2014(4):21-23.

[59] 汪清蓉.近五年来中国低碳旅游研究进展 [J].佛山科学技术学院学报 (社
会科学版),2014(4):38-45.

[60] 李军红.基于低碳旅游的夜空公园开发研究 [J].地域研究与开
发,2014(3):106-110.

[61] 陈向红,郭剑英,张同健.基于环境保护视角的低碳旅游企业行为分析 [J].
湖南财政经济学院学报,2014(2):81-86.

[62] 邓运员,何清华,刘沛林.基于游客感知的山岳型景区低碳环境教育评
价——以南岳衡山为例 [J].湖南社会科学,2014(2):224-228.

[63] 马娟,姚娟,唐承财.国家森林公园低碳旅游发展水平测度——以贾登峪
国家森林公园为例 [J].广东农业科学,2014(6):226-230.

[64] 肖岚,赵黎明.我国低碳旅游系统利益相关者关系格局及博弈分析 [J].天
津大学学报 (社会科学版),2014(2):105-108.

[65] 唐承财.低碳旅游:促进生态文明建设与节能减排的可持续旅游形式 [J].
旅游学刊,2014(3):10-12.

[66] 赵雪如,刘学敏,丛建辉.低碳旅游研究进展与未来展望[J].资源开发与市场,2014(2):239-243.

[67] 黄莹,廖翠萍,赵黛青.东澳岛低碳旅游发展途径及政策研究[J].科技管理研究,2014(1):239-242.